서양 문명의 도전과 기의 철학

조선대학교 우리철학연구소 우리철학총서 02
근대전환기의 한국철학 〈氣〉

한국학
총 서

서양 문명의 도전과 기의 철학

이종란 지음

學古房

 19세기 후반기부터 20세기 전반기까지 약 100년 동안의 한국 사회
는 격동의 시기였다. 이 시기는 '전통'과 '현대' 및 '동양'과 '서양' 등
의 가치관이 혼재되면서 많은 문제가 발생했다. 특히 사상계는 일본
사람인 서주西周(니시 아마네 : 1829~1897)에 의해 굴절된 상태로 소
개된 '철학哲學' 용어의 출현과 일제 강점기의 도래로 인해 새로운 문
화가 형성되었다.

 서양 근대 문명을 동경했던 서주는 '지혜를 사랑함'이라는 'Philoso-
phia, Philosophy'를 '철학'으로 번역했다. 이때 그와 일본의 주류 사상
계는 근대 과학 문명을 탄생시킨 서구적 사유를 물리物理와 심리心理
를 아우르는 '철학'으로 여기고, 유·불·도를 중심으로 하는 동아시아
의 전통적 사유를 심리心理의 영역으로 제한시켰다.

 특히 일제 강점기에 서양 선진국의 교육시스템을 모방한 동경제국
대학의 교육 체계를 모델로 삼은 경성제국대학 철학과의 주요 교과목
은 서양철학 위주로 편성되었다. 이 무렵 한국의 전통철학은 제도권
안에서 부분적으로 수용되었다. 따라서 전통철학은 제도권 안에서 독
자적인 영역을 확보할 기회를 갖지 못하고, 주로 제도권 밖에서 연구
되었다. 이 때문에 당시의 많은 사람들에게 서양철학은 보편적인 철
학이고, 전통의 동양철학은 특수한 철학으로 여겨졌다. 이러한 상황
은 많은 학자들에게 서양철학에 대한 무비판적인 수용과 동양철학에
대한 연구의 소홀을 가져오도록 안내했다. 이러한 비주체적인 학문

탐구 경향은 해방 정국 이후부터 산업화시기인 20세기 후반까지 이어졌다.

비록 일부의 학자들에 의해 학문의 주체성 회복과 우리철학의 정립을 위한 연구가 진행되었지만, 철학계에서 그들의 영향력은 크지 않았다. 그러나 20세기 말의 민주화 과정에서 철학의 현실화와 주체적인 학문 탐구를 중시하는 일군의 학자들에 의해 우리철학 정립에 대한 열기가 고조되었다. 그들은 서양철학을 무비판적으로 수용하는 태도와 전통철학을 맹목적으로 옹호하는 태도를 지양하였다. 그들에 따르면 비주체적인 철학 활동은 건조한 수입철학으로 전락하거나, 복고적인 훈고학의 울타리를 벗어나기 어렵다. 이러한 비주체적인 철학 활동은 창의적인 사유를 통한 생명력 있는 이론을 생산하고 발전시키는 면에 제한적이다. 이를 해결하기 위해 시대정신에 대한 통찰력을 강화할 필요가 있다.

우리철학의 정립에 대한 이러한 풍조는 21세기에 확산되고 있다. 조선대학교 우리철학연구소는 비주체적인 철학 풍토를 비판적으로 성찰하고, 통일 시대에 부응하는 21세기형 우리철학의 정립을 목표로 2014년에 설립되었다.

21세기형 우리철학이란 역동적인 시대의 다양한 특성을 반영한 것으로서 한국 전통철학의 비판적 계승, 외래철학의 한국화, 한국의 특수성과 세계의 보편적 흐름을 유기적으로 결합한 사유체계이다. 곧 21세기형 우리철학은 특수와 보편의 변증법적 통일로서 한국의 전통철학과 외래철학과 현실 문제 등에 대해 시대정신을 반영하여 주체적으로 연구한 이론체계를 의미한다.

이 총서는 조선대학교 우리철학연구소가 2015년 한국학중앙연구원의 '2015년도 한국학총서' 사업에 선정된 〈우리철학, 어떻게 할 것인가? - 근대전환기 한국철학의 도전과 응전 - 〉의 연구 성과를 집약한 것이다.

조선대학교 우리철학연구소의 이 총서 사업은 근대전환기 한국사회에서 발생한 철학 담론을 탐구하는 결과물로서 전통의 유·불·도 철학과 민족종교와 미의식 등을 주요 연구대상으로 한다. 이 사업은 민족, 계층, 종교, 이념, 동양과 서양, 전통과 현대, 특수와 보편 등의 문제가 중첩된 근대전환기의 한국사회를 철학적 가치로 재해석하여, 21세기의 시대정신에 부응하는 우리철학 정립의 이론적 토대를 제공하고자 한다. 이 연구는 19세기 후반부터 21세기의 현재까지 취급하는 총론을 제외한 7개의 주제에 대해 19세기 중·후반부터 20세기 전반기까지 약 100년 동안의 전통철학 전반을 대상으로 한다. 내용은 총론, 리理, 심心, 기氣, 실實, 교敎, 민民, 미美 등 총 8개의 주제이다. 총서는 △총론: 우리철학, 어떻게 할 것인가 △성리학: 근대전환기의 한국철학 〈理〉 - 호락논변의 전개와 현대적 가치 △심학: 근대전환기의 한국철학 〈心〉 - 실심실학과 국학 △기철학: 근대전환기의 한국철학 〈氣〉 - 서양 문명의 도전과 기의 철학 △실학: 근대전환기의 한국철학 〈實〉 - 현실 비판과 근대지향 △종교철학: 근대전환기의 한국철학 〈敎〉 - 근대전환기 도교·불교의 인식과 반응 △민족종교: 근대전환기의 한국철학 〈民〉 - 민족종교와 민의 철학 △미학: 근대전환기의 한국철학 〈美〉 - 근대 한국미의 정체성 등 총 8권으로 구성된다.

총론인 『우리철학, 어떻게 할 것인가』(이철승)는 21세기형 우리철학의 정립이라는 문제의식으로 '철학' 용어가 출현한 19세기 후반부터 21세기가 진행되고 있는 현재까지 한국 철학계의 현황을 고찰한다. 또한 우리철학 정립의 이론적 토대에 해당하는 고유의식, 외래철학의 한국화, 전통철학의 비판·계승·변용, 자생철학의 모색 등을 살펴보고, 우리철학 정립의 사회적 토양에 해당하는 다양한 정치 현실과 문화 현상을 분석한다. 그리고 특수와 보편 및 타율성과 자율성의 등의 시각으로 우리철학 정립의 방법을 모색하고, 같음과 다름의 관계와 어울림철학을 중심으로 하는 우리철학 정립의 한 유형을 고찰한다.

근대전환기의 한국철학 〈理〉인『호락논변의 전개와 현대적 가치』(홍정근)는 호론과 낙론 사이의 학술논변을 다루고 있다. 호락논변은 중국이나 일본 등 다른 전통 사회에서 찾아볼 수 없는 독자성이 강한 우리철학의 한 유형이다. 이 논변은 중국과 일본을 비롯한 전통의 동아시아사회에서 찾아볼 수 없는 독자성이 있다. 이 책은 호락논변 초기의 사상적 대립, 절충론의 등장, 실학에 끼친 영향 등을 서술하였고, 20세기 학자인 이철영의 사상을 집중적으로 검토하였다. 이철영은 호락논변을 재정리하고, 자신만의 새로운 학설을 정립한 학자이다. 다음으로 호락논변의 논쟁점을 총체적 관점에서 인물성동이논변과 미발심성논변으로 나누어 기술하였다. 마지막 장에서는 호락논변에 함유되어 있는 근현대적 가치들을 살펴보았다.

근대전환기의 한국철학 〈心〉인『실심실학과 국학』(김윤경)은 근대 격변기 속에서 속일 수 없는 자기 본심을 자각하고 '실현'해 나간 양명학 수용자들의 철학적 문제의식, 자기수양, 사회적 실천 등을 고찰하였다. 이들의 중심에는 정제두 이래 양명학을 주체적으로 수용하고 계승한 이건승, 이건방, 정인보 등 하곡학파가 있다. 하곡학파는 실심

실학에 기초한 주체적 각성, '국학'의 재인식과 선양이라는 실천으로 식민지 현실을 극복하고자 하였다. 또한 본서에서는 하곡학파에 속하지 않지만, 하곡학파와 긴밀히 교류하면서 양명학적 유교 개혁을 추구한 박은식, 화담학과 양명학의 종합으로 독창적인 학술체계를 건립한 설태희, 진가논리로 불교개혁을 추구한 박한영 등의 사유를 부분적으로 취급하였다.

근대전환기의 한국철학 〈氣〉인 『서양 문명의 도전과 기의 철학』(이종란)에서 탐구하는 주제는 근대전환기 과학과 그리스도교로 대표되는 서양문명의 도전에 따라 그것을 수용·변용하거나 대응한 논리이다. 곧 기철학자와 종교사상가들이 서양문명의 수용·변용·대응 과정에서 기의 논리를 핵심으로 삼아, 전통사상의 계승·발전·극복 등의 사유 과정을 구체적으로 분석하였다.

근대전환기의 한국철학 〈實〉인 『현실비판과 근대지향』(김현우)에서는 한민족에게 내재한 현실 중심의 개혁·실천·개방의 전통 사유를 중심으로 근대전환기 전통 개혁론의 계승과 확산, 서구 과학기술의 수용과 한계, 초기 사회주의 수용과 경계 등을 대주제로 삼았다. 이를 바탕으로 북학파의 계승과 개화파의 등장, 1840년 아편전쟁 이후 한국 정부의 대응, 서구 문명에 대한 인식 변화, 문명과 유학과의 관계 재정립, 실학자들의 재발견, 보편 문명과 민족 문화와의 충돌과 해소, 사회 주체로서 국민의 등장, 대한민국 임시정부와 사회주의 소련과의 조우 등을 세부적으로 분석하였다.

근대전환기의 한국철학 〈敎〉인 『근대전환기 도교·불교의 인식과 반응』(김형석)은 도교철학과 불교철학을 중점적으로 취급한다. 도교의 경우, 근대전환기 한국 도교 전통의 맥락을 계승하면서 수련도교의 큰 축을 이루고 있는 전병훈의 『정신철학통편』을 중심으로 살펴본다. 특히 한국 도교전통을 통해 동·서문명의 만남, 전통과 근대의 만남을 기획했던 그의 세계관과 정치사상을 분석하였다. 불교의 경우, '호법護法', '호국護國', '호민護民' 등의 프리즘으로 숲과 마을, 성과 속, 교단과 세속권력, 종교와 정치 사이 등과 같은 당시의 시대적 모순에 대한 불교계의 인식과 반응을 분석하였다. 이는 정치주체와 '외호'의 주체에 대한 해석 문제, 한국불교전통의 계승과 불교 근대화의 문제, 불교교단의 승인·운영·관리 문제 등의 형태로 드러났다.

근대전환기의 한국철학 〈民〉인 『민족종교와 민의 철학』(이종란·김현우·이철승)은 동학·대종교·증산교·원불교 등 민족종교의 사상 속에 반영되어 있는 당시 민중들의 염원과 지향 및 사유를 철학적 관점으로 재구성하였다. 이들 종교는 모두 전근대적 민에서 주체의식과 민족주의, 상생과 평화, 공동체 의식을 갖는 근대적 시민으로 자각하도록 이끄는 데 일조하였음을 밝혔다.

근대전환기의 한국철학 〈美〉인 『근대 한국미의 정체성』(이난수)은 19세기 후반부터 20세기 전반까지 한국 사회에서 풍미했던 고유의 미의식을 분석한다. 특히 예술과 예술 정신의 기준이 변화하기 시작했던 1870년대 개항 시기부터 한국 고유의 미론이 등장하는 1940년대까지의 미의식 현황을 분석한다. 이때 미의 철학이란 한국인의 미에 대한 가치와 그것이 구체화된 현상적 특징을 말한다. 이는 전통에서 근대로의 이행 과정에서 예술이 어떻게 계승되고 변용되었는지를 고찰하는 것이다. 이를 통해 근대 예술의 형성이 오로지 예술만의 이념과 논리를 기준으로 형성되지 않고, 당시의 시대 상황과 뒤섞이며 시대정신과 함께 변모했음을 확인할 수 있다.

이 총서를 발간하면서 그동안 우리철학 정립이라는 문제의식을 공유하며 연구와 집필에 전념한 연구진께 고마움을 전한다. 연구진은 그동안 한국의 철학계에서 수행하기가 쉽지 않은 이 작업을 위해 많은 노력을 기울였다. 낯선 시도이기에 불안할 수도 있지만, 누군가는 해야 할 일이기에 연구진은 용기를 내어 이 길에 들어섰다. 미비한 점은 깊게 성찰하고, 이후의 연구를 통해 보완할 것이다.

이 사업이 이루어질수록 적극적으로 지원해준 한국학중앙연구원과 교육부에 감사를 드리며, 이 사업의 필요성을 인정하고 선정해 주신 심사위원들께도 감사를 드린다.

또한 어려운 상황임에도 출판을 허락하신 도서출판 학고방의 하운근 사장님과 글을 꼼꼼하게 다듬어주신 명지현 팀장님을 비롯한 편집실 구성원들께도 감사를 드린다.

2020년 7월
한국학중앙연구원 한국학총서 사업 연구책임자
조선대학교 철학과 교수 및 우리철학연구소장
이철승 씀

우리의 자유민주주의는 안녕한가? 오늘날 대한민국에서는 돈이 곧 자유요, 몰상식한 억지와 무한대의 언론 자유가 통하는 게 민주주의이다. 안타깝게도 그 실상은 현 체제를 고수하고 시민들의 개혁 의지를 잠재우기 위해 되뇌는 반지성적 주문이자 이념일 뿐이다. 반면에 보통 사람들에겐 그저 '돈 벌어라. 그러면 당신도 재벌처럼 살 수 있다!'는 확률 낮은 로또복권 당첨의 기대치 정도로만 통용된다. 돈의 중요성을 누가 부정하겠냐마는, 염치와 양심을 외면한 채 오로지 많이 갖는 것만 능력으로 통한다. 자본과 지위를 선점한 자들은 조그만 변화에도 엄살을 떨고, 변변찮은 생산 도구나 자산도 없이 딸랑 몸뚱이만 가진 사람들은 제 한 몸 먹고살기에도 힘겨워 바동거린다.

이제 경제는 물론이요 정치·언론·교육·학문·문화 심지어 종교와 그 무엇도 이런 욕망 실현의 전장으로 변한지 오래이다. 현행 자본주의 체제가 욕망에 기초하고 있다는 사실을 십분 이해하더라도, 홍수처럼 넘실대는 온갖 욕망은 모든 가치를 집어삼키는 블랙홀이 되어 우리의 문화와 정신을 황폐하게 만들었고 공동체는 그만큼 허약해졌다. 이렇듯 일상화된 경쟁은 필연적으로 승자와 패자를 낳지만, 그마저도 불공정하다. 어쩌면 이 고삐 풀린 욕망이 단군 이후 가장 잘 살고 세계 경제력 10위 내외를 자화자찬 거리로 만든 나라의 동력인지는 모르겠으나, 동시에 부끄러운 우리식 자유민주주의 자화상의 원인이 아닐지 모르겠다. 불행하게도 이 문제는 당분간 지속될 것 같다.

능력 있고 깨어있는 시민이 주도하는 사회가 되기 전에는 한국인들의 가치관과 정치적 타협 역량, 또 그것이 반영된 여론의 향배에 당장 기대할 것이 별로 없기 때문이다.

이런 현실에서 철학이 무엇을 할 수 있을까? 우리 사회에서 철학은 공리공담과 동의어가 된지 오래된 터라 새삼 그것을 들먹이는 자체가 우스운 일이겠으나, 그것을 통하지 않고는 문제 사태의 본질을 인식하여 조금도 바로잡을 수 없다는 것이 불편한 진실이다. 어쩌면 지금 온갖 폐단의 조짐은 이미 근대전환기부터 싹트고 있었다. 그때에 선각자들은 깊은 통찰과 혜안으로 이 문제를 인지하여 경계하고 논의하였으니, 현재의 문제를 철학적으로 해결하려면 그것부터 반드시 되짚어 볼 필요가 있다.

이제 현대를 살아가는 철학도로서 이 같은 문제의식을 갖고 사색하여 탐구한 결과를 내놓아야 하겠기에 근대전환기 '기의 철학'을 집필하였다. 한국의 현대철학으로서 '21세기형 우리철학'을 탐색하는 전 단계로서, 근대전환기 사상가들이 자신들이 접한 시대의 문제를 어떤 논리로 해결하고자 했는지, 기를 그 중심에 두고 탐구하였다.

사실 철학자라면 누군들 시대의 문제에 무관했겠는가? 다만 선대 철학자의 의도나 지향을 제대로 파악하지 못하고, 현실에 무관심한 졸렬한 후학들의 난해한 설명이 공리공담을 이룰 뿐이다. 본서에서 다루는 근대전환기 철학자·사상가들은 외세의 침략과 전근대적 체제의 온존이라는 시대의 문제 속에서 치열한 사유를 펼치고 있다. 그 가운데 본 총서 시리즈의 특성상 기의 영역만 따로 떼어내 '기의 철학'이라 이름 붙이고, 서양 문물의 도전에 대하여 수용·대응하고 변용하는 주체적 모습에서 전통사상의 발전적 계승, 창의적인 특성화와 극복 등의 방법을 보여준다고 해석하고 정리하였다. 이것들은 본서의 연구 방법에 적용하는 4가지 모델이며, 여기에 〈필수모델〉로서 '한국인의 삶과 문화에 기초한 시대인식과 문제의식'을 두었다. 이것들은 한국의 현대철학이 어디에 기초해서 무엇을 어떻게 다루어야 하는지 명시한다.

'기의 철학'이 갖는 중요한 실천적 함의 가운데 하나는 소통과 상생이다. 변화하는 세계에 대처하여 뭇 생명이 상생하는 세상이 되려면, 개인 사이와 철학·과학·종교의 학문 사이만이 아니라, 타 문명이나 문화 사이, 한 국가나 세계 안의 자원과 정보, 더 나아가 우주 안 만물과의 영적인 소통도 포함한다. 이러한 소통을 위해서는 21세기형 우리철학이 필요하다.

끝으로 본서의 집필에 많은 도움을 주신 분들을 잊을 수 없다. 본 총서 연구 책임자인 이철승 교수를 비롯한 여러 동료 연구원들, 그리고 지원을 아끼지 않았던 조선대 인문학연구소와 우리철학연구소, 도서출판 학고방 관계자들, 힘든 내색 없이 아픈 몸으로 줄곧 내조한 아내에게도 감사의 말을 전한다.

2020. 3.
이종란

왜 기의 철학인가?   19

　기란 무엇인가?   19
　기철학과 기의 철학   23

제1장 기의 철학과 우리철학   29

　1. 우리철학과 그 방법론   29
　2. 근대전환기와 기의 철학   34
　3. 연구 내용과 목적   38

제2장 서양 문명과 기의 철학   43

　1. 종교와 철학에 대한 대응과 그 변용   43
　　1) 서학과 서양 근대 문명   43
　　2) 형이상학과 범주론   46
　　3) 영혼론과 인식론   48
　　4) 그리스도교와 한역서학서   54

　2. 서양 과학의 수용과 변용   58
　　1) 4원소설과 지원설   58
　　2) 천동설과 지동설   64
　　3) 기타 과학 이론   67

제3장 전통사상과 기의 철학   71

1. 전통철학의 발전적 계승과 극복   71
   1) 근대전환기 이전의 기론   71
   2) 계승과 극복의 대상으로서 성리학과 양명학   79

2. 종교적 기론의 전통   87
   1) 도교의 기론   87
   2) 한국도교의 기론   95

제4장 기의 철학 한국적 전개   101

1. 철학적 대처 방안으로서 기의 철학   101
   1) 이규경의 일기   101
   2) 심대윤의 태극 양기와 충서   115
   3) 최한기의 신기와 운화   153

2. 종교적 대응 논리로서 기의 철학   194
   1) 동학과 천도교   194
   2) 강일순의 기운   230
   3) 송규의 영기질론과 삼동윤리   243

3. 서양 과학의 수용 논리와 기의 철학   260
   1) 서양 과학 수용의 기 철학적 기초   260
   2) 서양 과학 수용 담론   287

제5장 우리철학으로서 기의 철학   309

1. 우리철학과 현대 과학   309
   1) 근대전환기 기의 철학과 우리철학   309
   2) 기의 철학과 현대 과학   318
   3) 기 철학의 한계와 희망   324

2. 우리철학으로서 발전 가능성   327
   1) 합리성과 현실성이 담보된 철학으로   327
   2) 우리 문명의 대안 모색을 위하여   332

참고문헌   336

왜 기의 철학인가?

기란 무엇인가?

기란 무엇일까? 물질일까 아니면 정신일까? 그것도 아니면 물질과 정신을 넘나드는 존재일까? 사실 기를 한마디로 정의하기는 쉽지 않다. 그것은 기 개념이 시대에 따라 변천과 확장을 거듭했기 때문이다.

혹자는 서슴없이 기를 물질이라고 말하기도 하는데, 그때는 약간의 주의가 필요하다. 물질이라는 의미도 다의적어서 오해하기 쉽기 때문이다. 보통 고무나 플라스틱 또는 금속과 같이 어떤 공간을 점유하고 질량을 지닌 물질의 경우는 전통[1]의 기론에서는 질 또는 형질 때로는 기의 찌꺼기라고 불렀지 기라고 말하지는 않았다. 다만 기체의 경우에는 예외였다. 그러니 분자나 원자 단계의 물질은 기라 불러야 할지 형질로 불러야 할지 난감하다. 공기보다 작으므로 아마도 기라고 여겨도 무방할 것 같다. 더구나 현대 과학은 물질이 또 농축된 에너지라고 밝혀서 물질과 에너지의 경계도 없어졌을 뿐만 아니라, 원자보다 더

---

1) 본서에서 말하는 전통은 한국 고유의 것은 물론이고 근대전환기 이전에 한국화된 동아시아의 사상이나 철학을 아우르는 개념으로, 필요할 때 '전통철학', '전통사상' 등과 같은 방식으로 부를 것이다.

작은 소립자를 발견하여 물질 개념의 정의에 긴 설명이 필요하다. 이 때문에 기를 현대어로 번역할 때는 거기에 딱 들어맞는 말이 없어서, 경우에 따라 물질·에너지·힘·생명력 등으로 나누어 살펴볼 뿐이다.[2)]

한편 용기나 총기처럼 인간의 심리 상태도 기로 보므로, 기를 정신의 범주에 넣어도 문제가 없을까? 여기에도 약간의 주의가 필요하다. 보통 학술상의 정신이란 말을 현대 우리의 언어 습관은 서구적 전통의 육체나 물질에 대립하는 영혼이나 원리[3)] 따위로 사용하는 경우가 많아서, 그것과 분명히 구별해서 써야 한다. 우리 전통에서는 인간의 정신 활동도 기의 범주에 넣어서 이해하였으므로[4)] 기를 물질 아니면 정신이라는 이분법으로 나누지 않았음을 알 수 있다.

이렇듯 육체와 정신, 만물과 신(God)의 존재를 별개의 것으로 보는 서구 전통의 사유와 달리 기로 이루어진 세계관에는 이런 불연속성과 이분법이 존재하지 않는다. 인간의 정신 활동도 기의 신이라면, 설령 최고의 존재로서 신이 있다고 하더라도, 세계를 초월하지 않고 그 안에 존재하는 신이어야 한다고 주장한다.[5)] 동학을 창시한 최제우

---

2) 기에 대한 종합적 이해는 이종란, 2017, 『기란 무엇인가』, 새문사, 96~190쪽을 참조하기 바람.

3) 같은 책, 118~120쪽 참조.

4) 精神이라는 말 그 자체가 기와 연관되며, 성리학은 심의 작용을 기의 일로 본다. 조선 후기 최한기는 그의 『氣測體義』에서 인간의 정신 활동인 神氣의 문제를 전면적으로 다루었다. 물론 신기를 인간의 마음으로 본 이른 시기의 것은 『莊子』에서 볼 수 있으며, 많은 醫書와 철학 관련 서적 등에서도 찾아볼 수 있다.

5) 神者, 乃指其運化之能, 故運化之氣, 卽是神也. 不求神於運化有形之中, 欲求神於運化無形之上, 是猶天地運化諭時辰儀, 以神諭制作之人(『氣學』 1-9). '1-9'는 卷1의 9번째 단락을 의미하며 이하 같은 방식으로 적용함.

崔濟愚(1824~1864)가 천주를 지기至氣로 표현한 것도 그런 맥락으로서 서양의 초월적 하느님과 존재 방식이 전혀 다르다. 더 나아가 근대전환기 서양철학을 접하고 소개한 이인재李寅梓(1870~1929)조차도 그리스 철학자들과 달리 동아시아 전통에서 생각한 신은 모두 기와 연관이 있음을 분명히 하였다.[6]

　문제는 생기生氣나 신기神氣 또는 지기나 영기靈氣라고 표현할 때 기 개념에 함유된 생명성과 정신성을 어떻게 이해할 것인가? 사람에게 있는 생명과 정신이 동식물과 무생물에도 있는가? 기에 정신적인 면이 있다고 보는 경우는 대개 종교적인 입장이 강하고, 원리적으로 따지면 비록 모든 만물이 완전히 배제되는 것은 아니지만, 특별히 인간과 같은 고등동물에 해당한다. 이렇듯 정신 현상도 기의 일이므로 기의 특징에는 이런 물질성과 정신성을 동시에 가지고 있다.[7] 기의 생명성도 이런 식으로 설명할 수 있다.

　자, 이런 식으로 본다면 모든 것이 기의 일이다. 기는 물질의 근원이면서 동시에 물리적 현실을 존재케 하는 근거이며, 물리 현상과 정신 현상을 아우르는 실체이다. 우리의 전통에서는 존재하는 모든 사물과 현상은 이처럼 기가 아니면 설명하기 어려웠다. 철학은 물론이요, 과학이나 기술, 예술과 문학·의학·민속·군사·교육·건축·종교

---

6) 所謂神者, 指氣之靈妙本體, 而精神則指氣之靈妙作用(李寅梓, 1980, 『省窩集』 卷4, 「雜著」, 〈古代希臘哲學攷辨〉, 아세아문화사, 266쪽).

7) 이종란, 앞의 책, 155~160쪽 참조. 인간의 정신 현상도 기의 일이라는 점에서 유물론에 근접한다고 오해할 수 있다. 그러나 뒤에서 밝히겠지만 기철학이 유물론이 될 수 없는 것은 애초에 기가 죽은 물질이 아니라 이런 정신성과 생명을 전제하기 때문이다.

·풍수지리, 심지어 유사 학문 등 모든 분야에는 기를 배제할 수 없었다. 기는 사실상 세계를 설명하는 도구 가운데 하나였다.

이상의 내용과 기철학의 전통에서 말하는 것을 종합하여 거칠지만 다음과 같이 기를 정의해 보았다.

> 기란 생성과 소멸이 없이 영원불멸하고 취산聚散하는 존재로서,
> 실제로 존재하는 모든 것들의 근원임과 동시에 우주의 물질 운동과
> 생명 활동 및 정신 현상을 일으키는 실체이자 원인자이다.[8]

여기서 취산한다는 것은 기가 모이면 만물이 되고 흩어지면 다시 본래의 기로 돌아간다는 뜻이다. 기에 대해서 추상적으로 이렇게 진술했지만, 더 구체적인 영역으로 들어가면 분야마다 고유한 개념을 가지고 설명하므로, 그 의미가 다양해질 수밖에 없다. 게다가 시대에 따라 기 개념에 차이가 있을 뿐만 아니라, 철학 내부에서 시대와 학파에 따라 개념을 달리 쓰는 경우가 많다. 이 때문에 기를 하나로 통일하여 설명하는 것을 더욱 어렵게 만든다.

그렇다면 기를 현대 과학으로 탐구할 수 있을까? 불행하게도 오늘날 물질처럼 과학의 탐구 대상으로서 보편적으로 동의할 수 있는 기의 개념은 아직 없다. 이렇듯 개념적으로 이해하는 기와 실제의 물리적인 기가 무엇인지 다루는 문제는 여전히 평행선처럼 남아 있다. 뒤의 4장에서 설명하겠지만, 근대전환기 기를 다루는 학자들 가운데는 이런 틈을 좁히려고 시도하였다. 본서는 개념 위주로 설명하고 필요할 때 과학적 대상과 관련지어 다룬다.

---

8) 같은 책, 292쪽.

기철학과 기의 철학

근대전환기는 우리 문명이 서구 문명에 편입되는 시기였다. 달리 말하면 우리 문명에 결함이 있어 낙후되었거나 비정상적이라는 인식 하에 서구적 삶과 가치가 폭력적으로 주입된 시기였다. 그에 따라 학문도 서양 근대의 그것으로 교체되었고, 일제 강점기 때에는 그것을 더욱 가속시켰다.9) 이렇듯 급속히 이식된 외래 문명의 주도하에 살아가면서 전통이란 부끄러운 것으로 교육되어, 이제는 겨우 박물관이나 겉치레 행사장에서만 볼 수 있어 우리의 삶과 무관한 골동품 같은 처지이다.

비록 겉으로는 그렇게 보이나 '우리철학'10)이라는 관점에서 보면 '시대의 문제를 해결하려고 한 사유체계'11)로서 근대전환기에 주체적인 철학을 분명히 이어가고 있었다. 바로 이 때문에 적어도 리의 철학, 심의 철학, 기의 철학, 실의 철학, 교의 철학, 민의 철학, 미의 철학 분야의 우리철학이 있었다고 전제하고, 조선대학교 우리철학연구소

---

9) 메이지[明治]와 다이쇼[大正] 시기 일본 지식인들도 일본에 극복해야 할 결함이 있다고 보고 기본적으로 유럽과 같은 방향으로 나아가는 것이 근대 문명이라고 생각하는 경향이 있었다(야스마루 요시오 저, 남춘모 역, 2010, 『방법으로서 사상사』, 대왕사, 10쪽). 개항(1876) 이후 조선 지식인들도 이런 경향에서 벗어날 수 없었다.

10) 본서에서 말한 우리철학이란 영어로 Our Philosophy가 아니라 Woori Philosophy로 표기하는 바와 같이 고유명사이며 21세기형 우리철학은 한국의 현대철학이다. 그 개념과 등장한 과정과 배경에 대해서는 이 총서시리즈의 『우리철학, 어떻게 할 것인가』와 본서 제1장 1을 참조하기 바람.

11) 이철승, 2009, 「任重의 시대정신 발현과 道遠의 우리철학의 정립 문제」, 『시대와 철학』 제20권 2호, 한국철학사상연구회, 48쪽.

에서 이 총서 사업을 진행하였다.

근대전환기 전파된 서양 문명 가운데서 우리에게 크게 다가왔던 영역은 대체로 과학과 종교였다. 당시 극소수 인사들을 제외한 대다수는 서양의 과학과 종교를 분리해 이해하지 못해서 서양이 그토록 발전한 것은 그리스도교[12] 때문이라는 시각이 지배적이었다. 그렇지 않다면 근대전환기 민족종교로서 '한국신종교'[13]의 발생과 기존 종교의 개혁 운동의 동기와 개화기 과학 수용에 대한 그 많은 논설과 문명 담론, 그리고 개신교의 교세 확장을 이해하기 어렵다.

사실 서양 과학을 수용하는 주체적 논리와 그 철학의 변용[14]은 기존의 기철학이 주도했을 것이라는 가정은 별로 이상한 일이 아니

---

12) 원래 천주교와 개신교의 명칭이 모두 학술적으로 기독교이나, 현재 한국에서 개신교만을 기독교라 부르기 때문에 혼동을 피하려고, 본서에서는 천주교와 개신교를 아울러 그리스도교로 부르고, 서술의 편의상 꼭 필요할 때만 천주교와 개신교를 분리하여 사용할 것임.

13) 동학 이후 한국에서 자생한 신흥종교이다. 동학·대종교·증산교·원불교 등을 따로 '민족종교'로 일컫기도 하지만, 현재 국내에서 발표된 학술 논문의 제목에 '민족종교'보다 '신종교'가 포함된 것이 압도적으로 많다. 본 총서시리즈 『민족종교와 민의 철학』에서는 동학·증산교·대종교·원불교를 민족종교라는 이름으로 다루나, 본서에서는 그 가운데 일부만 선택하므로 '한국신종교' 또는 약칭 '신종교'로 통일하고 문맥과 필요에 따라 민족종교로 사용하겠다.

14) 본서에서 말하는 變容의 의미는 '바뀐 모습(transformation)'이라는 變貌의 의미를 포함하지만, 외래 문물 受容의 범주 안에서 '원래의 것을 다른 방식으로 바꾸거나 변형시켜 받아들이는 것(transformative acceptance)'으로만 한정해 사용하며, 단순 수용과는 구별함. 물론 수용하거나 변용하는 데는 일정한 기준이 있다. 자세한 것은 이종란, 2019, 「『주역』을 통해 구축한 동서철학 융합의 플랫폼」, 『주역의 연원과 한중 역학의 지평』, 한중철학회 펴냄, 경인문화사를 참조 바람.

다. 반면에 서양 종교를 비판하고 대응[15]하면서 탄생한 한국신종교의 신관이 기와 관련이 있다는 점을 우리는 어떻게 이해해야 할까? 최제우가 서학[16]처럼 천주를 말하고, 증산교를 창시한 강일순姜一淳(1871~1909)이 자칭 상제라 일컬은 것이 기와 무슨 상관이 있을까? 이들이 말한 천주나 상제가 서학의 비물질적이고 세계를 초월한 절대적 신관을 모방한 것이 아니라 거기에 대응한 것이라면, 기와 상관이 있어야 한다. 곧 최제우의 지기, 강일순의 상제나 신명, 원불교 2대 종법사 송규宋奎(1900~1960)의 종교철학도 기를 떠나서 생각할 수 없었던 것이 그것이다.

그런데 문제는 모두 이렇게 기를 말한다고 해서 한국신종교의 신 개념이 종래의 기철학에서 말하는 그것과 정확히 일치한다고 말하기는 어렵다. 그 까닭은 철학과 종교의 차이일 수도 있는데, 대체로 신종교에서는 신에 인격성을 부여하지만 기철학에서는 기의 덕이나 능력 또는 정영精英[17]으로만 일컫고, 다만 인간의 정신 현상의 경우에만

15) 본서에서 사용하는 對應은 對抗과 다른 개념이다. 對抗은 배척과 투쟁의 성격이 강하지만, 對應은 상대의 근대성이나 보편성 등의 장점을 인정하면서도 불합리하고 잘못된 점을 비판하고, 주체적으로 보완·극복하는 의미로 사용한다.
16) 본서에서 사용하는 서학은 16세기 후반부터 개항(1876) 전까지 예수회 선교사들이 중국에 전한 학술과 종교를 총칭해 가리킨다. 개항 후에 『한성주보』 등에서 서학이라는 명칭을 여전히 쓰지만, 이때의 그것은 서양 근대의 문물로 이것과 구분할 필요가 있다. 이른 시기 西學이라는 말이 보이는 문헌은 예수회 선교사 알폰소 바뇨니Alfonso Vagnoni[高一志, 王豊肅]가 쓴 『西學齊家』·『西學治平』·『修身西學』 등의 책 이름이며 드물게 天學으로도 불렸다.
17) 氣之爲物, … 其本性則不變. 擧其全體, 無限功用之德, 總括之曰神(『神氣通』卷1, 「氣之功用」).; 蓋氣之明曰靈, 氣之能曰神, 氣之條理曰理, 氣之經驗曰知, 氣之循環曰變化(『氣學』卷1, 1-2).; 終古談氣者, 只見其糟粕, 無得其精

그 인격성을 긍정하기 때문이다. 더구나 후술하겠지만 리[18]를 기의 조리로 보던 기철학과 달리, 일부 신종교에서는 어떤 실체 개념으로 보려는 경향도 없지 않다.

이런 이유로 근대전환기 한민족이 만든 종교사상을 배제한 채 순수한 기철학자의 그것만 다룬다면, 기에 대한 담론을 한두 인물의 견해에 가두어 버리는 결과를 초래하여, 근대전환기 기론의 입지를 빈약하게 만들 우려가 있다. 뒤에서 밝히겠지만 근대전환기는 서양의 과학과 종교를 수용하거나 비판하기도 하고, 또 그것을 변용하거나 거기에 대응하면서 사유를 전개해왔기 때문에, 기에 대한 담론은 종래의 기철학적 관점 밖에서도 드러난다. 더구나 근대전환기는 기의 담론과 서양 과학이 혼재되던 시기이다. 그렇다면 그것이 어떻게 연결되는지 또는 어떤 과정을 거쳐서 현대 과학의 개념과 사유로 전환되는지 살피려면, 기에 대한 담론과 사유의 궤적을 특정한 세계관이나 분야에만 한정하지 말고 더 폭넓게 보아야 할 필요성이 있다.

또 한편 우리는 근대전환기의 철학과 종교와 과학의 관계에 주목하지 않을 수 없다. 일찍이 버트런드 러셀은 "철학이란 신학과 과학의 중간에 위치한다."[19]라고 하였지만, 이것은 어디까지나 서구적 학문 방식의 설명이고, 우리의 근대전환기에는 종교와 과학을 넘나들며 이

微也. 凡氣之精英, 謂之神, 得其神, 則謂之造化, 得其造化, 則能事畢矣(『五洲衍文長箋散稿』, 「用氣辨證說」).

18) 이하 理가 단독으로 쓰일 때는 두음법칙의 예외 규정에 따라 '리'로 표기하지만, 理氣처럼 두 음절 이상의 낱말일 경우는 그것을 적용하여 '이기'와 같은 방식으로 표기함.

19) B. 러셀 저, 최민홍 역, 1988, 『서양철학사』 상, 집문당, 21쪽.

둘을 아우르는 것이 기에 대한 철학적 담론이었다. 묘하게도 기는 이 세 분야에서 공통으로 다루는 대상이자 매개물이기 때문이다. 더구나 이 시기는 서양 문명 자체가 우리에겐 종교와 과학으로 대변하고 있었기 때문에, 그것에 대응하거나 수용·변용하는 논리를 밝히는 작업, 다시 말하면 종교와 과학의 영역을 포섭하는 어떤 철학이 필요하다.

이런 배경에서 종래의 기철학을 포함하면서 동시에 한국신종교에서 말하는 기론과 과학의 그것을 포섭하여 '기의 철학'이라 이름 붙였는데, 기철학은 이 '기의 철학'의 부분 집합으로만 사용하겠다. 그래서 '기의 철학' 때로는 문맥에 따라 '기 철학'으로 사용할 것이다. 다만 기철학을 연구한 인물의 경우 종전대로 '기철학자'로 명명하겠다. 당연히 기의 철학의 외연은 근대전환기 서구 문명의 충격에 대한 철학·종교·과학에 관련된 기의 담론, 그리고 동도서기류와 같은 서구 문명 수용론 등과 연관된 기에 대한 종합적 담론으로 확장된다.

제1장
기의 철학과 우리철학

1 우리철학과 그 방법론

'우리철학'은 현대 한국의 다수 철학자가 전통철학을 연구할 때는 '훈고학'적 태도에 머물고, 외래철학을 대상으로 할 때는 '수입철학'의 수준에 머물렀다는 반성에서 출발하였다. 우리철학이란 "한국의 특성을 바탕으로 하면서 한국인의 정서와 정신을 깊게 반영하여 성립시킨 보편성을 지향하는 합리적인 이론 및 외국으로부터 전래되었지만 맹목적으로 그것을 추종하지 않고 한국의 실정에 부합할 수 있도록 주체적으로 새롭게 구성한 이론 등을 아우르는 철학이다."[1] 따라서 오늘날 '한국의 문제'를 두고 연구하는 입장에서 볼 때 한국의 현대철학이다.

우리철학을 영문 'Woori Philosophy'로 표기하는 바와 같이 한국의

---

1) 이철승, 2016, 「우리철학의 현황과 과제(1) -근대 전환기 '철학' 용어의 탄생과 외래철학의 수용 문제를 중심으로-」, 『인문학연구』 제52집, 44쪽. 이 글에서 '우리철학'이란 어휘를 사용하여 연구한 여러 선행 연구를 소개하고 있다.

특수한 상황에서 발생하는 문제를 해결하기 위해 등장한 사유 체계라는 점을 분명히 하고 있다. 이것은 모든 세계에 거의 폭력적으로 적용하던 서구적 보편이 한국 또는 각 지역의 특수성에 온전히 맞지 않는다는 우려에서, 곧 우리의 특수한 역사나 사상을 서구적 잣대로써 평가하거나 해석하는 것은 백번 양보해도 제한적이라는 인식에서 출발하였다.

이런 배경과 정의에서 볼 때 한국의 현대 문제를 도외시하면서 한국의 전통철학을 연구한다 해도, 설령 한국철학사가 될지는 몰라도 적어도 우리철학은 아니다. 기존의 여러 연구를 참고하여 필자 나름의 우리철학이 되는 기준을 다시 만들어 보았는데 이것을 모두 만족시켜야 한다.

첫째, 합리적이어야 하고 보편타당성을 지향해야 한다.
둘째, 우리말로 말해야 하며 한국인의 삶과 문화에 기초하여 현대의 문제를 다루어야 한다.
셋째, 한국적인 특징을 새롭게 반영하고 있어야 한다.
넷째, 과거의 철학이든 외래사상이든 민족의 삶에 발전적으로 작용해야 한다.[2]

여기서 필자는 우리철학이 될 수 있는 방법론으로서 이 기준에 근

---

2) 이종란, 2018, 「『전경典經』의 사상 분석으로 살펴본 '우리철학'의 방법론」, 『대순사상논총』 30호, 대진대학교 대순사상학술원, 206쪽. 여기서는 이 기준을 약간 보완하였고, 원칙적으로 본 총서의 『우리철학, 어떻게 할 것인가』에서 제시한 연구 방법을 따르면서 좀 더 세분화하였다.

거하여 다섯 가지 모델을 제시한 바 있다. 그 내용은 아래 〈표 1〉3)과
같다.

〈표 1〉 우리철학이 되기 위한 모델

모델명	내용	관련 기준				전제
		첫째	둘째	셋째	넷째	
필수 모델	한국인의 삶과 문화에 기초한 시대 인식과 문제의식	○	○			어떤 모델이든 합리성과 보편타당성이 있어야 하며 〈필수모델〉과 조합을 이루어야 함.
모델 ①	전통사상을 발전적으로 계승하기	○	○		○	
모델 ②	전통사상의 재해석을 통하여 창의적으로 특성화하기	○	○	○	○	
모델 ③	외래사상을 한국적 입장에서 수용하거나 포용하기	○	○		○	
모델 ④	외래사상에 대응하면서 한국적으로 변용하기	○	○	○	○	

이렇게 우리철학은 합리성과 보편타당성을 담보하고 우리말로 해야 한다는 것을 전제하면서, 〈필수모델〉과 한 가지 이상 다른 모델의 조합으로서 이루어진다.

여기서 우리철학을 규정하는 중요한 방법론상의 특징은 사상의 정체성을 전통사상과 외래사상으로 크게 나누고, 두 사상에 관여하는 태도에 따라 각 모델이 결정된다는 점이다. 곧 근대전환기 기 철학의 내용에서 두 사상의 요소를 분석하여, 그 기원이나 논리가 어디에 있는지 밝히는 일이 일차적 작업이다. 다음으로 그것이 원래의 모습과 얼마나 같은지 다른지 따져서 전통과 외래사상에 대한 학문의 태도를

---

3) 같은 글, 207쪽. 여기서도 이 모델을 약간 보완하였다.

분석할 것이다. 따라서 전통사상의 내부에서 직접적 영향이나 사승 관계는 실질적으로 본서의 중요한 탐구 대상은 아니다. 우리철학의 방법론상 기의 철학이 갖는 관점이나 논리가 전통의 어디에서 연원하는지 밝히는 것만으로 충분하다. 그러나 서학은 전통과 이질적이므로 영향 받은 중요한 텍스트를 근거로써 제시하겠다. 다만 서양 종교와 문물에 대한 일반적 사항은 당시 전파된 천주교나 개신교 또는 서양 문물을 언급하는 입장과 태도에 따라 분류할 것이다.

　이런 방법에서 보면 근대전환기 기의 철학은 그 이전의 전통철학과 성격을 달리한다. 바로 서학의 전래와 서양 제국주의 때문이다. 서양적인 것에 대해 어떤 방식으로 대응하였느냐에 따라 우리철학 방법론상의 모델 가운데 하나로 결정된다. 특히 서학은 과학과 종교 및 철학적 요소가 다 들어 있어서 다양한 대응 방식이 존재했다. 한국사상사에서 볼 때 종교와 과학을 모두 수용하거나 종교만 배제하고 과학을 수용하기도 하지만, 아예 서학 자체를 비판하거나 배척하는 예도 있다. 나아가 19세기 말부터 20세기 전반기는 서양의 근대 문물이 새롭게 유입됨으로써 종교와 과학의 배경을 분리하지 못한 채 서양 문물의 수용은 대세가 되어 버린다.

　그런 상황에서 근대전환기 기의 철학은 수용이나 배척의 두 가지 양상에만 머물지 않는다. 서양의 과학이든 철학이든 그것을 변용시켜 기철학적 세계관에 발전적으로 재배치했다는 점도 분명히 있다. 곧 서학에 대응하면서 그것을 변용해 한국화한 것으로 〈모델④〉에 해당하며 최한기崔漢綺(1803~1877)와 그보다 조금 덜하지만 이규경李圭景(1788~1856)의 철학이 대체로 여기에 해당할 것이다. 물론 그 과정에서 전통사상을 발전적으로 계승4)한 〈모델①〉, 시대상의 변화로 전통사상을 재해석하거나 극복하는 과정에서 창의적으로 특성화[5]했다는 점에서 〈모델②〉의 역할도 결코 적다고 할 수 없다. 심대윤沈大允 (1806~1872)의 철학과 대부분의 한국신종교는 여기에 해당할 것이다. 물론 신종교 가운데도 〈모델④〉와 관련된 것도 있다. 더 나아가 19세기 말부터 서양의 과학이나 문물의 수용을 외면할 수 없었던 점에서 〈모델③〉도 매우 중요한데, 그 이전에 과학과 문물을 수용한 기철학자 그리고 일부 신종교에서도 찾아볼 수 있다.

따라서 본서의 제2장은 〈모델③〉과 〈모델④〉에 초점을 맞추며, 제3장은 〈모델①〉과 〈모델②〉에, 제4장은 근대전환기 기 철학의 내부 논리 입장에서 구체적 근거를 제시하여 인물별·주제별로 설명하고, 필요할 때마다 〈필수모델〉과 관련지어 다룬다. 특히 제5장은 근대전환기 기의 철학을 정리하고, 그것을 계승할 현대의 한국철학이 〈필수모델〉과 관련하여 21세기형 우리철학이 될 가능성 유무를 전망해 본다. 그것은 근대전환기 기 철학의 연구를 통해 당시의 우리철학을 드러내는 것도 중요하지만, 21세기형 우리철학의 기초를 다지는 것도 필요하다고 보기 때문이다. 그래서 지금 우리의 현실 문제와 연관시켰다.

---

4) 발전적 계승이란 전통의 개념을 크게 손상하지 않고 시대 상황에 맞게 적용하려는 것을 말함.

5) 창의적으로 특성화했다는 의미는 전통사상을 이전과 달리 재해석하여 변형하거나 극복하였지만, 여전히 한국적 정서와 문화에 바탕을 두고 있다는 뜻임. 그런 점에서 전통에 있는 '원래의 것과 모습을 다르게 했다'라는 의미의 變容은 이 모델에 해당함.

2 근대전환기와 기의 철학

역사의 시대 구분은 우리에겐 뜨거운 감자다. 현재 우리가 사용하고 있는 시대 구분은 서양인들이 자신들의 역사 연구에서 나온 것으로, 서양사를 모델로 세계에 보편적으로 적용하려다 보니, 거기에 맞지 않는 문제가 생기기 때문이다. 특히 마르크스주의 역사발전단계를 적용하려고 해도 세계 여러 곳의 역사가 꼭 서양의 그것처럼 진행하지 않았기 때문에 억지가 되고 만다. 그 대표적인 사례가 가운데 하나가 조선 사회를 '이조봉건사회'라고 표현하는 따위이다.

아무튼 그 영향으로 우리 역사도 대체로 고대·중세·근세·근대·현대로 나누고 있지만, 때에 따라서 근세는 생략하기도 하고 세부 역사에 들어가서 어느 시기가 거기에 해당하는지 일치된 견해도 없다. 근대전환기만 해도 많이 끌어 올려서 임진왜란과 병자호란 이후부터 개항 때(1876)까지를 한정하기도 하지만, 학문 분야에 따라 편차를 보인다. 왜냐하면 근대의 시점을 언제로 볼 것이냐에 따라 의견이 다양하기도 하지만, 또 도식적인 시대 구분만으로 모든 학문상의 문화·사상·정치·경제적 특징이나 흐름을 모두 만족시킬 수 없기 때문이다. 시대 구분이란 단지 경제적 생산양식 또는 상징적인 사건이나 시대의 큰 흐름을 반영일 뿐이지, 인간 삶의 모든 영역이 그것에 맞추어 획일적으로 바뀐 것은 아니기 때문이다.

이런 맥락에서 기 철학의 흐름에서 볼 때 근대전환기의 범위를 다소 재조정할 필요가 있다. 그것은 기 철학의 변모가 서학의 전래 이후부터 곧장 진행된 것은 아니기 때문이다. 무엇보다 조선 사회가 서구 열강의 침략에 직접 노출된 시점을 고려하지 않을 수 없고, 서학에 반영된 과학 지식이나 철학을 나름대로 이해하고 수용하여 기 철학으로 전개하는 데는 다소의 시간이 필요했으며, 또 19세기 말부터 20세기 전반기는 서양의 근대 문물 수용이 대세가 되었기 때문이다.

그래서 그 시기를 대략 1850년 전후로 시작하여 1950년까지의 시기로 잡았다. 그것은 서세동점에 따른 영국과 청의 아편전쟁 여파로 서구 문명에 대한 조선 정부와 민족종교와 사회운동 등의 실질적 대응이 이 시기6)부터 시작된다는 점, 지금 우리의 현대를 있게 한 문명의 전환이 이때에 급진적으로 이루어졌다고 보기 때문이다. 곧 이규경·심대윤·최한기·최제우 등이 활동했던 19세기 중반부터 일제 강점기까지 그 사회·역사적 배경이 이전과 다르게 상당히 바뀌었다.

당시의 사건으로는 대외적으로 청나라의 아편전쟁(1840~1842) 패배와 이양선의 출몰 그리고 병인양요(1866)와 신미양요(1871)가 있었으며, 대내적으로 천주교 탄압과 세도정권의 매관매직에 따른 탐관오리의 수탈, 그로 말미암은 임술농민봉기(1862)가 있었다. 또 개항(1876) 이후에는 개화운동, 임오군란(1882), 갑신정변(1884), 동학농민운동(1894), 청일전쟁(1894), 갑오개혁(1894), 을미사변(1895)의 여파에 따른 아관파천(1896) 등이 있다. 또 20세기를 넘어서면서 서구적 근대화는 더욱 속도를 내었다. 이른바 문명개화와 자강을 앞세운 애국계몽운동이 있었고,

---

6) 1845년 영국 군함의 제주도와 서남해안 측량, 미국 함대의 통상 요구, 1847년 프랑스 군함을 몰고 왔던 해군 소장 Cécille에게 서양과의 첫 외교문서인 서한 송부, 1848년 경상·전라·황해·강원·함경의 5도에 이양선의 출몰, 1853년 러시아 함대의 동해안 측량, 1855년 영국 군함의 독도 측량과 부산항 도착, 프랑스 군함의 동해안 측량, 1855년 지석영의 종두법 전파, 1861년 러시아 함대의 통상 요구, 1866년 제너럴셔먼호 사건과 병인양요 등 서세동점의 압박을 본격적으로 당하던 것이 이때부터이다.

러일전쟁과 을사늑약(1905) 이후 조선은 일본의 식민지로 편입되었으며, 이후 광복을 맞이하면서 새롭게 등장한 냉전 체제의 남북 분단 상황에 놓이게 되었다. 광복과 6·25전쟁은 우리 역사를 현대적 삶으로 바꾸게 한 큰 사건이다.

이 같은 근대전환기 당시 심대윤과 최제우는 서양의 위협과 서양 종교의 교세 확장을 보고 그에 따른 우려와 대응책을 강구하였고, 이규경과 최한기는 과학 기술의 수용과 아울러 개혁과 개방을 주장하였다. 최시형崔時亨(1827~1898) 또한 교조의 가르침을 이어 평등과 생명사상을 확장했으며, 동학운동 실패 후 강일순은 식민지에 막 접어드는 시기에 의병이나 동학의 잔당으로 몰릴까 노심초사하면서 민중들에게 새로운 희망을 심었고, 손병희孫秉熙(1861~1922)는 동학운동과 독립운동에 참여하며 동학을 천도교로 개편하였는데, 그 시대적 문제를 해결코자 한 운동의 돌파구 가운데 하나가 종교였다. 송규 또한 일제 강점기 종교 활동을 통해서 인민들의 생활을 개선하고, 광복 후 좌우의 이념 대립을 극복하고자 하였다.

그렇다면 이 시기 기의 철학을 어떤 기준에 따라 선택하여 살펴야 할까? 기를 말한다고 해서 다 기의 철학이라 할 수 있을까? 근대전환기 기 철학의 변모를 설명하기 위하여, 전통의 그것과 어떤 공통점을 갖고, 또 변모되는 영향은 무엇이며 그 내용은 어떤 것인지 간략히 살피겠지만, 먼저 일정한 기준에 따라 그 범위를 정하려고 한다.

그래서 일단 기의 철학이라고 이름 붙일 수 있는 분야의 하나로서 자연관을 중심으로 보기 쉽게 도표화 해 보면 〈표 2〉와 같다.

〈표2〉 기 철학의 존재론적 기준

범주	내용
최고 존재	기(生氣, 神氣, 運化氣, 至氣, 靈氣, 一氣 등)
기 존재 방식	불생불멸不生不滅, 무시무종無始無終, 일기장존一氣長存
기의 형태	원칙적으로 무형이나 감각할 수도 있음
기 운동 방식	내재적 원인
만물의 존재	기의 취산聚散에 따른 생성과 소멸
만물의 차별성	기(또는 기가 응취된 질)의 다양성
음양과 오행	유지하거나 극복함
리理	기의 조리條理나 속성 또는 소이연지고
신神	기의 신으로서 기의 덕 또는 기와 분리되지 않는 영적 존재

사실 이러한 자연관만으로 기철학이라고 규정하기에는 미흡한 점이 있다. 철학의 모든 영역을 일관되게 기로서 설명할 수 있어야 명실공히 기철학이라 할 수 있기 때문이다. 그러나 앞서 말했듯이 이 기철학의 기준을 적용하면 해당하는 학자가 겨우 극소수에 그치게 됨으로써 근대전환기 기에 대한 담론을 온전히 담아낼 수 없다. 그 때문에 대략 앞의 존재론적 기준 수준에만 부합해도 '기의 철학'으로 취급하려고 한다.

거기에 해당하는 인물은 대체로 재야학자였던 이규경·심대윤·최한기를 비롯하여 최제우·최시형·손병희·강일순·송규 등의 종교가들이 여기에 해당하겠다. 이후 다루고자 하는 기의 철학은 모두 이런 기준을 따르겠지만, 한두 인물을 제외하고 대다수는 그들이 표명하는 단편적인 영역에서 다룰 수밖에 없다. 특히 종교가들의 주요 관심사가 기에만 있다고 말하기 어렵기 때문이다.

그런데 안타깝게도 기의 담론은 현대에 와서 과학의 대상에서 제외되어 있다. 본서에는 어떤 학자의 이론으로서가 아니라 기의 담론이 왜 과학의 영역에서 사라졌는지 다룰 필요가 있고, 기론이 서양 과학으로 대체되면서 대체 어디로 사라졌는지 추적해야 한다고 느꼈다. 설령 기론이 서양 과학으로 대체되었다고 하더라도, 기와 서양 과학의 물질은 세계관과 개념이 서로 다른데, 그것들이 어떻게 결합할 수 있는지 전통의 단절을 극복하기 위해서 따져야 할 필요성은 있다. 전통의 기와 물질 개념이 서로 어떻게 접근하며, 서양 과학 수용의 인식론적 토대가 무엇인지 기의 철학에서 추적해야 한다. 더 나아가 근대전환기 서양 과학의 수용 논리에는 어떤 것들이 있는지 밝힘으로써, 우리의 근대가 있게 한 논리가 무엇인지 탐색할 필요가 있다.

특히 종교를 기의 철학에서 다룸으로써 종교와 과학 그리고 철학이라는 세 분야가 마치 여러 지류의 강물이 하나로 만나듯이, 우리 근대전환기에 기를 매개로 수렴되고 있음을 밝히고자 하였다. 더욱이 이세 분야는 현대인의 삶에도 여전히 영향을 미치므로, 철학을 중심으로 세 학문이 새롭게 관계 맺을 필요가 있다. 이것이 21세기형 우리철학 가운데 하나가 될 수가 있는데, 결론 부분에서 다루고자 한다.

3 연구 내용과 목적

시대의 문제를 해결하려는 사유 체계로써 철학이 얼마나 합리성과 현실성을 갖느냐 하는 점은 곧장 그 철학의 중요성과 가치를 말해준다. 근대전환기 기의 철학을 구체적으로 어떤 태도로 탐구할 것인가?

먼저 합리성 존중이다. 이것은 보편성을 지향하는 것과 함께 우리 철학이 되는 첫째 기준이다. 그래서 어쩔 수 없이 종래의 기철학이 그러했듯이 합리적이면서 때로는 과학적 태도와 손잡지 않을 수 없다. 비록 과학적 세계관과 기 철학의 세계관에 미묘한 차이가 있고, 또 한국신종교가 종교로서 과학과 거리가 있어 보여도, 기의 철학을 활용했다는 점에서 나름의 과학적 합리성은 반드시 따져 보아야 한다. 그 합리성을 통하여 보편성과 연결될 수 있다.

다음으로 현실성을 중시하는 문제는 좀 복잡하다. 왜냐하면 현실에서 실천을 추동하는 힘은 합리적이고 보편타당한 이론만이 아니기 때문이다. 거기에는 이념이나 정치적 이해관계, 문화적 토양, 종교적 믿음, 도덕적 신념 등이 추가되기 때문이다. 이런 태도는 철학의 확장성 곧 철학적 논리를 실천하는 문제에서 그대로 적용된다. 특히 어떤 사회적 문제를 해결하기 위한 실천 논리가 지나치게 극단적일 경우에는 폐단을 낳기 쉽고, 다수의 호응을 끌어내기도 어렵다. 그래서 변하는 현실에 유연하게 조응하는 사유 체계를 생산해야 하는 것이 철학자의 몫이므로 철학은 더욱 도그마가 되어서는 안 된다.

이런 실천 논리는 비록 철학적 세계관에서 연역하는 것이지만, 세계관 자체에 그 실천 논리가 지나치게 구속을 당한다면 아무리 구체적이라도 실천성을 담보하기 어렵다. 세계관이란 그 어느 것도 절대적이라 할 수 없고, 단지 합리적이며 보편타당하다고 믿는 방법 안에서 갖는 근거이기 때문이다. 극단적인 종교의 논리가 현실에 먹히지 않듯이 각자가 믿는 세계관에 따른 신념만 주장하면 설득력을 상실한다.

이렇듯 세계관의 차이가 존재할 수 있으므로 유물론이나 근대 과학에서 말하는 물질의 한 관점으로만 기를 보려는 태도를 지양할 것이다. 당연히 물질과 정신이라는 이분법적 대립의 구도 속에 하나를 선택해서 기를 보려는 의도는 매우 위험하다. 대신 기의 전개 과정 속에서 고찰될 수 있다.

따라서 기 철학의 세계관과 그 실천 논리를 적용할 때는 유연하게 전개할 것이다. 심대윤이 당시 민중들을 대상으로 하여 신이나 귀신을 말하고 종교인들은 신을 말했는데, 바로 여기서 이들의 논리에 귀기울일 필요가 있다. 이들이 신을 그리스도교의 하느님처럼 비물질적인 정신이 아닌, 존재적 근거가 있는 기로 보는 한 어느 정도의 객관성과 신뢰성을 유지할 수 있다고 본다. 왜냐하면 전통의 기철학자도 기의 신적인 측면을 인정할 뿐만 아니라, 인간의 경우 정신 현상이 바로 기의 신이기 때문이다. 그럼으로써 근대전환기 다수의 종교가 인간을 신을 모신 존재로 보거나 인간이 하늘이라고 하거나 인간이 신의 성품을 갖추고 있다고 동의하고 있다는 점을 이를 잘 말해주고 있다.

그런 이유로 우리철학은 종교라고 해서 기 철학의 영역에서 배척할 필요도 없고, 더 나아가 종교가 달라도 철학적 지향점이 달라도 또 계급이나 문화가 달라도 서로 공감하고 공동으로 실천 가능한 논리를 생산해야 한다. 왜냐하면 동일한 시간과 공간 속에 살았고, 또 인간 모두는 각자 삶의 동력으로서 생명력인 생기를 담지하고 있어서 그 누구도 소외시키거나 배제하면 안 되기 때문이다. 이런 방향에서 기 철학의 세계관과 실천 논리, 합리성과 현실성 사이에는 약간의 틈을 인정할 수밖에 없다. 그것이 이념과 문화와 생각이 다른 상대에 따른 대화의 조건이고, 우리철학의 현실적 실천성을 확보하는 길이라 믿는다.

어쩌면 이 논리는 우리의 현실 문제를 해결하기 위한 우리철학의 필요성에서 계급적 당파성이나 문화적 또는 민족적 배타성을 지양하고, 자신의 정체성을 잃지 않으면서 조화와 포용과 융합과 창조성을 생명으로 하는 21세기의 시대정신에 부합할 것 같다. 곧 정신과 물질, 몸과 마음, 삶과 죽음, 남과 북, 동양과 서양, 전통과 현대, 지배층과 시민 대중, 단일민족과 다문화, 종교와 과학 등의 모든 대립적이거나 상대적 위치에 있는 것들을 고려해야 하기 때문이다. 양쪽을 다 아우르는 집기양단執其兩端[7]의 태도가 필요하다.

그렇다면 근대전환기 기의 철학 탐구의 내용을 어디에서 찾아야 할까? 그것은 현대의 우리 문제를 해결하기 위한 사유 체계에 모종의 논리적 이바지를 할 수 있는 것으로, 근대전환기에 기의 철학이 시대의 문제를 해결하기 위해 전통의 토대 위에 외래사상이나 철학 등을 수용·변용하고 발전시켜 그 종착점에서 제시하는 방법이나 원리 및 가치이다. 말하자면 근대전환기 기의 철학이 그 처절한 삶의 문제를 두고 서양 과학이나 철학을 수용하고 변용하였으나 결코 서양 과학이나 철학에 맹목적으로 끌려가지 않았고, 전통을 일정하게 이어받았으나 그것을 답습하지 않고 극복하고 발전시켜 나아갈 수 있었던 점, 서양 문명에 대응하면서 우리 것을 발견시켰던 점에서 찾아야 한다.

이 저술의 주요 목적은 바로 전통과 외래사상이라는 두 축을 가지

---

7) 『中庸』 6章의 "子曰, 舜其大知也與. 舜好問而好察邇言, 隱惡而揚善, 執其兩端, 用其中於民, 其斯以爲舜乎."에 나오는 말로, "양쪽 극단을 잡아 백성에게 그 中을 쓴다."라는 말이다. 中이란 中庸의 뜻으로 지나침과 모자람이 없는 가장 적절한 상태를 이른다.

고 어떻게 근대전환기형 우리철학을 만들었는지 그 논리와 자세한 사례를 살피는 데 있다. 다시 말해 기의 철학 범주 안에서 전통의 어떤 점을 비판·계승 또는 극복하면서, 외래사상의 어떤 내용을 수용·변용·대응하여 우리철학으로 발전시켰는지, 그 방법론과 사례 및 특징을 탐구하는 데 있다.

더 나아가 근대전환기의 기 철학의 탐구는 그 자체의 논리 탐구에서 끝나는 것이 아니라, 현 한국 사회의 문제를 해결할 수 있거나 그 해결에 도움이 되는 실마리를 찾는 것과 동시에 세계인들에게 보편적으로 적용할 수 있는 논리 탐색에도 있다. 다시 말하면 특수와 보편을 아우르는 논리의 제시로 21세기형 우리철학을 만드는 데 이바지할 수 있는 시사점도 찾고자 한다.

제**2**장
서양 문명과 기의 철학

1 종교와 철학에 대한 대응과 그 변용

1) 서학과 서양 근대 문명

17~18세기 중국에서 활동한 예수회 선교사들이 동아시아에 전한 서양의 학술과 종교를 통틀어 서학西學이라 부른다. 그들은 중국이라는 선교의 현지 적응을 위한 수단의 하나로서 한문으로 된 서적을 간행하였다. 그 종류는 종교에 관련된 것만이 아니라, 철학·과학·기술·지리·역사·문학·비교종교론 등 다방면에 걸쳐 있다. 특히 철학과 결합한 신학은 플라톤의 전통을 계승하면서도 아리스토텔레스의 자연학과 철학이 반영된 토미즘Thomism 곧 토마스 아퀴나스Thomas Aquinas(1225년경~1274. 이하 토마스로 약칭)의 사상 체계와 관련이 있다.

서학의 특징을 말하면 대체로 철학적으로는 토미즘을 배경으로 하고, 과학은 서양 고대의 아리스토텔레스로부터 르네상스 시기까지의 과학이 혼재되어 있다. 그 핵심은 지구 중심의 천동설을 바탕으로 한 우주관과 4원소설로 지상과 천상의 각종 현상을 설명하는 것이었다.

사실 우리는 조선 후기 성리학이나 실학에서 크든 작든 서학을 배제하고 논하기는 어렵다. 긍정하거나 부정하는 담론에서 서학에 대한 나름의 태도를 유지하고 있기 때문이다. 실학자는 물론 성리학자들이 남긴 문헌에서 서학 관련 용어를 검색해보면 금방 확인할 수 있다. 누구든 적어도 서학을 의식하고 있었다는 증거이다. 이렇듯 조선 후기 사상사 연구에서 서학을 배제하면 온전한 연구가 될 수 없다.

게다가 근대전환기 기의 철학 가운데 일부 가령 최한기나 이규경의 철학에서는 이 토미즘을 통해 간접적으로 아리스토텔레스를 접하고 영향을 받기 때문에, 역으로 아리스토텔레스의 철학이나 과학을 이해하지 못하고서, 근대전환기 기 철학의 일부 개념과 영향 관계를 제대로 이해하기는 거의 불가능하다. 최한기 경우는 그의 글에서 보이는 서학 관련 용어나 개념만이 아니라, 그 자신이 1857년에 편찬한『지구전요地球典要』권12의「양회교문변洋回敎文辨」에서 이런 신학·철학·과학이 함유된 10여 종류의 책을 저자와 권수와 각 편의 내용을 간략히 소개하고 있고, 이규경 또한 그의『오주연문장전산고五洲衍文長箋散稿』에서 서학 관련의 글을 남기고 있어, 이들이 서학을 심도 있게 접했다는 점을 부정할 수 없다.

더구나 중세 그리스도교의 신학은 근대전환기 천주교가 그대로 이어받았고, 이것에 대응하는 한국신종교와 심대윤의 입장에서는 어떻게 해서든 이것과 차별된 신의 개념을 확립하려고 노력하였다. 또 개항 이후 개신교가 전파되자 당시 지식인들은 서양이 문명개화를 이룬 배경에는 그리스도교가 있다고 믿었다. 그리하여 종교의 역할을 매우 중시한 나머지 20세기 초에는 전통 종교의 개혁 운동을 벌이기도 하였다. 그런데도 당시 조선인들이 생각하는 개신교의 신 개념과 신학은 이전 서학의 그것과 다르게 볼 토대가 없었다. 당시 인사들이 개신교에서 보급한 성서를 읽기도 했지만, 서학의 신학과 개신교 그것의 차별성을 발견한 흔적은 없다. 그도 그럴 것이 양자가 공통으로 근거하는 성서의 표면적 내용만으로는 차별성을 발견할 수 없기 때문이다. 따라서 19세기 말이나 20세기 초라고 해도 보통의 조선인들은 개신교 신관이나 신학에 관한 인식은 서학의 연장선에 있다고 하겠다.

그러나 과학의 양상은 완전히 달라진다. 이미 최한기가 접한 과학에서 중세와 근대의 그것이 섞여 있기도 했지만, 19세기 말이 되면 근대 과학이 물밀 듯 들어온다. 이때는 서양 과학의 수용이 대세가 되어 동도서기류의 사상이 유행하다가, 20세기로 넘어가면서 문명개화와 자강이라는 시대정신 속에서 과학만이 아니라 서양 문물의 수용이 대세가 되어버린다. 이런 서양 문명이 종전의 서학과는 근본적으로 달랐다고 믿었던 배경에는 비록 일본이라는 경로를 통했어도, 근대화된 서양의 문물과 그 부국강병을 피부로 느낄 수 있었던 점도 크게 작용했다.

그러나 당시 지식인들이 이끈 사회의 이런 분위기와 달리, 한국신종교만은 비록 서양의 과학 기술과 새로운 문물의 수용을 긍정하면서도, 종교사상은 거기에 흡수되거나 끌려가지 않고 끝까지 대응하여 새로운 논리를 개발하였다. 그 가운데 하나가 신 개념으로서 기와 연관이 있다. 과학에서 점차 기가 배제되고 있었으나 이처럼 종교에서만은 끝까지 유지하고 있었다.

이 장에서는 서학과 관련된 아리스토텔레스와 토마스의 철학 그리고 과학을 간단히 살피면서, 기 철학이 어떤 논리로서 변용하고 대응하였는지 지적하겠다. 다만 관련된 논리의 구체적 논거 및 근대 문물에 관해서는 제4장 및 관련된 곳에서 다루고, 여기서는 연관된 논리나 사례만 간단히 언급하겠다.

2) 형이상학과 범주론

지상에서 일어나는 각종 현상에 관한 아리스토텔레스의 자연 탐구는 4원소설[1]을 바탕으로 한다. 그 탐구에는 네 가지 방식을 채용하는데 그것이 그의 4원인설이다. 4원인은 형상인·질료인·운동인(작용인)·목적인이 그것이며, 한역서학서에서는 각각 모자模者·질자質者·작자作者·위자爲者로 옮겼다.

이 4원인 가운데서 그리스도교는 목적인을 신학적으로 바꾸어 동아시아에 소개한다. 신학과 형이상학에 관련되기 때문에 최한기는 목적인과 함께 형상인을 받아들이지 않았다. 다만 운동인과 관련된 자연적 사물의 운동은 그의 『운화측험運化測驗』에 보이는 것처럼 기의 내재적 성질로 변용하여 4원소설에 의지하지 않고도 자연 현상을 설명한다. 당연히 질료인에 대비되는 것은 4원소가 아니라 기와 그것으로부터 파생된 질質로 변용된다.

아리스토텔레스 철학에서는 질료인과 형상인은 변화를 설명하는 근본적 요소로서 사물 본성의 두 가지 측면들이라고 말하고 있다.[2] 모든 자연물을 포함한 인공물도 질료(matter)와 형상(form)을 갖는다. 형상은 바로 해당 사물의 본질이며 그 형상이 관여하고 있는 질료와는

---

1) 4원소설은 세계의 근원적 존재를 흙·물(액체)·공기(기체)·불로 본다. 더 자세한 것은 본서 제2장 2를 참조할 것.
2) 유원기, 2009, 『자연은 헛된 일을 하지 않는다』, 서광사, 144쪽.

독립적으로 존재한다고 본다. 비록 그것이 질료와 함께 결합하여 있지만, 논리적으로 보나 인식론적으로 볼 때도 다른 존재이다. 이 형상은 주희성리학의 리理와 유사한데, 훗날 최한기는 이 같은 형이상의 리를 형상과 함께 검증할 수 없다고 여겨 받아들이지 않는다.

또 형상과 질료의 관계는 영혼론에서 영혼과 육체라는 심신이원론으로 갈 수밖에 없어 그리스도교에 연결되는 지점이지만, 반면에 철저하게 심신일원론으로 보는 기의 철학과 상반되는 지점이기도 하다. 가령 최시형과 손병희 그리고 송규 등이 신과 인간의 마음을 분리하지 않은 점, 특히 송규와 최한기가 형질과 기(신기)의 결합으로 사물을 설명하는 것은 얼핏 보면 사물을 형상과 질료의 결합으로 설명하는 아리스토텔레스의 그것과 형식적으로 유사해 보이지만 내용은 전혀 다르다. 왜냐하면 이들의 기는 사물을 이루는 형질의 근원일 뿐만 아니라, 신기는 형질의 영향을 받아 해당 사물을 초월할 수 없고, 그 사물의 특성을 이루기 때문이다.

그리고 아리스토텔레스의 논리학을 다루는 범주론에서 반드시 짚고 넘어가야 할 내용은 실체(自立者)와 속성(依賴者)에 대한 개념이다. 서학에 보이는 실체는 동식물과 천체와 인간의 영혼과 신 등으로 자기동일성을 유지하는 개체 또는 보편적 존재이다. 『천주실의天主實義』에서 소개하는 실체에는 무형한 신과 마귀, 천체, 4원소, 각종 기상현상에 속한 것, 무생물, 생물 등이다. 여기서 실체란 플라톤의 이데아와 같은 것이 아니라, 신만 제외하면 현실 세계에서 생멸하며 존재하는 사물에 가까운 것으로 소개하고 있다. 반면에 속성은 실체에 의존하는 것으로 양·질·관계·장소·시간·성질·상태·능동·수동 등이다.3) 이것들은 실체가 없으면 스스로 존재할 수 없어서 '의뢰자依賴者'로 옮졌다.

　이런 실체와 속성의 구분은 매우 중요하다. 정약용이 기는 실체이고 리는 속성으로서 그것은 반드시 실체에 의탁해 있다고 판단한 것,[4] 다시 말해 리란 기의 리라고 판단하는 것에 영향을 주었고, 또한 최한기의 기철학이 주희성리학을 극복하는 계기가 되었는데, 그 영향으로 그는 기와 상대적으로 독립된 형이상의 리를 실체로 인정하지 않는다.

3) 영혼론과 인식론

　조선의 학인들이 접한 서학의 영혼론은 아리스토텔레스의 그것을 그리스도교 신학으로 수정한 이론이다. 사실 '영혼靈魂'이라는 용어 자체가 예수회 선교사였던 마테오 리치Matteo Ricci(1552~1610, 利瑪竇)가 '아니마anima'를 '혼령魂靈'의 한자 순서를 바꾸어 옮기면서 동아시아에 정착된 말이다.[5] 그러나 당시는 그 이름이 생소해 그의 후배 프란체스코 삼비아시Francesco Sambiasi(1582~1649, 畢方濟)조차도 영혼이라고 쓰는 말이 부담스러워 『영언여작靈言蠡勺』에서 원어 그대로 '아니마亞尼瑪'로 사용하였다.

　이와 달리 이규경은 이 아니마를 중국인이 '성령性靈'[6]으로도 옮겼

---

3) 利瑪竇, 『天主實義』 上卷, 「第四篇」 참조. 여기에 실체를 포함하면 총 10가지 범주이다.

4) 氣是自有之物, 理是依附之品, 而依賴者必依於自有者(『與猶堂全書』 Ⅱ, 「中庸講義補·朱子序」 卷1).

5) 김선희, 2012, 『마테오 리치와 주희, 그리고 정약용』, 심산, 328쪽.

6) 최한기는 『靈言蠡勺』을 소개하면서 이 아니마를 중국말로 靈性이라 했다고

다고 하고, 그 의미를 『대학』의 명덕明德과 같은 것이라고 소개하고 있으며, 또 마테오 리치가 『천주실의』에서 사람의 혼魂은 불멸하는 것이어서 금수와 크게 다름을 말했다는 말만 전할 뿐,[7] 그 철학적 함의는 전개하지 않았다. 아리스토텔레스의 영혼 개념에 맞먹는 최한기의 그것은 신기神氣인데, 그의 영혼론에 맞먹는 최한기의 저술이 『기측체의』이고, 여기에 등장하는 인간의 마음 곧 인식 주체로서 신기의 기능은 그의 영혼론에 일정하게 맥락이 닿아 있다.

아리스토텔레스의 영혼론을 형이상학에 관련지어 보면, 영혼이란 육체의 형상이자 현실태이며 생물의 본성이자 그 자체로 능력을 최대한 발휘하려는 목적을 지닌 실체로써 로고스이고 크기를 지니지 않고 비물질적이다. 기의 철학에서는 이런 영혼의 범주에 해당하는 것이 기로서 사물의 신神 또는 인간의 정신인데, 여기에는 공통점과 차이점이 존재한다.

이와 관련해 서학 서적에서는 아리스토텔레스의 생혼生魂·각혼覺魂·영혼靈魂의 삼혼설을 직접 소개하는데, 특히 영혼의 능력을 이성적 차원에서 볼 때는 수동지성, 능동지성, 욕구(의지)를 든다.[8] 여기서 동물이 갖는 각혼의 기능은 인식 이론에서 감각 기능에 해당하는데, 최한기는 이와 관련된 감각 기능을 통한 인식 활동을 경험(形質通)이

전하고 있다(亞尼瑪者, 華言靈性也.『地球典要』卷12,「洋回敎文辨」).『靈言蠡勺』에는 靈魂 또는 靈性으로 번역한다고 되어 있다. 공교롭게도 性靈은 훗날 손병희가 영적인 실재를 말할 때 쓴 말이기도 하다.

7) 『五洲衍文長箋散稿』,「邪敎辨證說」 참조.

8) F. 코플스톤 지음, 박영도 옮김, 2011,『중세철학사』, 서광사, 483쪽. 이 세 가지는 훗날 예수회 선교사들이 受明悟, 作明悟, 愛欲으로 옮겼다.

라 칭하고, 인간 영혼의 사유 기능과 역할을 추측推測으로 변용한다.

그런데 아리스토텔레스는 이성적인 사유 능력 곧 지성의 경우는 상응하는 신체 기관을 갖지 않는다고 진술함으로써, 사실상 영혼이 신체를 벗어나 지속해서 존재할 수 있다는 것을 인정한 듯이 보이고 있다.9) 이렇듯 인간 고유의 영혼이 물질적인 것이 아니며 상응하는 신체 기관을 갖지 않는다는 점은 훗날 그리스도교에서 그의 삼혼설의 받아들이면서 인간 영혼의 비물질성과 불멸설로 강화되고 확고히 굳어져 고스란히 동아시아에 전파되었다.

서학 서적을 통해 이런 영혼 이론을 접한 최한기는 그 영혼에 상응하는 것을 신기로 대응한다. 신기의 추측 기능이 이런 지성의 역할을 하며, 또 인간 영혼이 불멸하듯 신기도 불멸의 존재가 된다. 다만 이 신기는 인간만이 아니라 만물 속에 들어 있으며 사후에 자연의 신기로 돌아간다는 것이 서학과 다른 점이다. 심대윤이나 강일순은 전통의 생사관을 재해석해 거기에 대응하고, 그 외 최제우나 그의 후계자 그리고 송규의 경우는 현실에서 하늘과 하나가 되는 길을 택했기 때문에 인간 사후 영혼의 문제를 따질 필요가 없었다.

아리스토텔레스의 인식론 또한 불가피하게 그의 영혼론이나 자연학, 그리고 형이상학과 관계가 깊다. 인식론의 주제 가운데 감각과 기억 및 이성적 사유가 인간 영혼의 특성과 관계되며, 이 세상을 이루는 4원소나 사물의 형상과 질료를 논할 때 이미 인식론적 전제를 상정하지 않고는 논할 수 없기 때문이기도 하다.

여기서 지식을 얻게 되는 방법이나 절차 또는 가능성을 이론적으로

---

9) 아리스토텔레스 저, 유원기 역주, 2010, 『영혼에 관하여』, 궁리, 34쪽.

밝히려면, 아리스토텔레스의 인식론과 관련된 자료들을 체계적으로 살펴보고 논의해야 한다. 그렇지만 본서의 성격상 다 살펴볼 수는 없고, 다만 스콜라철학을 통하여 동아시아 철학사에 간접적으로 영향을 주었던 주제만을 뽑아 서술해보려고 한다.

그것은 곧 다음과 같은 주제가 되겠다. 인식의 대상은 무엇이며 그 가능성이 어디에 있는지, 인식의 근원은 무엇이고 또 어떤 과정을 통해 앎이 성립되는지, 그리고 인식의 질적인 차이 곧 높은 단계의 앎은 어떤 절차를 따르고 있는지에 관한 내용 등이다.

먼저 그의 자연학이나 형이상학 그리고 영혼론을 종합해 볼 때 인식의 대상은 세계 내에 다양하게 존재하는 사물이며, 구체적으로 말한다면 사물의 형상인이지만 부수적으로는 질료인·운동인·목적인이 여기에 해당하겠다. 따라서 인식의 대상은 대부분 인식 주체에게 감각을 유발하는 구체적인 사물 속의 형상이며, 종種에서 유類로 상승하는 보편적 형상이다. 다시 말하면 존재하는 것들의 종적 특성 즉 그들의 보편적 속성들이 관계하는 한 그것들에 대한 지식이 있을 수 있다.[10)]

인간이 세계를 인식할 가능성은 인식 주체로서 영혼의 능력이다. 물론 동물도 사물을 감각할 수 있는 각혼의 능력을 갖추고 있지만, 인간의 그것에 비할 바는 못 된다. 반면에 인간의 영혼은 사물을 감각할 수 있는 각혼의 능력만이 아니라 4원인을 추리해낼 수 있는 이성적 능력도 아울러 가지고 있다.

그렇다면 인식의 근원은 어디에 있을까? 그의 철학에서 감각의 강

---

10) Jennifer Trusted 지음, 김영건 역, 1989, 『인식론』, 효일문화사, 97쪽 참조.

조는 인식의 대상이 인간 의식의 외부에 있다고 보는 것이므로, 인식의 출발이 경험에 있다는 것을 말한다. 경험이란 일차적으로 감각적 인식에서 출발하는데, 그것은 감각되는 사물의 질료를 동반하지 않고 그 형상形象를 받아들이는 것을 의미한다. 그 형상이란 여러 종류의 감각 내용이며 여러 감각 기관의 공통감각일 수도 있다.

여기서 중요한 것은 인간의 의식을 백지와 같다고 보는 점이다. 그는 "지성은 어떤 방식으로는 잠재태로 있는 사유 대상이나, 사유하기 이전에는 아무것도 완전태로 있지 않다. 즉 그것은 완전태로 글자로 쓴 것이 그 안에 전혀 들어 있지 않은 백지와 같은 방식으로 잠재태로 있다."[11]고 말한다. 이 백지의 비유는 수동지성의 특징을 말하기 위함이지만, 바로 이 수동지성은 잠재태로서 인식 활동을 통하여 어떤 것으로 될 가능성을 가진 것으로서 중세기 그리스도교를 거쳐 중국에 소개될 때 '수명오受明悟'로 번역되었고, 이러한 인식도 '기함記舍'으로 번역되었는데 '기억' 또는 '인식'으로 옮길 수 있다. 최한기 역시 그것을 '기석記釋'으로 변용하였다.

중요한 점은 영국의 경험론자 로크가 백지설(theory of tabula rasa)을 주장했지만, 그에 앞서 아리스토텔레스는 그 능력이 비록 잠재태나 외부 대상을 경험하여 인식이 시작된다고 인정하는 점에서 백지설이라 말할 수 있다. 이 백지에 해당하는 말이 마테오 리치의『천주실의』에서는 영혼의 '죽간竹簡'으로 반영되어 있고, 최한기 역시 인간의 신기를 맑은 샘물이나 하얀 비단에 비유한 적이 있다. 아무튼 감각하지 않으면 아무것도 알 수 없고 이해할 수 없다는 자연스러운 결론에

---

11) 장영란, 2000, 『아리스토텔레스의 인식론』, 서광사, 324쪽. 재인용.

도달한다.

그렇다고 해서 아리스토텔레스는 모든 앎이 경험에서 비롯한다는 이른바 경험주의자가 아닌 것만은 확실하다. 앎이 비록 경험에서 비롯하는 것은 사실이지만, 경험이 모든 앎을 대신하는 것은 아니기 때문이며, 인간의 영혼에는 경험적 자료를 표상하여 사유할 수 있는 능력이 있기 때문이다. 사실 인식 대상으로서 사물의 형상形相은 비록 경험적인 것을 포함할 수 있어도 본질상 경험을 초월해 있다. 사물의 형상은 그 자체가 경험적인 것이 아니라 경험한 내용으로부터 추상화된 이론적인 앎이기 때문이다.

이러한 인식 과정은 인식의 질적인 차이와 단계가 있다는 점을 말해준다. 아리스토텔레스에게 있어서 고차적 인식이란 우리의 감각 기관을 통한 외부 대상의 인식에서 시작하여 우리 지성이 추리하여 인식하는 원리에 이르는 과정이라고 말할 수 있다. 이것은 아리스토텔레스가 능동지성의 역할로 제시하는 것으로 현실태로 있다는 것과 모든 것을 만든다는 것이다. 이것은 '빛'의 비유로 설명되고 있으며, 중국에 전해질 때 '작명오作明悟'로 번역되었다. 이에 대한 자세한 이해 여부는 제쳐두더라도 최한기 역시 영혼의 이러한 인식 과정이나 방법을 따르고 있다. 곧 각혼의 영역인 감각적 경험이라 할 수 있는 형질통形質通과 영혼의 영역인 이성적 인식이라 할 수 있는 추측통推測通을 구분하여 설명하기 때문이다. 비록 중간에서 매개하는 중세 그리스도교철학이 있지만, 여전히 여기에 맥락에 닿아 있다.

어쨌든 물리적 세계를 인식의 대상으로 인정하는 아리스토텔레스의 경험과 지성적 사유는 인식론의 큰 틀에서 볼 때 토마스를 거쳐 마테오 리치나 삼비아시가 그대로 물려받았고, 뒤에서 다루겠지만 최한기 또한 희미한 궤적을 보이면서 그 철학의 본질을 잘 흡수하고 변용하여 자신의 철학으로 만들었다. 다만 그 인식의 대상이 아리스토텔레스처럼 형이상학적 형상이 아니라 개별적 사물의 속성 또는 자연법칙이긴 해도 그러하다. 이것이 최한기의 기철학이 그의 이론을 그대로 답습하지 않고 변용하는 인식론적 영향가운데 일부이다. 해서 한국 최초의 서양철학의 주체적 수용과 변용이라 할 만하다.

4) 그리스도교와 한역서학서

흔히 토마스의 철학을 두고 아우구스티누스Augustinus(354~430)의 신학을 아리스토텔레스의 철학적 개념이나 용어로 표현한 것이라고 한다. 이것은 이전 신학의 본질이나 특성을 손상하지 않고 아리스토텔레스 철학 용어를 빌려 재구성할 수 있었음을 뜻한다. 그 때문에 그의 철학은 어쩌면 신학을 이론적으로 잘 설명할 수 있는 도구에 불과했다. 바로 이 점이 오늘날 우리가 한역서학서를 읽을 때 연구자들을 당혹스럽게 만드는 대목 가운데 하나이다. 아리스토텔레스의 용어가 등장하면서도 플라톤적인 요소가 들어있기 때문이다.

토마스가 생각한 하느님을 그가 아리스토텔레스의 철학 용어로 표현한 방식을 따라 보면, 질료를 가진 유형의 실체가 아니라 스스로 존재하는 순수한 하나로서 정신적이고, 나누어지지 않은 현실태이고, 언어적 형상을 초월하며 부동의 원동자, 제1원인, 필연적인 존재로서 영원하다.[12]

세계의 창조란 하느님 자신이 제1원인자로서 무로부터 유가 생기는 과정이다. 어떤 것도 제1원인자로부터 독립된 존재는 없으며 만물은 하느님의 정신 속에 있었던 이데아들로부터 창조되었다. 또 한편 이러한 무로부터 창조는 세상의 영원성을 인정하지 않는다. 플라톤·아리스토텔레스의 철학은 세상의 영원성을 암묵적으로 인정하고 있다. 특히 아리스토텔레스의 4원소적 자연관은 4원소가 소멸하지도 증가하지도 않은 범위 안에서 생성과 변화로 세상을 설명하므로 어쩌면 기와 유사하다. 그런데 플로티노스Plotinos(205~270)의 유출설에 따라 그러한 관념의 변화가 일어났고, 세상이 무로부터 창조되었다는 설은 훗날 토마스와 급진적 아리스토텔레스주의와의 논쟁을 불러일으킨다.[13] 필자가 뒤에서 살피고자 하는 것은 기 철학의 이론 방향은 바로 이러한 관점을 비판하며 세상은 영원하며 창조되지 않았다는 동아시아철학의 전통을 확고하게 이었다는 점이고, 되레 원래의 그리스철학이 말했던 세상의 영원성에 접근하고 있다는 점이다.

여기서 토마스의 특이한 점은 창조는 하느님이 피조물을 떠나서 존재할 수 없게 되는 창조자라든가 또는 하느님 자신의 실체에 의하여 피조물과 관계를 지닌다는 것을 전혀 인정하지 않았다는 것이다. 왜냐하면 그것을 인정하게 되면 창조는 연속적 행위가 되기 때문이다.[14] 이 점은 매우 중요하다. 하느님은 피조물에 자신의 존재를 의존하지 않는다는 점이며, 더 나아가 범신론으로 갈 수 있는 것을 차단함

---

12) F. 코플스톤, 앞의 책, 444~448쪽 참조.
13) 더 자세한 내용은 F. 방 스텐베르겐 지음, 이재룡 옮김, 2000, 『토마스 아퀴나스와 급진적 아리스토텔레스주의』, 성바오로, 13~40쪽을 참조하기 바람. 급진적 아리스토텔레스주의란 달리 라틴 아베로에스주의를 말한다.
14) F. 코플스톤, 앞의 책, 465쪽.

과 동시에 초월자로서의 하느님의 성격을 드러내기 때문이다. 이것은 기와 신을 관계시키는 한국신종교와 전혀 다른 관점이자, 만물의 생성과 소멸은 기의 취산으로서 기와 만물을 연속적 관계로 보는 기철학의 전통과 확실히 상반된다. 기철학에는 기와 만물 사이의 이런 초월적 불연속성이 없고, 또 도교의 신관이나 동학의 지기로서 표현되는 신 개념과도 정면으로 충돌하는 부분이다.

또 세상이 무로부터 창조되었다는 학설에서는 플라톤적 윤회에 따른 상기설想起說이 전적으로 폐기된다. 인간의 정신은 어떠한 본유관념을 소유하지 않은 백지 상태에서 육체의 감각 기관을 통해 외부의 상을 기억하고, 그 기억된 것으로부터 추론한 관념 또는 개념을 소유할 뿐이다. 이 점은 토마스의 인식론이 왜 경험에서 출발하여 이성으로 연결되는지 보여주는 중요한 배경이 되며, 또한 동아시아철학사에서 왜 최한기에 이르러 갑자기 경험과 추리가 중요한 인식 방법으로 등장하는지를 해명하는 중요한 열쇠가 된다.

또 하나 토마스가 아우구스티누스로부터 물려받은 유산은 악의 문제였다. 하느님은 자신의 본질이 선한 존재이기 때문에 악을 의도하지는 않았다고 한다. 악이란 플로티노스가 자신의 고민에서 해결했던 것으로 아우구스티누스가 받아들인 것처럼 토마스에게 있어서도 선의 결여이다.[15] 이러니 인간 사회의 도덕적 선악이란 자유로운 선택의 결과에 따른 문제일 수밖에 없다. 이 점은 서학 서적에도 일정하게 반영되어 있고, 훗날 최한기가 전통의 성선설을 따르지 않고 운화運化의 승순承順이라는 행위의 결과로서 보편적 선을 확보하는 데에 일정

---

15) 같은 책, 476쪽.

한 영향을 미치고, 선신과 악신의 시험과 관계시켜 말하는 손병희의 견해와도 연관성이 닿아 있다.

서두에서 밝혔지만, 동아시아에 이런 서양의 철학과 신학이 전해진 것은 대체로 17~18세기 예수회 선교사가 중국에서 출간한 한역서학서를 통해서이다. 그것은 서양의 문물을 한문으로 저술한 책으로 500종이 넘는다. 이런 한역서학서 가운데 동아시아 역사에 가장 큰 영향을 끼친 책은 단연코 『천주실의』가 아닐까 싶다. 이 책은 선교의 목적에서 저술된 것이기 때문에 종교적인 신학의 색채를 강하게 풍기고 있는 것은 사실이나, 그 배경이 되는 철학 또는 과학적 이론에는 아리스토텔레스의 철학과 4원소를 중심으로 하는 자연학 이론이 들어있다. 관련된 내용은 뒤의 해당하는 영역의 전거로서 다루겠다.

또 『천주실의』처럼 영향을 많이 끼친 책 가운데는 『영언여작』이 있는데, 이탈리아 출신 예수회 선교사 프란체스코 삼비아시가 중국에 와서 1624년에 쓴 책으로 아니마anima를 다루고 있으며, 아리스토텔레스의 영혼론을 스콜라철학의 입장에서 저술하였다. 각 장의 주제는 아니마의 실체, 아니마의 능력, 천주와 비슷한 아니마의 존엄성, 최고선을 지향하는 아니마의 본성이다. 일찍이 조선에 유입되었고 이익·정약용도 읽고 일정 부분 수용하였고, 신후담愼後聃(1702~1761)은 『서학변西學辨』을 통하여 아니마를 비판하기도 하였다.

여기서 근대전환기 기 철학과 관련된 또는 그리스도교 신학에서 중요하게 취급하는 것만 간략히 살펴보면, 우선 인간의 영혼은 자립하는 실체요 독자적 존재이고 정신의 부류로서 신과 유사하고 죽지 않는 것이며, 신에 의하여 무에서 창조된 것으로 인간 개개의 실체적 형상이라고 한다.[16] 훗날 천주교는 당연히 그것을 따랐으며 그에 대응하여 신종교에서는 기 또는 심을 가지고 대응하고 있다. 특히 최한기는 이 책을 보았기에 '영혼을 기라고 보는 설이 잘못'[17]이라는 삼비아시의 견해에 대해 상당한 도전을 받았을 것이다. 그 까닭은 최한기의 영혼론이라 할 수 있는 『기측체의』가 이 책에 대응해서 저술한 느낌을 주기 때문이다. 다만 인식 이론만은 이 책을 통하여 변용한 것으로 보인다. 통通이나 추측推測 등의 용어를 비롯하여 인식의 가능성과 과정에 유사점이 많기 때문이다. 관련되는 곳에서 자세히 설명하겠다.

2 서양 과학의 수용과 변용

1) 4원소설과 지원설

대체로 17~18세기 예수회 선교사들이 동아시아에 전한 당시 서양 과학은 근대 과학과 많이 구별된다. 그것은 4원소설에 기반을 둔 서양 중세와 르네상스 전후의 과학이었기 때문이다. 선교사들은 동아시아 전통의 오행五行을 의식해서 4원소를 '사행四行'이라 옮겼는데, 그것은 흙[土], 물[水, 액체], 공기[氣, 기체], 불[火]의 4가지 요소로 되어 있다.

---

16) 亞尼瑪, 是自立之體, 是本自在者, 是神之類, 是不能死, 是由天主造成, 是從無物而有, 是成於賦我之所賦我之時, 是爲亞體模(畢方濟, 『靈言蠡勺』, 「論亞尼瑪之體」).

17) 何謂神之類. 言神類, 以別於他不屬神之類, 如生魂覺魂等, 又以正他諸妄說, 如謂魂爲氣等也(같은 책). 마테오 리치도 "기란 4원소의 하나인 공기에 불과하므로 살아 있게 하는 정신이 될 수 없다(利瑪竇, 『天主實義』 上卷, 「第二篇」 참조)."라고 말한 바 있다. 원문 神이나 魂은 인간의 영혼이다.

물론 4원소는 전통의 오행과 비교해 볼 때 그 이론의 배경과 체계가 다르다.

아리스토텔레스는 지상의 모든 구체적 사물이 4원소와 그 혼합으로 되어 있고, 이 혼합의 방식에 따라 다양한 사물을 이룬다고 보았다. 또한 4원소는 생성되거나 소멸하지 않는다고 한다. 마치 동아시아 전통의 기처럼 모여 사물을 형성하고 사물이 오래되면 붕괴하여 4원소로 흩어진다고 한다.

이러한 생각은 훗날 그리스도교의 창조론과 충돌을 일으켜, 중세에는 불가피하게 4원소가 생겨나지도 소멸하지도 않는다는 아리스토텔레스의 이론을 수정하여, 원래 없는 것을 하느님이 창조하였다고 설명하지 않을 수 없었다. 바로 하느님이 무에서 유를 창조했다는 주장이다. 이렇게 4원소를 인격적인 신이 창조하였다는 설은 훗날 대부분의 동아시아 학자들이 비판하거나 외면한다.

그 이론을 간단히 살펴보면, 4원소는 제각기 차갑고 따뜻하고 건조하고 습한 냉열건습冷熱乾濕이라는 성질 가운데 두 가지의 성질 쌍을 갖고 있다고 한다. 곧 흙은 냉과 건, 물은 냉과 습, 공기는 습과 열, 불은 열과 건이라는 성질을 갖는데, 이것은 자연에서 사물 스스로 운동하는 생성과 변화를 조직적으로 설명하기 위해서였다.[18] 후술하겠지만 4원소를 비판했던 최한기가 이 냉열건습만은 운화기의 정情으로서 그의 기철학 체계 안에 한열건습寒熱乾濕으로 변용하였다. 이규경 역시 4원소를 오행의 체로서 변용하였다.

이러한 4원소설은 『천주실의』 속에서도 약간 반영되어 있고, 또 마

---

18) 알폰소 바뇨니 저, 이종란 옮김, 2012, 『공제격치』, 한길사, 92~94쪽 참조.

테오 리치의 다른 저서 『건곤체의乾坤體義』 속에서도 비교적 자세하며, 특히 이탈리아 출신 예수회 선교사 알폰소 바뇨니Alfonso Vagnoni (1566~1640)가 쓴 『공제격치空際格致』 같은 곳에서는 매우 상세하다. 그 밖의 한역 된 여러 서학 서적에서도 자주 발견된다. 홍대용洪大容 (1731~1783)이나 이규경과 최한기를 비롯한 많은 조선 후기의 학인들은 이러한 서학 서적을 읽은 것으로 확인되며, 이 4원소설은 조선 후기 기철학의 변모에 적지 않은 영향을 끼쳤다.

그런데 선교사들은 4원소 가운데 흙·물·불은 토·수·화의 오행과 공통적인 원소이나 공기는 오행에 없으며, 오행 가운데 나무와 쇠는 원소가 될 수 없다고 보아 오행설을 비판하였다. 가령 『건곤체의』나 『공제격치』 같은 저술에서 나무는 순수한 원소가 아니라 4원소의 혼합으로 이루어졌다는 것을 주장하고, 또 쇠와 함께 원소가 아님은 논증해 보임으로써 오행설의 불합리한 점을 지적한 바 있다.19) 물론 이것은 오행을 4원소와 같은 물질 개념으로 오해한 데서 비롯한 것이지만, 홍대용이나 최한기가 오행을 가지고 자연 현상을 더는 설명하지 않는 데 큰 영향을 주었다. 반면에 선교사들이 공기 (air)를 한자 '氣'로 옮겼기 때문에, 홍대용이나 최한기 등은 전통적인 사물의 근원으로서 기를 4원소의 흙·물·불과 나란히 같은 층위의 것으로 볼 수 없다고 여겨 4원소설에 비판적이었다. 아무튼 4원소설이 전래되면서 일부 학자들은 전통의 기철학과 새로운 관계를 정립

---

19) 竊謂中國論五行, 古與今不同矣. … 故謂水火土爲行, 則可, 如以金木爲元行, 則不知何義矣. 試觀萬物之成, 多不以金木焉, 如人蟲鳥獸諸類是也, 則金木不得爲萬物之達行也(利瑪竇, 『乾坤體義』 上, 「四元行論」).; 알폰소 바뇨니, 앞의 책, 98~103쪽 참조.

하지 않을 수 없었다.

또 동아시아사상과 문명에 4원소 못지않게 큰 영향을 미친 것에는 지원설地圓說도 있다. 사실 땅이 공처럼 생겼다는 점을 반영한 '지구地球'라는 말은 서학이 전래되기 이전에는 거의 쓰지 않았던 말이다. 전통적으로 천원지방설 곧 하늘은 둥글고 땅은 네모지다는 이론을 상식으로 알고 따랐기 때문이다. 그러다가 16세기 후반 예수회 선교사 마테오 리치를 시작으로 땅이 네모난 것이 아니라 둥근 공모양이라는 것을 중국에 소개하였다.

지원설이 동아시아에 처음 전해졌을 때는 당시의 상식적인 천원지방의 세계관과 충돌하여 많은 사람이 믿지 않으려고 하였다. 서학 서적에서는 그 반발을 무마하기 위해 대체로 하늘이 둥글고 운행하는 것은 변함이 없지만, 땅이 네모지다는 것은 단지 그 덕을 표현한 것이라고 주장하였다. 이 말은 원래 마테오 리치가 "땅이 네모지다고 한 말은 땅의 덕이 정지하고 움직이지 않는다는 성질을 말한 것이지, 그 형체를 두고 한 말이 아니다."[20]라고 한 말인데, 그의 후배들은 그것을 가져와 그 충격을 완화하려고 노력하였지만, 그렇다고 해서 땅이 둥글다는 사실 자체를 부정한 것은 아니다. 그와 그의 후계자들은 『건곤체의』나 『공제격치』 같은 책에서 그런 언급과 달리 지구가 둥근 여러 가지 증거를 들어 주장하기도 하였다. 훗날 기철학자 가운데는 그 증거를 그대로 활용하기도 하였다.

그렇다면 왜 당시 조선 학인들은 일부 인사들을 제외하고 땅이

---

20) 謂地爲方者, 語其德靜而不移之性, 非語其形體也(利瑪竇, 『乾坤體義』 上, 「四元行論」).; 알폰소 바뇨니, 앞의 책, 145쪽.

둥글다는 사실을 선뜻 믿지 못했을까? 그 이유는 물론 천원지방설이 당시까지 상식이자 성현들이 믿어왔던 세계관이었다는 점도 작용했을 것이고, 내심으로 지원설이 옳다고 인정해도 당시의 학문적 풍토 때문에 함부로 말하지 못한 이유도 있었을지 모른다. 그러나 무엇보다 땅이 둥글면 지구 반대쪽에 있는 사람과 만물은 거꾸로 살게 되는 것이므로, 이치상 우주로 추락할 수 있다는 이유가 그 가운데 하나였다.[21]

이에 대해서 이익李瀷(1681~1763)의 경우는 서양의 4원소설에서 말하는 중력 현상의 설명을 그대로 수용하여, 위아래 사방의 물체가 다 한 점의 땅의 중심으로 향하기 때문이라고 믿었으나,[22] 홍대용과 최한기는 땅이 둥근 것을 인정해도 중력 현상을 4원소 설명대로 받아들이기가 쉽지 않았던 모양이다. 그래서 홍대용은 이런 난제를 해결하기 위해 상하의 기세 곧 상하지세上下之勢라는 원리를 주장한다. 그것은 우주에는 없지만 지상에서만 아래로 작용하는 힘으로써, 그것이 생기는 원인은 땅이 빠르게 자전하기 때문에 지구와 우주 사이에 마

---

21) 이런 사례는 홍대용의 『醫山問答』에도 보이지만 韓元震의 글에서도 보인다. 가령 "朱子地浮水面之說, 玄彦明以爲記錄之誤, 此自是彦明本色話頭也. … 人或難之者曰, 地之下面世界, 山川人物, 皆倒立倒行, 四旁世界, 山川人物, 皆橫立橫行. 永叔之所以辨者乃曰, 地之上下四旁, 元無定位, 此世界之人, 固指彼世界以爲下與四旁, 而彼世界之人, 即便以此世界爲下與四旁矣, 其言誠無倫理, 不足多辨(『南塘集』卷23, 「書·答姜甥 辛亥正月」)."라고 한 말이 그 사례이다. 그러니까 호락논쟁의 당사자였던 한원진조차도 지원설을 알고 있었지만, 전통적인 주희의 설이 틀리지 않았다고 확신하고 있다.

22) 又或大地其厚三萬里, 大地之心即周天之心, 爲萬物生化之原(『星湖僿說』第一卷, 「天地門·一行兩界圖」).；地在天中, 其厚三萬里, 自最心以上, 亦萬五千里也(같은 책, 「天地門·天半出地」).

찰하는 기가 지상으로 쏠려서 생긴다고 한다. 지구 반대편에 사람이 살아도 우주로 추락하지 않는다는 것을 증명하기 위해 상하지세의 설명이 필요했다. 바로 이 상하지세라는 중력설을 뒷받침하기 위해 지전설 곧 지구 자전을 주장하였다.[23] 훗날 최한기도 "무거운 물건이 땅에 달라붙는 것은 가벼운 물체가 뜨고 무거운 물체가 가라앉는 성정 때문이다."[24]라고 말하면서도, 동시에 "지기의 운동에는 물과 땅전체가 공 모양을 이룸에 따라 지구 뒷면의 인물이 거꾸로 매달리는 현상이 있게 되었다."[25]고 하여 지상의 중력 현상을 지기의 운동과 관련지어 4원소설로부터 탈피하려는 흔적이 보인다.

이렇듯 지원설은 천원지방설과 맞지 않아서 그것을 기반으로 형성된 전통철학이나 관습에 대한 비판과 동시에 서학의 수용과 변용이 가능해진 원인 가운데 하나가 된다. 홍대용의 '화이일야華夷一也'의 논리도 그것이고, 조선 후기 실학자들에 의하여 우리나라의 역사와 지리서 등 저술의 양이 폭발적으로 증가한 것도 이와 관련된다. 곧 지원설이 전해진 이후 중국이 세계의 중심이라는 관점을 극복하고, 우리나라를 중심으로 보는 태도의 발로였다. 또 세계 어느 곳이든 중심이 될 수 있어서 문화의 상대성을 인정하고 합리적인 것을 수용할 태세를 갖추기도 하였다.

---

23) 이종란, 2017, 『의산문답』, 한설연, 148~152쪽 참조.
24) 凡重物之附於地, 輕重浮沈之性情也(『運化測驗』 卷1, 「氣之性情」).
25) 地氣之運動, 有由水土全體之成球, 後面人物之倒懸(같은 책, 「地體自傳」).

2) 천동설과 지동설

초기 예수회 선교사들이 전파한 천문학은 정지한 땅이 우주의 중심이고, 태양을 비롯한 달·행성·항성 등이 지구의 주위를 회전한다고 설명하는 우주 체계인 천동설이다. 동아시아 전통의 개천설과 혼천설도 땅 모양만 서양의 그것과 다를 뿐이다. 게다가 『주역』 「건괘」의 〈대상전〉에서도 공자가 "하늘의 운행은 굳건하다."라고 하였는데, '하늘의 운행'이란 하늘이 움직여 돈다는 뜻이니 천동설을 반영하고 있다. 그러니 훗날 지동설을 주장하는 것은 지원설만큼이나 당시 사람들을 설득시키기 어려운 문제였다.

예수회 선교사들이 전한 우주 체계는 고대 그리스 사람들의 그것보다 더 단순화시킨 2세기경에 활동한 프톨레마이오스Ptolemaeus의 천문학을 계승하였는데, 그것은 지구를 중심으로 여러 천체가 9~12개의 동심원을 그리며 운행하는 닫힌 우주였다. 원래 아리스토텔레스가 말하는 하늘은 더 많았지만, 중세 유럽에서는 일반적으로 9중천설을 상식적으로 받아들였고, 마지막 하늘인 종동천宗動天은 아리스토텔레스가 천체 운동의 원인이 되는 원동자Prime Mover로 여긴 것인데, 중세에는 하느님과 천사들이 거주하고 있다고 믿었다. 일례로 예수회 선교사가 쓴 『영언여작』 등에서도 종동천에 천사들이 거주한다고 전한다.[26]

어쨌든 이러한 천문학은 중세 신학과 잘 어울렸다. 반면에 지동설이나 무한우주설을 주장하는 것은 신학과 결합한 우주관 자체를 흔드

---

26) 故天神爲天主所使, 大天下之原動者. 十重天, 各有天神主持運動, 因之運用四行化生萬物. 是神動天, 天動物, 故稱爲原動者(畢方濟, 『靈言蠡勺』, 「論亞尼瑪之靈能」).

는 일이었다. 갈릴레이의 종교 재판 일화도 그런 맥락에서 나온 해프닝이다. 당시 예수회 선교사들은 지동설을 알고 있었으나 애써 전하지 않았고 간접적으로만 전했다. 가톨릭 당국에서 공식적으로 허용하지 않았기 때문이다.

동아시아에서 최초로 땅이 움직인다는 지전설을 주장한 사람은 조선의 김석문金錫文(1658~1735)으로 알려져 있고, 홍대용이 그것을 더 심화시켰지만, 일부 사람들만 지전설을 믿었다. 더구나 지구의 공전에 대해서는 홍대용마저도 믿지 않았는데, 당연히 그의 지전설은 자전에만 해당된다.

개항 이후가 되면 지구 자전은 물론 공전도 상식적으로 접하게 된다. 그에 앞서 최한기는 처음에 지구의 공전을 선뜻 찬성하지 않고 주저하다가 최종적으로 인정한다. 그의 『지구전요地球典要』를 보면 코페르니쿠스의 지동설, 티코브라헤의 수정천동설, 심지어 홍대용처럼 지구가 우주의 중심에 머물며 자전한다고 주장한 17세기 초의 프랑스의 수학자 겸 천문학자인 마랭 메르센Marin Mersenne(1588~1648)의 설을 소개하고 있으며, 또 행성의 공전설과 더 나아가 케플러가 주장한 행성의 타원궤도설과 뉴턴의 중력설까지 알고 있었다.

문제는 이러한 행성의 운동과 중력이 생기는 원인에 대해서 서양인들은 신의 섭리로 돌렸기 때문에 최한기는 그것이 불만이었다. 그는 어떻게 해서라도 기를 가지고 그 원인을 설명하려고 하였다. 그래서 뉴턴의 중력설을 접하기 이전에는 이런 행성의 운동이 생기는 원인은 마치 물이 배를 싣듯이 기가 행성들을 실어서 태양의 주위를 공전시키고 있다고 믿었다.[27] 그러다가 뉴턴의 중력설을 접하고 그 현상을 받아들이면서 생각이 조금 바뀌었다. 이것은 이웃하는 두 행성에 중력이 작용하려면 적어도 어떤 형태로든 기가 서로 연결되어 있어야 한다고 생각해서, 물체 주변의 기가 마치 이빨 없는 톱니바퀴처럼 서로 맞물고 영향을 미친다고 여겼다. 그래서 행성을 둘러싼 주변에 이와 같은 기의 바퀴가 있다고 설정했는데 그것이 기륜氣輪이다. 모든 행성은 그 주위에 기륜을 가지고 있어서 다른 행성의 기륜에 힘을 미친다고 주장한다. 태양계의 행성들은 각각 자신의 기륜이 다른 행성의 기륜과 관계하면서 일정한 질서를 유지하며 공전한다고 믿었다.28) 이것은 기로써 중력이 생기는 원인을 설명하려고 시도한 일이며, 서양 과학을 변용한 일이다. 진공 상태의 우주에 어떻게 기가 있을 수 있는지 반문할지 모르겠으나, 굳이 공기와 같은 기체만이 아니라 어떤 힘으로 이해한다면 불합리한 생각만은 아닌 것 같다.

이처럼 기철학은 애초부터 당시 서양 과학과 달리 형이상학적인 원리 또는 신의 섭리나 조물주를 인정하지 않기 때문에, 그 운동의 원인까지 탐구하려고 하였다. 심대윤은 기의 본성이 운동한다고 보았고,29) 최한기도 기 자체가 운동하므로 정지하는 물건은 하나도 없고, 정지는 다만 운동이 안정된 경우일 뿐이라고 주장하였다.30) 그가 말

---

27) 日月星賴氣, 而運轉遠近上下, 各循軌轍, 不浮不沈. 是乃層包之氣有輕重淸濁, 與日月星之體, 各適其宜. 月天之氣, 可載運月體, 日天之氣, 可載運日體, 火木土經星天之氣, 可載運化木土經星之體. 如舶運於海, 人行於陸, 不可換易其輕重淸濁之氣數(『運化測驗』卷1,「氣之層包」).

28) 星團星氣星雲雲星, 可見在遠氣輪之漸. … 若無氣輪, 則在遠之二三星體質, 緣何而牽引推拒裁(『星氣運化』卷10,「氣輪攝動」).

29) 氣以動爲性. 氣無一時之不動, 不動則氣消矣. 人身之氣, 不動則死矣(沈大允, 2005, 『沈大允全集』1, 『福利全書』, 성균관대학교 대동문화연구원, 131쪽).

30) 宇內無不動之物, 由於大氣之活動也. … 凡所謂靜者, 盖謂安其動也(『運化測

한 정지란 가령 등속운동을 하는 탈것에 가만히 있으면 정지하고 있다고 느끼는 상대적 정지가 그런 예이다.

이 같은 지구나 행성의 공전과 자전 운동은 최한기가 기가 활물活物이나 생기生氣라고 더욱 확신하고, 활동운화活動運化라는 기 개념을 확립하여 기학을 정립하는 데 결정적인 영향을 끼친 것으로 보인다.[31] 이렇게 서양 과학을 통해 기 개념을 변용하고 확장했다.

3) 기타 과학 이론

예수회 선교사들이 전한 과학 이론의 영향으로 기 개념이 분화된 것 가운데 또 하나는 대기 이론이 있다. 대기란 지구를 둘러싸고 있는 기체층을 말한다. 선교사들은 지구의 대기를 청몽淸蒙이나 청몽기淸蒙氣 또는 몽기蒙氣라고 불렀다. 몽기가 보이는 최초의 문헌은 『한서漢書』「경방전京房傳」인데 이 역시 땅을 덮고 있는 대기를 가리키며, 선교사들은 이 말을 근거로 지구 대기를 이렇게 옮겼다. 홍대용과 최한기 등은 선교사들이 전한 몽기설을 보았는데, 그것을 소개하는 책 가운데 일부가 『역상고성曆象考成』과 『역상고성후편曆象考成後篇』 등이고, 『신법산서新法算書』 속에도 들어있다.

그렇다면 이 몽기설을 가지고 무엇을 설명하고자 했을까?

우선 지구의 생성설로 변용하고 있다. 앞에서도 소개했듯이 최한기는 그의 『추측록』에서 지구가 생성될 당시 기의 탁한 찌꺼기로서 몽기를 거론한다.[32] 여기서 담일청허湛一淸虛한 맑은 기가 현실 속에서

驗』卷1, 「氣之活動」).
31) 氣學之漸暢, 由於地之球體也運動也生氣也(같은 책, 「地氣之運」).

청탁淸濁·수박粹駁의 모습으로 전개하는 전통에 따라 자연 속에서 맑은 기와 탁한 몽기로 분화되고 있음을 볼 수 있다. 그러니까 몽기가 지구의 대기만을 가리키는 것이 아님을 알 수 있다. 기가 질로 응취해 가는 중간 과정에 있는 혼탁한 기이기도 하다. 사실 우주의 먼지나 성간물질과 별의 잔해 등이 뭉쳐서 지구나 행성을 이룬 것을 생각해 보면, 이런 설명도 전혀 근거 없다고 말하기 어렵다.

또 몽기는 대기의 굴절 현상을 설명하는 이론으로 사용되었는데, 홍대용의『의산문답』속에서 지평선 상에 태양이나 달이 뜨고 질 때 실제보다 커 보이는 현상을 설명할 때도 등장한다. 그는 그 증거로 동전이 놓인 세숫대야에 물을 부을 때 실제보다 커 보이는 현상이라든지, 돋보기로 작은 물건을 볼 때 커 보이는 것을 예로 들면서, 모두 청몽기의 두께와 관계된다고 설명하였다.33) 이처럼 세숫대야에 물과 동전을 놓고 보는 실험은 정약용의 글에서도 보이는데, 이 내용은 마테오 리치가 쓴『원경설遠鏡說』과『건곤체의』에, 또 디아즈 Emmanuel Diaz(1574~1659, 陽瑪諾)가 쓴『천문략天文畧』에도 등장한다. 최한기도『추측록』에서도 몽기를 정의하고 있는데,34) 이 내용은『신법산서』에 고스란히 들어있다.35) 이것을 보면 홍대용·정약용·최한

---

32) 氣之濁滓爲蒙, 蒙之濁滓爲水, 水之濁滓爲泥, 泥之凝堅爲土石, 土石之大塊 爲地. 地體圓, 大於月而小於日(『推測錄』卷2,「地體蒙氣」).

33) 이종란,『의산문답』, 앞의 책, 259~260쪽 참조.

34) 蒙氣者, 地中遊氣上騰. 其質輕微, 不能隔礙人目, 却能映小爲大, 日月在地平 上, 比於中天則大, 是映小爲大也. 升卑爲高, 月食時, 人在地面, 無兩見之理, 或日未西沒, 而已見月食於東, 或日已東出, 而尙見月食於西, 此升卑爲高也 (『推測錄』卷2,「蒙氣飜影」).

35)『新法算書』卷24,「論淸蒙氣之差第三」참조.

68

기 세 사람 모두 같은 책을 보았다는 것을 알 수 있다. 이렇게 전통적인 기의 개념을 지구의 대기와 그 작용까지 발전적으로 확장했음을 알 수 있다.

더 나아가 이러한 기 개념을 대기의 기상 현상까지 적용하였다. 물론 선교사들이 전한 기상학 관련 이론은 모두 아리스토텔레스의 그것을 계승하여 4원소의 개념을 가지고 설명하지만, 홍대용의 경우는 그것을 온전히 그대로 수용하지 않고 나름대로 취사선택을 하였으며, 최한기에 이르면 4원소가 아닌 기 자체의 이론을 가지고 설명한다. 곧 기의 활동운화라는 본성의 개념과 4원소 이론에서 가져온 기의 한열건습이라는 성질을 가지고 설명해 나간다. 그러니까 선교사들이 말한 4원소의 냉열건습과 최한기가 말한 기의 그런 성질은 배치된 장소가 다르다. 설명 방식은 비슷해도 이론의 체계 자체가 달랐다.

그렇다고 해서 홍대용이나 최한기가 전통의 음양이나 오행의 개념으로 되돌아가지는 않았다. 이렇게 몽기설과 기상 이론을 서학을 통하여 받아들였으나 그것을 맹목적으로 수용하지 않았고, 대신 전통적 기 개념 가운데 일부를 극복하면서 과학적 개념으로 더욱 변용하였음을 알 수 있다. 여기서 서양 과학에서 얻은 가장 큰 기철학의 변화는 기에 형질이 있다는 사실의 확인이었다.

그리고 이것들 외에 수용하거나 소개하는 의학이나 기술을 포함한 일반 과학적인 사례는 매우 많은데, 지면 관계상 다 설명할 수 없다. 이렇게 근대로 올수록 근대 과학에 가까운 과학이나 기술을 접하면서, 기의 철학 내에서 기 개념이 변화를 겪는데, 그 점은 제4장의 해당 영역에서 자세히 다룬다. 아무튼 이런 사례는 현대에 전통의 계승

·극복과 외래사상의 수용·변용이란 차원에서 기의 철학이 어떻게 나아가야 할지 알려주는 하나의 모델이 될 수 있다. 그러나 전통의 기와 서양의 물질 개념은 일치하지 않는 부분이 분명히 있다. 이 부분도 제4장과 제5장의 결론 부분에서 현대 과학과 연관지어 자세히 논의하겠다.

제**3**장
전통사상과 기의 철학

■1■ 전통철학의 발전적 계승과 극복

1) 근대전환기 이전의 기론

(1) 고대의 기론과 장재

근대전환기 기의 철학이 전통의 기론을 계승하거나 독창적으로 발전시키거나 어떤 논리로 비판·극복했는지, 그리고 그 결과 어떻게 각자의 철학으로 만들었는지 탐색하는 것은 매우 중요하다. 그것이 곧 우리철학의 방법론 가운데 하나이기 때문이다. 여기서도 이와 관련된 논리나 사례만 거론하고 자세한 논거는 제4장에서 다루겠다.

고대의 기론은 대개 호흡이나 생체에너지 또 심리 상태 그리고 자연의 수증기나 운기雲氣 등을 표현할 때가 많다. 그러나 철학적으로 의미 있는 것에는 『노자』의 세계 발생 설명과 충기沖氣[1]가 있지만, 충기와 함께 도·일·이·삼이 제각기 무엇인지 매우 난해하다.

---

1) 道生一, 一生二, 二生三, 三生萬物, 萬物負陰而抱陽, 沖氣以爲和(『老子』, 42章).

전통 기론의 핵심 내용의 일부는 『장자』에 보이는데, 그 가운데 하나가 기가 모여 물건이 되고 흩어져 본래 상태로 되돌아가는 취산의 개념으로, 인간의 생사도 이것을 따른다.[2] 근대전환기 기 철학은 대체로 이 관점을 계승하고 있다. 또 『장자』에서는 하나의 기에 음양의 두 성질을 갖추고 있다고 하였는데, 이후 기철학자들은 취산 개념과 함께 현실과 세계의 본체를 설명하는 중요한 논리로 삼았다. 특히 인간의 마음을 신기[3]라고 표현한 점을 놓칠 수 없는데, 이 용어는 훗날 의학이나 문학 등에서도 사용했지만, 최한기가 인간의 마음과 만물의 기를 가리킬 때 사용한 말이기도 하다.

또 자연계에서 기의 운동과 변화 개념은 『관자』에도 보이지만, 『순자』의 경우는 이전 시대의 기 개념을 종합하여 자연의 기를 심도 있게 논의하였다. 곧 만물이 생기고 자연의 변화가 일어나는 것은 천지 음양의 두 기의 소산이라고 보고, '그 변화의 공功을 일러 신神이라고 일컫는 것'[4]은 『주역』의 사상과도 일맥상통하지만, 훗날 기의 철학도 대부분 이 관점을 계승하였고, 특히 최한기가 '신기의 공용功用을 신이라 일컫는 것'[5]에 영향을 준 것으로 보인다. 그러나 무엇보다도 근

---

2) 人之生, 氣之聚也, 聚則爲生, 散則爲死. … 故曰, 通天下一氣耳(『莊子』, 「知北遊」).

3) 汝方將妄汝神氣, 墮汝形骸, 而庶幾乎. 汝身不能治, 而何暇治天下乎. 子往矣. 無乏吾事(같은 책, 「天地」).

4) 列星隨旋, 日月遞炤, 四時代御, 陰陽大化, 風雨博施, 萬物各得其和以生, 各得其養以成. <u>不見其事而見其功, 夫是之謂神</u>(『荀子』, 「天論」). 강조는 필자.

5) 大凡一團活物, 自有純澹瀅澈之質, 縱有聲色臭味之隨變, 其本性則不變, 擧其全體, <u>無限功用之德, 總括之曰神</u>(『神氣通』卷1, 「氣之功用」). 앞 주석에서 강조한 표현과 비교하면 연관 관계를 알 수 있다. 강조는 필자.

대전환기 기철학이 서학의 생혼·각혼·영혼의 삼혼설을 비판하고, 거기에 대응하는 이론의 중심에 기를 둔 것은『순자』에서 무생물·식물·동물·인간을 구분하면서도 만물이 공통으로 기를 가지고 있다는 이론6)의 영향이다. 더 나아가『순자』의 천지·음양·사계절의 운동법칙을 알아서 이 같은 법칙에 따라 일을 처리해야 한다는 사상7)은 훗날 최한기가 기의 운화를 따라야 한다는 '운화의 승순'의 논리적 실마리가 되고 있다.

그런데 송 대 이후의 기철학을 공부하는 사람에게는 적어도 장재張載(1020~1077)는 넘어야 할 큰 산이다. 조선의 서경덕徐敬德(1489~1546)이나 임성주任聖周(1711~1788), 홍대용과 최한기 등도 예외는 아니어서 계승하거나 때로는 극복의 대상이 되기도 하였다. 계승한 논리 가운데에는 기의 취산과 불생불멸 등이 있는데, 이 불생불멸은 자연스럽게 노자의 유가 무에서 생긴다는 것을 인정하지 않게 된다.8) 서경덕도 이런 논리로 불교와 노자를 비판한다.

장재는 기가 모이고 흩어지는 운동의 필연적인 원인을 '어쩔 수 없어서 그렇다'9) 고 하였는데, 기가 가진 내재적 원인에 근거를 둔 말이다. 이런 맥락에서 훗날 서경덕이 '기틀이 스스로 그러하다'라는 '기자이機自爾'라고 표현하였다. 이렇듯 기의 취산과 불생불멸, 기 운동의

---

6) 水火有氣而無生, 草木有生而無知, 禽獸有知而無義, 人有氣有生有知亦且有義, 故最爲天下貴也(『荀子』,「王制」).
7) 張立文 주편, 김교빈 외 옮김, 1992,『기의 철학(상)』, 예문지, 82~83쪽 참조.
8) 물론 만물과 보이지 않는 기를 각각 유무에 대입시켜 볼 때는 다른 해석도 가능하다.
9) 太虛不能無氣, 氣不能不聚而爲萬物, 萬物不能不散而爲太虛. 循是出入, 是皆不得已而然也(『正蒙』,「太和」).

내재성, 기가 우주에 충만하고 무가 없다는 점 등은 대체로 근대전환기 기의 철학이 끝까지 계승하고 있는 점이다. 그러나 음양 개념은 계승과 함께 극복되기도 하였다.

또 장재의 사상에서 눈여겨보아야 할 하나의 중요한 문제는 신에 대한 개념이다. 그는 『주역』 「계사전」에서 말하는 신의 개념을 계승하였고,[10] 신이란 기의 덕과 같은 것으로 이해했다.[11] 그러니까 모두 기의 신으로서 기를 표현하는 술어에 해당한다. 훗날 비록 이규경이나 최한기가 서학을 통하여 기의 개념을 풍부하게 하였어도, 장재의 기철학에서 말하는 신의 개념을 포기하지 않고 굳게 계승하였다. 특히 심대윤과 신종교에서도 그 신을 더욱 강조하여 신령으로 확장하였으나 결코 기와 분리하지는 않았다.

(2) 서경덕과 임성주

조선에서 일찍이 장재의 기철학을 받아들인 사람은 서경덕이다. 현상윤(1893~?)은 『조선유학사』에서 조선의 성리학의 대가가 6명 있는데, 서경덕이 그 가운데 한 사람으로 임성주와 함께 일원론자로서 유기론자라고 하였다.[12] 이런 규정의 적절성은 차치하고서라도 두 사람의 기에 대한 담론은 주희성리학의 그것과 다름을 시사하고 있다.

서경덕은 태허太虛는 맑고 형체가 없어서 그것을 이름 지어 선천先

---

10) 一物兩體, 氣也. 一故神, 兩在故不測.; (같은 책, 「參兩」). 氣有陰陽, 推行有漸爲化, 合一不測爲神(같은 책, 「神化」).

11) 神, 天德, 化, 天道. 德, 其體, 道, 其用, 一於氣而已(같은 책, 「神化」).; 氣之性本虛而神, 則神與虛乃氣所固有(같은 책, 「乾稱」).

12) 현상윤, 1986, 『조선유학사』, 현암사, 66쪽.

天이라고 말한다. 그것은 기의 근원으로서 시간·공간적으로 무한하고, 어디서나 충만하여 빈틈이 없으며 그 맑은 본체를 일기一氣라고 부른다고 한다. 또 잡아도 잡히지 않으나 없다고 할 수 없으며 들을 수 있는 소리도 없고 접할 수 있는 소리도 없으니, 주돈이도 어찌할 수 없어서 「태극도설」에서 '무극이면서 태극이다'라고 말했으니 이것을 선천이라고 하였다.[13]

이렇듯 구체적 만물이 발생하기 이전의 기로 충만한 세계를 선천이라 말한 반면, 음양의 정기가 제각기 응취하여 태양과 달과 별과 지상에서 물과 불 등이 생성되었는데 그것이 후천이다.[14] 곧 하나의 기가 나누어져 음양이 되고 하늘과 땅과 태양과 달과 별 등 만물이 되는데, 이것이 후천이며 세상 만물이 생겨나는 과정이다.

여기서 서경덕은 장재의 태허와 만물의 개념을 보다 분명하게 선천과 후천으로 나누어 설명하였지만, 음양의 기가 각자의 순수한 성질을 극진하게 하는 데 치중되어 있고, 장재처럼 그것들이 상호작용하는 운동력은 약화되었다.

그렇다면 이런 기 운동의 원인은 어디에 있는가? 서경덕은 기의 운동에 대해서

누가 그렇게 하는가? 스스로 능히 그렇다. 또한 스스로 어쩔 수 없어서 그렇게 하는데, 이것을 일러 리의 때라 한다.[15]

---

13) 『花潭集』, 「原理氣」 참조.
14) 같은 책 참조.
15) 孰使之乎. 自能爾也. 亦自不得不爾, 是謂理之時也(같은 책).

라고 하였다. '스스로 어쩔 수 없어서 그렇다'라는 말은 앞서 장재도 말했다. 그러나 또 '스스로 능히 그렇다'라고 했으니, 이것은 기에 필연성만 있는 것이 아니라 기에 능동성도 부여한 점은 분명 장재와 차이점이 된다.[16]

서경덕은 리와 기의 관계에 대해서 기의 바깥에 리가 없으며, 리는 기에 앞서지 않고 기에 시작이 없으니 리에도 본디 시작이 없는데, 만약에 리가 기보다 앞선다고 말하면 기에 시작이 있게 되므로 리와 기가 동시에 있다고 말한다. 이런 관점은 확실히 리의 존재성이 부정되지 않는다. 그래서 "리 하나만으로는 공허하고, 기 하나만으로는 거칠다. 둘을 합치면 묘하고 묘하다."[17] 라고 하는 말을 보면, 리는 존재성을 가지고 있고 기와 동시에 있지만, 상대적 독립성을 유지하고 있다. 아무튼 기가 만물의 근원이면서 동시에 불생불멸하고 장존하며 그 내재적 운동성을 갖고, 그것과 분리되지 않는 리를 갖고 있다는 점은 후대의 기 철학이 계승하고 있지만, 일부 철학은 서학의 영향으로 선천·후천으로 나누지도 않으며 음양설도 극복해 버리고 우주관도 리 개념도 달리한다.

또 근대전환기 이전 서경덕에 이어 기론을 말할 때 빼놓을 수 없는 인물 중에는 임성주가 있다. 현상윤이 그를 유기론자나 기철학자로 분류하는 근거에는 그가 어떤 주재자나 이법이 없이 우주 만물이 스스로 그러한 것을 표현하고, 그 주체가 바로 기로서 전통적으로 하늘·원기·호연지기·태허라 부른 것이라 일컫기 때문이다. 그리고 도나

---

16) 김교빈·이정우·이현구·김시천, 2004, 『기학의 모험1』, 들녘, 101쪽.
17) 理之一其虛, 氣之一其粗. 合之則妙乎妙(『花潭集』, 「原理氣」).

태극이나 명命 등도 사실은 이름만 다를 뿐 스스로 그러한 기와 관련
시켰다. 성리학에서 리로 해석하는 태극이나 도를 기로 보았다는
점18)에서 얼핏 그를 유기론자로 평가할 수도 있겠는데, 그것은 전통
적으로 사용하던 철학적 범주를 기를 중심으로 재편하였기 때문이다.

그렇다면 과연 임성주의 기론은 어떠한가? 그의 글에서도 암시하
고 있듯이 명 대 학자 나정암羅欽順(1465~1547)의 이기일물理氣一物설과
장재의 기일원론, 그리고 정호程顥(1032~1085)의 기역도器亦道, 도역기
道亦器의 영향을 받은 것으로 평가되고 있다.19) 그런데 이런 기론을
내세운 이유는 그가 호락논쟁의 근본 원인을 호론과 낙론이 모두 리
와 기를 두 가지 사물로 보기 때문에 리와 기를 하나의 사물로 보려는
것이라고 한다.20)

그래서인지 임성주는 어떤 존재에서 리와 기를 둘로 나누어 보는
것에 반대한다. 그는 인간의 본성이 선한 것은 리 때문이지, 기의 어긋
나고 탁하거나 악한 것 따위가 근원적 인간 본성 자체가 선한 것에
아무런 방해가 되지 않는다는 종래의 견해에 매우 분개하고 있다.21)

18) 莫之然而然, 自有一箇虛圓盛大底物事. 塊然浩然, 無內外, 無分段, 無邊際,
無始終, 而全體昭融, 都是生意流行不息, 生物不測. 其體, 則曰天曰元氣曰浩
氣曰太虛, 其生意, 則曰德曰元曰天地之心, 其流行不息, 則曰道曰乾, 其不
測, 則曰神, 其莫之然而然, 則曰命曰帝曰太極. 要之, 皆就這虛圓盛大物事
上, 分別立名, 其實一也. 莫之然而然, 卽所謂自然也(『鹿門先生文集』 卷19,
「雜著」,〈鹿廬雜識〉, 1面).

19) 배종호, 1986, 『한국유학사』, 연세대학교출판부, 241쪽.

20) 같은 책.

21) 今人不識此意, 只信朱子決是二物之語, 往往眞以理氣爲有兩箇物事. 甚至大
本上, 安氣質駁濁字, 以爲氣之惡無害於性之善良, 亦可哀也夫(『鹿門先生文
集』 卷19, 「雜著」,〈鹿廬雜識〉, 3面).

결국 리와 기는 하나의 사물이어야 한다는 생각을 전제하고 있다.

리와 기가 하나의 사물이라면 이때의 리는 어떤 것인가? 그는 주희 성리학에서 리라고 말한 것을 모두 기의 그것으로 바꾸어 말하였는데,[22] 그 때문에 논리적으로 하나의 문제가 생긴다. 곧 기가 선하다면 현실의 악 또는 불선이 어디서 유래하는지 설명이 필요하다. 그 해결책이 그의 유명한 논리인 '기는 하나이지만 나누어 달라진다'라는 기일분수氣─分殊이다. 그에게는 리와 기가 두 가지 사물이 아니므로 이런 논리는 얼마든지 가능하다. 결과적으로 성리학의 리일분수를 기일분수로 바꾼 것이다. 훗날 최한기 또한 내용은 다르지만 그 형식만은 채용하였고,[23] 일부 한국신종교에서 이기를 나누지 않고 하나로 보는 것은 이 임성주의 논리와 유사하다.

자, 이렇게 보았을 때 기존 성리학에서 주장하는 가치가 사라진 것은 아니다. 비록 기와 독립된 리의 존재를 인정하지 않는다고 하지만, 성리학에서 말하는 리의 내용은 고스란히 기의 '스스로 그러한 것(自然)'이다. 어쩌면 기존의 주희성리학을 그의 기철학으로 재편하였다고 할 수 있고, 기존 가치의 절대성을 유지하는 데 기를 이용했다는 생각을 지울 수 없다.

그렇더라도 이러한 그의 철학을 순수한 성리학이라 말하기는 어렵다. 리의 내용이 없어진 것은 아니지만, 기의 그것으로 보는 논리는 주희성리학과 완전히 다르다. 더구나 그는 기 개념에서 주희성리학의

---

22) 萬理萬象也, 五常五行也, 健順兩儀也, 太極元氣也, 皆卽氣而名之者也(같은 책).

23) 氣者, 充塞天地, 循環無虧, 聚散有時, 而其條理謂之理也. 氣之所敷, 理卽隨有, 擧其全體而謂之氣一, 則理亦是一也, 擧其分殊而謂之氣萬, 則理亦是萬也(『推測錄』卷2, 「大象一氣」).

그것과 달리 일기장존의 취산과 불생불멸, 기 운동의 내재성 등의 기 철학의 전통을 견지하고 있다. 더 나아가 리와 기와 본성을 같은 층위로 보는 견해는 나흠순의 영향이기도 하지만, 원래 양명학에서 주장해 온 논리이다. 양명학은 본성이 곧 리라는 것을 인정하면서도[24] 기 또한 본성이며 본성 또한 기라는 점[25]을 주장하기 때문이다. 이런 유사성은 한편으로 조선철학사에서 주희성리학을 약화시켜 온전한 기 철학으로 전환하는 계기를 마련했다고 본다. 훗날 근대전환기 일부 기 철학은 양명학의 흔적이 강한데, 주희성리학을 극복하는 계기로 삼았다는 점에서 이런 사상적 맥락을 배제할 수 없다.

2) 계승과 극복의 대상으로서 성리학과 양명학

(1) 이기와 성정

성리학의 내용과 주요 개념은 방대하다. 근대전환기 기의 철학이 그것을 계승하거나 극복한 내용을 다루는 것이 본서의 핵심 내용 가운데 하나이다. 그 까닭은 근대전환기 기의 철학이 서학의 영향으로 그것을 계승하거나 극복하면서 등장하였기 때문이다. 제4장에서 집중적으로 설명하겠다. 다만 여기서는 기의 철학이 계승하거나 극복한 내용이나 논리를 주제별로 요약만 하겠다.

하늘을 따라야 한다는 주장 외에 주희성리학이 기의 철학에 베푼 가장 큰 시혜 가운데 하나는 자연계에 존재하는 모든 것은 기를 떠나

---

24) 心之體, 性也. 性卽理也(『傳習錄』 上, 117).
25) 氣亦性也, 性亦氣也(같은 책, 下, 242).

서 그 어떤 형태로도 존재할 수 없다는 점을 인정하는 데 있다. 형이
상의 리라고 할지라도 기와 무관하게 스스로 존재할 수 없다고 한다.
이것이 이기불상리理氣不相離의 논리이다. 이기불상잡理氣不相雜도 논
리나 가치론에서 볼 때 가능할지 모르지만, 실제로는 리를 사물에서
완전히 분리할 수 없다. 심지어 종교에서 말하는 신이나 민간에서 말
하는 귀신 따위도 기를 벗어나 존재하는 것으로 보지는 않았다. 곧
그것들이 있다고 여긴다면 기여야 한다는 점이다. 최한기가 서학에서
말하는 하느님도 비물질적인 존재가 아니라 신기여야 한다는 점, 심
대윤을 비롯한 종교가들이 신령이나 영을 기로 본다는 점, 동학이나
원불교에서 리(또는 靈)와 기를 분리하지 않는 점도 바로 이런 태도의
계승이며, 서학에서 말하는 사후 세계를 인정하지 않은 것도 그런 전
통을 따랐다.

그러나 리와 기의 개념과 세계의 최초 존재가 무엇인가 하는 점에
는 큰 차이를 보인다. 기의 철학은 대체로 기가 선차적 존재이며, 리란
기의 조리라는 측면이 강하다. 다만 근대전환기 신종교에서 리의 존
재성을 긍정할 때도 기에 종속시킴으로써 리의 독자성을 크게 부각하
지 않고, 신이나 영적인 존재를 전면에 내세운다. 기 운동의 원인 또한
리가 아닌 기에 있다.

다음으로 생각해 볼 문제는 성정의 논리 계승이다. 물론 성정의 개
념에서 차이가 있는 것은 분명하나, 심대윤과 최한기, 그리고 손병희
의 경우는 이것을 더 확대하여 우주와 사물의 그것에까지 나아갔다.
가령 최한기가 기의 본성을 활동운화 정을 한열건습이라고 하고, 심
대윤이 기의 본성을 운동이라고 규정한 데서 알 수 있듯이 사물의
본질과 현상적 성격을 규정하는 데 활용하였고, 손병희도 우주의 본

체로서 성을 거론하였다. 본성의 구체적 개념에 대해서도 확연한 차이를 보이는데, 특히 심대윤의 경우는 생물적 본능에 해당하는 이익을 좋아하고 손해를 싫어하는 것을 본성으로 삼고 그것이 선하다는 입장이나, 최한기는 본성의 선악을 말하지 않는다. 손병희의 경우는 성을 우주까지 확장해도 성리학에서 말하는 그것이 아니라 일종의 영적인 본성이다.

근대전환기 기의 철학은 또 양명학의 영향도 크게 받았다. 사실 양명학은 자연학이나 존재의 문제에는 관심이 그다지 크지 않았다. 대부분 윤리적 가치의 인식과 실천 문제에 집중하고 있기 때문이다. 그러나 양명학의 철학적 논리가 어떻든 그것을 공부하는 후학이 자기 방식대로 이해했다면, 그 또한 양명학의 영향이라 아니할 수 없다. 사실 양명학의 자연철학만 떼어 놓고 본다면 기철학의 성격이 매우 강하다. 이런 양명학에서 일단 존재론적인 방면으로 방향을 돌리게 되면 그 철학은 분명 기철학이 된다고 한다.[26]

심대윤은 가학으로서 양명학을 이었는데, 태극을 기로 보는 것과 인식론과 실천론이 충서로서 일관된 지행합일의 성격 그리고 욕망을 긍정하는 점에서 양명학을 계승했을 가능성이 있고, 한국신종교에서 하나같이 심을 강조한 것도 우연의 일치로만 보기는 어렵다. 왜냐하면 후자는 구한말 박은식이 논설을 통하여 양명학으로 유교를 구신하자는 주장과 각종 종교개혁 운동, 최남선의 『소년』 등에서 양명학 관련의 글, 그리고 당시 생존한 조선 양명학파의 후예들의 영향력도 작

---

26) 시마다 겐지 저, 김석근·이은우 옮김, 1991, 『주자학과 양명학』, 까치, 176쪽 참조.

용했을 것이다.

최한기의 경우는 좀 더 구체적이다. 그도 겉으로는 양명학을 반대했지만, 도학자였던 전우田愚(1841~1922)는 1863년 23세 청년으로서 시를 지어 61세의 노년의 최한기를 비판한다. 물론 그는 열렬한 주자학도의 입장에서 최한기의 학문 태도에 못마땅한 점을 발견했는데, 그것은 "최한기가 육왕학을 칭송하고 심지어 일본인 이토 진사이가 주희의 학설을 비판한 것을 그릇되게 여기지 않았다."[27]는 이유였다.

정말로 그렇다면 좀 더 세밀하게 최한기의 기철학과 양명학의 유사성을 찾아볼 수밖에 없는데, 각자의 문헌을 비교해보면 유사한 표현을 발견할 수 있다. 곧 최한기의 사유에서 기氣·천天·제帝·도道·명命·성性·심心이 같은 층위를 지니며, 동시에 양명학에서도 성·천·제·명·성·심·기가 같은 층위를 지닌다. 특히 양지를 기로 규정한 것은 최한기의 신기 개념과 유사하고, 또 양명의 심즉리의 논리를 최한기가 인식론적으로 이해했을 가능성이 있었다. 그래서 양지의 확충은 신기의 추측을 통한 앎의 확충으로 전환된 것으로 보인다.[28]

이처럼 양명학 또한 하나의 전통으로서 일정하게 영향을 미치고 있다. 근대전환기 얼마든지 기의 철학으로 응용할 가능성을 가지고 있었다.

(2) 심과 양지

서학에서는 인간의 이성적 사고 기능을 담당하는 신체 기관이 없다

27) 금장태, 1989, 『한국실학사상연구』, 집문당, 236쪽 참조.
28) 이종란, 『기란 무엇인가』, 앞의 책, 182~190쪽 참조.

고 주장한다. 그리하여 이것은 곧장 신의 속성과 유사한 영혼의 작용으로 인식하였다. 반면 동아시아 전통은 일종의 이성적 마음과 감성적 마음에 해당하는 도심道心이나 인심人心 모두 심의 일이라고 보았고, 본성이 발현되는 것도 심의 일이다. 당연히 심의 활동은 기의 작용으로 인식하였다. 이것은 세계의 모든 것을 리와 기의 두 가지 범주로 나누어 볼 때 이미 예고되었다.

그렇더라도 심을 좀 더 세밀히 분석해 들어가면 차이점이 분명히 존재한다. 성리학은 리와 기가 떨어질 수 없다는 관점이나 심통성정心統性情의 논리에서 보이는 바와 같이, 심에는 리로서의 성과 그 발현으로서의 정이 포함되어 있고, 또 활동하는 주체로서 지각 능력도 갖추고 있다.

근대전환기 기의 철학은 이런 개념을 계승하거나 극복한다. 곧 텅 빈 것 같으나 영험하고 어둡지 않은 허령불매虛靈不昧한 마음의 특성과 인식 능력은 계승하지만, 그 심에 만 가지 리를 선험적으로 갖추었다는 데는 대체로 동의하지 않는데, 특히 최한기와 심대윤이 그러하다. 그러나 신종교에서 마음에서 신 또는 진리를 찾는 것은 주희성리학의 심에 내재한 천리 개념을 신령이나 영적인 것으로 바꾸어 사용한 것으로 보인다.

양명학의 심은 성선설의 근거가 되는 인간의 본심을 가리킨다. 그 본심이라는 것도 도덕 판단의 선험적 능력으로서 양지를 가리키니, 양명이 말한 심즉리는 반드시 양지설과 관련지어 이해해야 한다. 그 때문에 심즉리를 최한기처럼 인식론적으로 해석할 수 있는 여지가 충분히 있다. 곧 일반적 심이 아니라 본심으로서 양지라 할지라도, 양명의 지적대로 양지는 기와 관련이 있어 기의 철학에서 받아들일 요소는 충분히 있다. 곧 양지가 어떤 내용을 갖는 것이 아니라 치양지를 통해 가치를 인식할 수 있는 선험적 능력으로 보면 그러하다.

그런데 놀랍게도 동학·천도교에서는 인간 외부의 신보다는 천주를 모신 심을 매우 강조하는데, 천주를 외부에서 찾지 않고 자기의 마음에서 찾는다는 점은 양지를 우주 본원으로 보는 양명학과 논리적으로 일맥상통하는 점이 있다. 원불교 또한 심을 매우 중시하고 그 역할을 강조하고 있는데, 불교의 영향도 있고 또 양명학 자체가 불교의 영향을 받은 점을 고려한다면 둘은 전혀 무관하다고만 할 수 없다.

(3) 궁리와 치양지

주희성리학에서 말하는 리는 크게 소이연지고所以然之故와 당연지칙當然之則으로 나누어진다.[29] 전자는 우주나 개별적 사물이 존재하거나 그 사물이 되게 만드는 원리이며 후자는 사물이 마땅히 그래야 하는 윤리적 가치이다. 특히 전자에서 천지 만물의 존재 원리를 가리킬 때 태극이라 부르며, 개별 사물이 그 사물이게끔 하는 리를 성이라 부른다. 아무튼 천지와 사물의 고유한 원리가 그 질료와 질적으로 다르게 비감각적으로 존재한다고 가정하고 말하므로 리는 형이상학적 성격을 띤다.

성리학의 인식 목표는 이러한 소이연지고와 당연지칙을 아는 데 있다. 최한기는 성리학의 당연지칙에 해당하는 것은 추론한 관념 또는 개념으로서 추측지리로 보아 인도의 영역에 받아들인다. 심대윤은

---

29) 그 외 개별 사물의 법칙으로서 리의 존재를 부정하지는 않으나 대체로 주희성리학의 주요 관심사는 아니었다.

소이연지고에 대해서만 받아들이지만, 최한기는 그것을 허리虛理라고 여겨 인정하지 않았다.[30] 그것은 어쩌면 최한기가 서학에서 추구하는 형이상학적 대상을 그의 이론에서 인식할 수 없다고 배제한 것과 같은 맥락이다. 그래서 성리학의 인식 방법 가운데 하나인 궁리를 비판하고[31] 대신 경험과 추측, 그리고 증험證驗의 과정을 통해 사물의 법칙을 인식하는 방법으로 바꾸었다.

또 여기서 특이하게 심대윤은 최한기처럼 서학을 변용하지는 않았지만, 경학적 입장에서 주희의 격물치지설과 활연관통을 신랄하게 비판한다. 주희처럼 천하의 사물에 일일이 나아가 궁리하기도 어렵지만, 사물의 이치는 하나하나 알아가는 것이지 한 방에 아는 방법은 없다고 하면서, 주희가 격물의 요령을 모른다고 비판하였다. 그 요령이 바로 충서忠恕였다.

그런데 여기서 최한기가 왜 당연지칙을 인간의 가치나 인도인 추측지리로 보았을까? 여기에는 분명히 인식론적인 근거가 있는데, 그 방법을 서학과 양명학에서 가져온 것으로 보인다. 서학의 영향은 인의예지가가 도리를 추론한 뒤에 있게 된다는 마테오 리치의 영향이지만, 그것을 표덕表德[32]으로 본 양명학의 영향도 무시할 수 없었다.

사실 양명학의 앎의 확장은 치양지 곧 양지를 평상시의 실제적 일

---

30) 不識氣者, 歸重於虛理, 而但知理滿天下矣, 不見氣者, 惟究於虛理, 而語皆神靈之理也(『人政』 卷9, 「理有虛實」).

31) 惟言窮理, 則理無分於推測流行. … 務窮理者, 以爲萬理皆具於我心, 猶患我究之未盡(『推測錄』 卷6, 「窮理不如推測」).

32) 澄問, 仁義禮智之名, 因已發而有. 曰, 然. 他日澄曰, 惻隱羞惡辭讓是非, 是性之表德邪. 曰, 仁義禮智也是表德(『傳習錄』 卷上, 38).

에서 실천하여 확충하는 데 있다.[33] 그래서 왕수인은 인의예지도 표덕이라고 한 말에 이어서 '아비를 만나면 효, 임금을 만나면 충'이라고 하는 양지 확충의 방법론을 말하고 있는데, 이것을 받아들인 최한기도 거의 똑같이 말하고 있다.[34] 그 원문을 비교하면 양명학의 양지를 확충하는 치양지의 논리를 최한기가 추측법으로 가져와 몇 글자 바꾸어 표현하였음을 대뜸 확인할 수 있다.

앞서 지적했던 심즉리를 이렇게 추측의 방법을 가지고 본다면 최한기의 입장대로 이해할 수 있다. 곧 그것은 존재론적 입장에서 심에 모든 이치가 갖춰진 것이 아니라, 추측이라는 심의 인식 방법을 통해 모든 이치를 추론할 수 있다는 관점으로 이해했을 가능성이 크다. 게다가 『맹자』에서 '만물이 모두 나에게 갖추어져 있다'라고 한 말도 추측의 큰 쓰임을 찬미한 말이라고 한 지적[35]을 보면 자신의 추측 논리에 따라 그 말을 이해했고, 또 『전습록』에서 인의예지를 성이라 말하지 않고 표덕이라 한 점도 그 논리를 보강했을 것이다. 앞서 최한기가 양명학을 존재론적인 측면에서 기철학으로 이해했다고 보는 점도 바로 이런 영향 관계에서 생각해 본 추론이다. 이렇게 봤을 때 최

---

33) 性一而已. 自其形體也, 謂之天, 主宰也, 謂之帝, 流行也, 謂之命, 賦於人也, 謂之性, 主於身也, 謂之心. 心之發也, 遇父便謂之孝, 遇君便謂之忠, 自此以往, 名至於無窮(같은 책).

34) 性一而已. 自其本源謂之天, 流行謂之命, 賦於人謂之性, 形體謂之氣質, 主於身謂之心. 遇父謂之孝, 遇君謂之忠, 推此以往, 名至於無窮(『推測錄』 卷3, 「主一統萬」).

35) 心者, 推測事物之鏡也, 語其本體, 純澹虛明, 無一物在中, 但見聞閱歷, 積久成習, 推測生焉. … 孟子曰, 萬物皆備於我矣, 朱子曰, 具衆理應萬事, 此皆贊美推測之大用也, 決非萬物之理素具於心也(같은 책, 卷1, 「萬理推測」).

86

한기의 논리는 양명학의 재해석을 통한 그것의 발전적 계승이자 창의
적 특성화라고 할 만하다.

2 종교적 기론의 전통

1) 도교의 기론

(1) 신·도·기의 삼위일체

동아시아 도교의 기론을 한국신종교에 관련시키는 점은 단지 서학
에 대응해 민족종교로서 인격신을 내세웠다거나 또는 수련의 방편으
로 기를 이용했다는 점 때문만은 아니다. 도교를 기 철학의 입장에서
바라볼 때 가장 큰 의미를 지닌 것은 세계의 근원적 존재가 무엇이며,
또 그것을 어떤 식으로 설명하느냐 하는 점이다.

그 때문에 무엇보다 먼저 도교의 근원적 최고 존재로서 도와 숭배
대상으로서 신이 도대체 기와 무슨 관계가 있느냐는 점을 생각해보아
야 한다. 도교의 최고 교리로 일컫는 도와 숭배의 대상으로 설명되는
원시천존元始天尊이나 영보천존靈寶天尊 또는 태상노군太上老君 등이
도대체 무엇으로 이루어져 있는가이다. 노자가 처음 말했을 당시의
도는 어떤 이법일 가능성이 크고, 보통 그 도로부터 기가 나왔다고
본다. 문제는 후대 도교에서 말한 신들은 인격적 존재인데, 그것이
도나 기와 어떻게 연관되어 있을까? 더구나 도나 기는 일반적으로
인격적 존재로 여기지 않는데, 그렇다면 도교의 신은 어떤 질료나 이
법과 상관없이 중세 그리스도교의 신(God)처럼 어떤 것에도 의존하지
않고 스스로 존재하는 것일까? 이미 제2장에서 살펴본 바와 같이 중

세 그리스도교 철학과 신학에서는 하느님 자신은 창조물 속에 깃들지 않으며 질료를 갖지 않는 순수한 비물질적 정신으로서 영원히 존재한다고 보았다. 이것을 도교 식으로 치환하면 신과 이법과 질료의 논리적 관계는 신이 가장 먼저이고 다음으로 도이며 기가 가장 나중에 존재하는 순서로 정리된다. 과연 도교가 그런 것일까?

이 연장선에서 또 하나의 문제는 근대전환기 한국신종교가 민족종교로서 서양의 이런 종교철학을 두고 어떻게 대응하였나이다. 신종교의 발생 당시에 이미 그리스도교의 영향 아래 있었으므로, 어떤 방식으로든 이법으로서 원리적 측면과 만물의 질료적 근거가 되는 기의 측면과 인격적 신의 존재 방식에 대한 관계를 설정해야만 했다. 그 방식은 그리스도교를 모방할 것이냐 아니면 거기에 대응할 것이냐 하는 중요한 갈림길이다. 만약 비판하고 대응했다면 그 모델을 어디서 찾을 것이냐는 점이다. 사실 이 문제는 매우 중요하며 일부는 현재 진행형이다.

바로 이런 점들이 도교를 살피는 까닭이다. 도교는 변화를 거듭하면서 이 문제를 분명히 매듭짓고 있기 때문이다. 도교에서 자신들의 종교적 근거 가운데 하나로 삼는 『노자』에서 도와 기와 만물의 문제로 해석되는 부분은 다음의 말이다.

> 도는 일을 낳고 일은 이를 낳고 이는 삼을 낳고 삼은 만물을 낳았다. 만물은 음을 짊어지고 양을 껴안고 있으며 충기로써 조화를 이루었다.[36]

---

36) 道生一, 一生二, 二生三, 三生萬物, 萬物負陰而抱陽, 沖氣以爲和(『老子』, 42章).

이 말은 후대 도교의 존재론적 세계관을 설명하는 근거가 된다. 앞서 제기한 문제는 도교에서 말하는 도와 기와 신의 관계 문제만 정리되면 끝난다. '도가 일을 낳았다'라는 말은 궁극적인 도가 변하여 우주의 원기가 되고, 이 우주의 원기가 음양 두 기를 분출하고 다시 음양의 기가 상호작용하여 천지인을 낳고, 천지인이 상호작용하여 만물을 낳은 것으로 보는데, 대체로 이런 해석은 여러 학자의 공통된 생각이기도 하지만, 도교 경전인 『태평경太平經』에서도 보인다.[37]

이 과정에서 일단 도의 개념을 보류해 두고 살펴보면, 존재하는 만물은 기의 소산이다. 만약 여기서 도와 기의 관계만 정리되면 도교에서 말하는 노자철학의 존재론적 성격을 밝힐 수 있다. 그래서 도와 기의 관계가 매우 중요하게 등장한다.

그렇다면 도를 형이상의 이법으로 보아 그것이 기를 낳는다고 보았을까? 결코 그런 것 같지 않다. 도가 기라는 명제가 구체적으로 드러난 것은 『장자』에 보인다.[38] 그 후로 『통현경通玄經』, 『모산지茅山志』, 『태상양생태식기경太上養生太息氣經』 등 수없이 많은 도교 경전에서 "도란 기의 순수하게 맑은 것이다."라든지, "도란 기이고, 기란 몸의 뿌리이다."라는 주장에 이르기까지 다양하게 표현된다.[39]

더구나 초기 도교인 오두미교를 창시한 장릉張陵(?~156)이 지었다

---

37) 元氣恍惚自然, 共凝成天, 名爲一也. 分而生陰而成地, 名爲二也. 因而上天下地, 陰陽相合施生人, 名爲三也. 三統共生, 長養凡物名爲財(『太平經』 第73卷, 「闕題」). 또 『河上公老子注』 卷3, 「道化第四十二」에도 이 같은 논리로 서술하고 있음.

38) 大道者, 氣之大也(『莊子』, 「則陽」).

39) 이봉호, 2018, 「도교에서 기와 몸 -道氣論을 중심으로-」, 『동양철학연구』 제93집, 동양철학연구회, 134쪽.

고 전해지는 『노자상이주老子想爾注』[40)]에서는 "일이라는 것은 도이다."[41)]라고 하여 보통 혼원混元한 기라고 여기던 기를 도와 등치 시켰다. 이렇게 해서 도가 기라는 내용이 담긴 문헌이 이후 비교적 많이 등장한다. 도가 곧 기이므로 도교에서 생각하는 세계관은 후대의 기 철학과 거의 같다.

도와 기를 이렇게 같은 것으로 보게 되자 하나의 종교로서 또 도와 신과의 동일성을 생각하지 않을 수 없게 되었다. 이 점에 대해 『노자상이주』에서는 또 "일이라는 것은 도이다. … 하나가 형을 흩으면 기가 되고, 형을 모으면 태상노군이 된다."[42)]라고 하여, 도는 일이며 기이고 태상노군이라고 주장한다. 이 태상노군이 바로 신격화된 노자이다. 원래 『노자』에서는 도가 일을 낳았지만, 여기서는 일과 도를 일치시켰을 뿐만 아니라, 인격적인 신으로 격상된 노자와 같은 것이 되었다. 그래서 노자는 신으로서 기이며 도이다. 따라서 도교에서 말하는 신이란 비물질적인 어떤 정신이 아니라 도나 기를 상징적으로 형용한 것이고, 기를 상징적으로 형용한 것이 신이라는 점에서 수련법과도 연관된다.

그런데 앞에서 인용한 『노자상이주』 문장의 주어는 일이라는 이름으로 대신 불린 도이다. 여기서 도가 하나의 이법으로서 독립된 존재라면, 기와 신을 생성하는 것이 되어 신 자신도 이법에 의존하는 존재가 되므로 종교로서 성립하기 어렵다. 비록 『노자』를 해석하는 고대

---

40) 이 책의 작자는 장릉(張道陵)이 아니라는 데는 현대 학자들이 일치를 보고 있다. 다만 그 성립 시기를 놓고 여러 학자가 견해를 달리한다.

41) 一者, 道也(『老子想爾注』, 10章).

42) 一者, 道也. … 一, 散形爲氣, 聚形爲太上老君(같은 책).

나 현대의 학자들이 도를 이법으로 보았을지라도, 도교라는 종교로 형성된 뒤에는 그 신학에서 볼 때 신이나 기에 선행하는 독립된 이법이라기보다 기와 신과 결합한 형태가 된다.

이렇게 해서 지금까지 도교 신도들은 모두 태상노군이 '무상대도無上大道'의 화신으로 영원히 존재하면서, 여러 차례 출현하여 세상을 구제하는 지극히 존귀한 천신이라 믿어 왔는데, 이것이 도교의 근본 신앙이다.[43)]

이로써 도와 신과 기가 각기 '하나'의 다른 측면으로, 다시 말하면 '도기'라는 새로운 개념을 축으로 해서 도와 기와 신을 삼위일체로 하는 도교의 종교철학이 성립하였다. 삼위일체이므로 도와 기와 신은 각각 궁극적 실재인 이법·형상形象·신격이라는 세 가지 측면을 의미하지 실제로 분리되는 것은 아니다. 궁극적으로는 삼위일체인 존재로서 도·기로 귀착한다고 여겼으니, 신이 기와 다름이 없다는 설은 다른 여러 종교에서는 보이지 않은 도교만의 독자적인 교설[44)]이라고 한다.

이 점은 리와 기를 서로 다른 존재의 큰 범주로 삼는 성리학이나 물질과 정신을 그것으로 삼는 중세 그리스도교 철학, 곧 리와 기 그리고 정신과 물질이 전혀 다른 존재라고 전제하는 이분법적 사고에서 볼 때는 도저히 받아들일 수 없는 논리이다. 반면 기철학에서는 도는 기의 도(리)이며 신 또한 기의 신이라고 하여 세계를 일원적으로 보려는 점에서 도교와 유사하지만, 인간의 그것을 제외한 자연적 기의 신

---

43) 이봉호 외 옮김, 2018, 『도교사전』, 파라아카데미, 626쪽.
44) 이봉호 외 옮김, 2018, 『도교백과』, 파라아카데미, 110~113쪽 참조.

을 인격화하지는 않았다.

여기서 근대전환기 신종교의 해결 방식을 보면 먼저 최제우가 천주를 지기至氣이면서 신령이라고 규정하고, 최시형이 리와 기를 합쳐 '이치기운'으로 보고, 손병희가 성령性靈을 말하며, 송규가 영·기·질을 하나로 본 것과 강일순이 말한 상제도 이런 각도에서 고려해 볼 수 있다면, 사상사적인 면에서 볼 때 바로 이 도교 기론의 발전적 계승 또는 한국적 특성화가 된다. 다만 이러한 도교의 사상과 근대전환기 신종교의 그것이 직접 어떻게 연결되고 있는지 밝히는 문제는 여전히 남아 있다.

(2) 원기와 몸속의 신

일반적으로 도교 경전에서 말하는 원기는 물리적 세계의 근거이다. 그것은 이른바 무상대도無上大道가 변하여 생긴 것으로, 비록 형체는 없어도 그것이 음양의 두 기를 낳고 그 음양이 화합하여 만물을 낳는다고 여기는데, 이 점은 앞서 밝힌 대로 『노자』의 사상과 관련이 있다. 여기에 이어 『장자』의 사상도 이어받았는데, 그것은 인간의 생사를 기의 취산으로 보고, 또 천하를 통하는 것은 하나의 기라는 일기 관점45)이다.

따라서 초기 도교에서는 『장자』의 사상과 한대에 유행한 고전적인 원기설을 흡수하여 도교 특유의 원기생성론을 형성하였다.46) 그래서 초기 경전인 『태평경』에 보면 이런 말이 나온다.

---

45) 人之生, 氣之聚也, 聚則爲生, 散則爲死. … 通天下一氣耳(『莊子』, 「知北遊」).
46) 이봉호 외 옮김, 『도교사전』, 앞의 책, 311쪽.

도란 무엇인가? 만물의 근원이지만 이름 붙일 수 없는 것이다. 천지 사방의 모든 것은 도가 없으면 변화할 수 없다. 원기가 도를 시행하여 만물을 생성하는데, 크고 작은 천지의 모든 것은 도로 말미암아 생성하지 않은 것이 없다. 그러므로 원기는 형체가 없지만, 형체 있는 것을 만들어내서 그 속에 원기를 흩뿌려 넣는다.[47)]

이 인용문은 만물 생성에 대한 도교의 기본 시각이다. 비록 도가 배제되고 있지는 않으나 이전 것과 약간 다른 점은 '원기가 도를 시행한다'는 점으로 원기가 주체적 역할을 하고 있다. 더 나아가 기는 정精을, 정은 신神을, 신은 명明을 생성한다고 하는데,[48)] 이것은 인간의 의식과 정신 작용을 모두 기로서 설명한 말이다. 이로써 도교는 후대 기철학으로 발전하는 주요 사상을 이어가고 있다.

또 『포박자』에서는 "무릇 사람은 기 속에 있고 기는 사람 속에도 있다. 천지부터 만물까지 기에 의존하여 살아가지 않는 것이 없다. 기를 잘 통하게 하는 사람은 안으로는 몸을 기르고 밖으로는 악을 물리칠 수 있다. 그러나 백성들은 날마다 쓰면서도 이것을 모른다."[49)]라고 하니, 도교의 이론적 토대는 기라고 할 수 있다. 도교에서 기가 바로 신이고, 기의 발생론이 바로 도교의 신들의 발생론이기도 하며, 도교의 세계가 발생하는 단계이기도 하기 때문이다.[50)] 게다가

---

47) 夫道何等也. 萬物之元首, 不可得名者. 六極之中, 無道不能變化. 元氣行道, 以生萬物, 天地大小, 無不由道而生也. 故元氣無形, 以制有形, 以舒元氣(『太平經』第1卷, 「守一明法」).

48) 夫人本生混沌之氣, 氣生精, 精生神, 神生明(같은 책, 「太平經佚文」).

49) 夫人在氣中, 氣在人中. 自天地至於萬物, 無不須氣以生者也. 善行氣者, 內以養身, 外以卻惡. 然百姓日用而不知焉(『抱朴子』, 「至理」).

50) 이봉호, 「도교에서 기와 몸 -道氣論을 중심으로-」, 앞의 글, 133쪽.

기는 존재의 기초이자 생명의 근거이며 수련과 의식의 도구이기 때문이다.

그런데 앞서 말한 것과 같이 도·기·신의 삼위일체설을 『장자』에 '도가 있지 않은 곳이 없다'라고 말한 논리에 대입하면, 만물에는 도·기만이 아니라 신도 들어있다는 논리가 가능해진다. 인간에 한정해 말한다면 인간의 몸속에 도와 기만이 아니라 신이 들어있다는 뜻이 된다. 이것이 바로 도교에서 말하는 체내신의 관념과 연결되는 부분이다.[51] 그것은 몸속의 기관이 기로 채워져 있어서 가능한 발상이다.

바로 여기서 도교의 수련법이 등장하는 데 그 가운데 존사存思[52]와 존신存神,[53] 그리고 정기신精氣神[54]의 단련 등이 있다. 수련하는 것이 단지 오늘날의 육체적인 건강을 위해서 몸을 단련한다는 관념보다는 몸속의 신을 잘 모신다는 생각이 동시에 들어있다.

---

51) 體內神의 관해서 구체적으로 보여주는 자료는 가령 『黃庭外景玉經』에서 "老子閑居作七言, 解說身形及諸神. 上有黃庭下關元, 後有幽闕前命門. 呼吸廬間入丹田, 玉池清水灌靈根. 審能修之可長存, 黃庭中人衣朱衣, 關門壯籥合兩扉. 幽闕使之高巍巍, 丹田之中精氣微. 玉池清水上生肥, 靈根堅固老不衰. 中池有士衣赤衣, 田下三寸神所居."이 그것이다.

52) 存想 또는 存이라고 하는데 정밀하게 생각하고 집중하여 기와 신을 모아 응결하는 내관법이다(이봉호 외 옮김, 『도교사전』, 앞의 책, 847쪽).

53) 內視하는 양생법으로 인체의 장기를 주관하며 원기(도)와 상응하는 신이 있다고 여기는데, 오장의 신을 곧바로 내관하면 수명을 연장할 수 있다고 한다(같은 책, 848쪽).

54) 내단의 수련법에 등장하며 精은 생명의 근원으로 水中之氣를 말하고 神도 기가 응결된 것으로 정신 또는 신들인데, 정기신을 단련시켜야 한다고 한다(같은 책, 805~808쪽).

이런 생각은 훗날 근대전환기 최제우가 시천주를 주장하였고, 최시형은 만물이 천주를 모시고 있다고 했는데, 도교의 이런 주장을 계승했든 아니면 한국화시켰든 일맥상통하는 부분이 있다. 기를 신으로 규정하여 섬기라고 했기 때문이다. 그런 기를 매개하지 않고 바로 천주를 모실 것을 주장한다면, 그리스도교식의 초월적인 하느님을 모시는 결과[55]를 초래하기 때문이다.

2) 한국도교의 기론

흔히 도교를 중국에서 발생한 전통 종교라고 정의한다.[56] 그렇다면 한국도교는 중국에서 한국에 전파된 도교로만 제한할 가능성이 크다. 그러나 한국도교에는 중국도교와 다른 한국의 자생 요소도 들어있어서 '도교'라는 용어가 적절한지 의문이다. 그래서 중국의 그것과 대비시켜 한국에서 발생한 것을 '선도仙道'라고 말해야 한다고 주장하기도 한다.

아무튼 한국도교는 중국도교와 관련 속에서 한국에서 발달한 도교 전통을 지칭하고, 한국선도는 한국에서 자생적으로 발생해서 발전해온 고유의 선도 전통을 지칭해서 쓸 수 있지만,[57] 그 관련성과 독자성

---

55) 초월적인 하느님을 인간 속에 모시는 것이 어색해서 현대 한국의 개신교 신학 가운데에는 인간에게 임하는 성령(Holy Spirit)도 氣的인 존재로서 '하느님의 기운'이어야 한다는 주장이 있는데(안병무, 2005, 『민중신학이야기』, 한국신학연구소, 213-217), 이 또한 이런 전통과 상통한다.

56) 이봉호 외 옮김, 『도교사전』, 앞의 책, 60쪽.

57) 임채우, 2008, 「한국선도와 한국도교-두 개념의 보편성과 특수성」, 『도교문화연구』 29, 한국도교문화학회, 269쪽.

을 명확하게 구분하기란 결코 쉬운 문제가 아니다. 근대전환기 신종교와 관련해서 필요하면 한국선도를 말하겠지만, 굳이 나눌 필요가 없을 때는 한국도교로 통칭하겠다.

여기서는 한국도교의 기원과 역사 및 흐름을 설명하지는 않는다. 다만 근대전환기 신종교가 성립하는 배경으로서 한국도교의 기론에 대해 간략히 서술하겠다. 먼저 근대전환기 신종교가 도교와 일정한 관련이 있는 근거는 여러 곳에 보이는데, 먼저 강일순이 최제우를 선도의 종장으로 세웠다는 점[58]과 강일순 자신이 "유불선 기운을 쏙 뽑아서 선仙에 붙여 놓았느니라."[59]는 기록에서도 보이며, 또 일부 신종교에서 주문과 부적 등을 사용하는 것, 그리고 수련에서 기를 활용하는 것 등에서 찾아볼 수 있다.

도교에서 주문과 부적 등의 주술 사용은 그 자체에 어떤 상징적인 의미가 있더라도 효력을 발생하려면, 어떤 힘 또는 에너지를 매개로 삼아야 한다. 그것을 연결해주는 것이 이른바 기운으로서 기이다. 가령 어떤 종교든 신에게 기도하여 응답을 받을 때, 기도자의 심적 변화는 물론이요, 외부적 응답은 반드시 물리적인 변화를 가져온다. 상식적으로 따져볼 때 그 물리적 변화는 힘이나 에너지를 가정하지 않고는 불가능하다. 그것이 신의 능력이라 하더라도 반드시 물리적 기운을 통해야 하기 때문이다.

---

58) 대순진리회교무부, 2010, 『전경典經』 13판, 「교운」 1장65절, 대순진리회출판부. 이하 서지사항 생략하고 '『전경』, 「교운」 1:65'와 같은 방식으로 간략히 나타냄.
59) 증산도 도전편찬위원회, 2004, 『道典』 4편 8장9절, 대원출판사. 이하 서지사항 생략하고 '『도전』 4편 8.9'외 같은 방식으로 표기함.

마찬가지 논리로 도교적 사례도 그러하다. 가령 동학의 최제우는 어느 봄날 신비체험을 하게 되는데, 호천금궐상제昊天金厥上帝[60]의 음성을 듣게 된다. 이 호천금궐상제는 도교의 최고신으로 흔히 우리가 말하는 옥황상제이다. 이런 사례는 기존 도교의 전통과 연결되어 있음을 시사한다. 그렇다면 신(신령)이 사람 마음속에 들어오거나 들어 있는 경우 그것은 어떤 형태로 가능한가? 이런 점은 무속에서 빙의나 신내림을 할 때도 나타나는데, 그런 사람에게 보통 민간에서 '신끼'가 있다고 한다. 이것은 바로 신의 기운인 '신기神氣'가 경음화해서 된 말이므로, 신의 존재는 기로 이루어져 있음을 반증하고 있다. 최제우가 이러한 신을 인격적이면서 지기로 규정한 것도 이런 것과 맥락이 닿아 있음을 알 수 있다.

강일순의 경우도 자칭 구천상제九天上帝라 여겼는데, 이때 상제가 무엇으로 이루어졌는지 규명하는 일은 매우 중요하다. 또 감응을 통해 상제와 대화하려면 이 또한 어떤 매개가 있어야 한다. 이것은 뒤에서 밝힐 일이지만, 설령 인격적인 요소를 강조했어도 그리스도교적인 신 다시 말하면 비물질적 신으로 보면 이런 도교의 전통을 떠나 그리스도교화 되어 버린다. 더구나 상제를 형이상의 이법으로만 규정해도 더욱 그러하다. 형이상의 이법이나 비물질적 신은 본질적으로 다르지 않다. 바로 여기서 중국도교 또는 한국도교나 선도의 전통에서 볼 때 인격적 신이라고 하더라도 기로 이루어진 존재여야 한다는 점을 암시하고 있다.

우리는 여기서 이러한 신이 기로 이루어졌다는 신학적 관점의 연원

---

60) 『龍潭遺詞』, 「安心歌」.

이 어디서 왔는지 생각해보아야 한다. 물론 신이란 기의 신이라고 전통철학의 입장을 따를 수도 있지만, 조선 후기 도교 경전의 광범위한 출판[61]과도 관련이 있을 것이므로, 이런 도교 신학을 수용할 가능성은 충분히 있다.

게다가 『주역참동계周易參同契』를 독자적으로 해석하고, 나름의 내단사상을 구축해 『참동계주해參同契註解』를 남겼다는 권극중權克仲(1585~1659)은 강일순과 같은 전라도 고부 출신으로 강일순의 외가 인물이라는 데에 주목할 필요가 있다. 그의 어머니가 권극중의 후손으로 바로 그가 살았던 고장에서 태몽을 꾸고 강일순을 잉태했으며, 강일순은 이 마을에서 태어나 어려서 많은 시간을 보냈다고 전한다. 권극중이 이 일대에서 큰 존경을 받던 대학자였던 데다 외가의 어른이기까지 했으므로, 강일순이 어려서부터 권극중의 정신적 영향을 받지 않을 수 없었을 것이다.[62]

권극중의 내단 이론 체계는 일반적으로 태극과 결합한 선천일기가 전제되어 있다.[63] 그 이론 구조는 후천의 음양 형기가 선천일기로 환원되어 태극에 화합하는 것으로 정리될 수 있다.[64] 태극과 선천일기

---

61) 김윤경, 2013, 「조선 후기 민간도교의 전개와 변용-동학·증산교를 중심으로-」, 『도교문화연구』 39, 한국도교문화학회, 109쪽. 특히 한국 도교서에 인용된 도교 관련 서적에는 최재호의 「『주역참동계주해(周易參同契註解)』에 인용된 도교서와 그 유통 정황」, 2016, 『한국철학논집』 50, 한국철학사연구회를 참조 바람.

62) 김성환, 2009, 「한국 선도의 맥락에서 보는 증산사상-전북 서부지역의 선맥(仙脈)을 중심으로-」, 『대순사상논총』 제20집, 대순사상학술원, 328~329쪽.

63) 太極配合先天一氣, 爲萬化之樞紐, 空中含有, 似一非一, 似二非二. 稟於人, 則太極爲眞性, 一氣爲正命. 眞性配合正命, 爲一人之大本, 寂中有照, 亦似一非一, 似二非二.(『參同契註解』 20章, 註).

가 혼연일체가 된 상태가 바로 만물을 생성하는 근본이고, 이것이 말류로 흘러가면 인물의 나고 죽는 도가 되고, 여기서 거슬러 올라가면 신선과 부처가 된다는 이론 체계이다.[65] 그 결합체는 하나이면서 둘이고 둘이면서 하나라는 관점을 계승하고 있다.[66] 그는 『청하집』, 「독서록」에서 일반적으로 태극을 하나의 원(○)으로 표현하는데, 이는 태극을 그린 것이 아니라 선천일기를 그린 것이고, 태극은 그릴 수 없다고 한다.[67] 여기서 리를 부정하지는 않지만, 내단 수련의 방법과 대상에는 기가 중심에 있음을 알 수 있다.

또 권극중의 외가 인물에는 호남에서 매우 유명한 도사로 알려진 전북 임피 출신의 남궁두南宮斗(1526~?)가 있다. 이능화가 『조선도교사』에서 '조선 단학파'의 첫머리에 남궁두를 배치했을 정도이다. 남궁두의 수련 과정은 내단 수련의 전형을 보여주는데, 그 과정에서 보여주는 수련서들은 도교의 대표적 경전이라고 한다.[68] 이런 정황으로 봐서 남궁두에서 강일순에 이르는 선도적 흐름이 있었으리라는 것도 상상해볼 수 있다.

---

64) 최일범, 2008, 「권극중 『참동계주해』의 환단(還丹) 원리에 관한 고찰」, 『동양철학』 28, 한국동양철학회, 252쪽.
65) 이봉호, 2008, 「조선시대 참동계 주석서의 몇 가지 특징」, 『도교문화연구』 29, 한국도교문화학회, 71쪽.
66) 原夫在天曰理氣, 在人曰性命. 理氣性命, 人天大本也. 觀其空而有, 有而空, 一而二, 二而一, 寂而照, 照而寂. … 此乃未發前理氣性命, 混融無間, 不可析二底樣子也(『易契』, 「原本」, 이봉호, 「조선시대 참동계 주석서의 몇 가지 특징」, 앞의 글, 72쪽). 재인용.
67) 이봉호, 「조선시대 참동계 주석서의 몇 가지 특징」, 앞의 글, 74쪽.
68) 김성환, 앞의 글, 326~327쪽.

아무튼 내단 수련을 이었다면 이 또한 기를 배제할 수 없다. 앞서 살펴보았듯이 몸속의 단전에 기를 쌓는다는 것은 다만 생명에너지만의 응축을 의미하지는 않을 것이다. 바로 도·기·신의 삼위일체를 보지하는 방법이 될 수도 있다. 물론 여기에는 중국도교와 다른 맥락도 있겠지만, 적어도 기와 신을 분리해서 생각할 수 없다는 점이다. 뒤에서 살펴보겠지만 동학의 지기나 강일순의 혼백 개념[69]과 그에 따른 수련으로서 정혼精魂이 굳게 뭉치도록 수련해야 한다[70]는 관점은 이를 뒷받침한다.

---

69) 『전경』, 「교법」 1:50.
70) 같은 책, 2:22.

1 철학적 대처 방안으로서 기의 철학

1) 이규경의 일기

(1) 4원소와 오행의 체용론

근대전환기 기의 철학자로서 심대윤 및 최한기와 동시대에 살았던 인물 가운데에는 이규경李圭景(1788~1856)이 있다. 그의 조부 이덕무李德懋(1741~1793)를 비롯하여 부친 이광규李光奎(?~?)도 정조 때 규장각검서관을 지냈다. 이러한 사실은 이규경의 학문 태도가 기본적으로 가학에 연원하고 있음을 말해주고 있다.[1]

그는 관직 생활을 하지 않은 재야학자로서 동시대의 최한기와도

---

1) 그 외 자연관에서는 서경덕과 홍대용, 사회정치적 견해에서는 유형원·이익·박지원·박제가 등 실학자들의 영향도 많이 받았다고 한다(정성철, 1989, 『실학파의 철학사상과 사회정치적 견해』, 한마당, 521쪽). 그의 자연관이 서경덕과 홍대용의 영향을 받았다는 점은 각각 전통의 기론과 서학과 관련된 그것임을 알 수 있다.

교유하였다. 뒤에서 밝힐 심대윤도 그러하지만 근대전환기 기철학을 탐구한 대표적인 세 명의 학자가 모두 신분이 그리 높지 않은 재야학자라는 공통점은 우연치고는 매우 독특하다. 당시 주류 사회에서 주희성리학과 그것을 심화한 학문이 대세를 이루었던 학문적 풍토에서 기철학에 관심을 두기란 매우 어려웠을 터, 그러한 학문 풍토로부터 자유로운 재야학자라는 신분이 오히려 그것이 가능하게 했다. 더구나 이런 기에 대한 담론은 신종교 운동가들을 통해 더욱 활발하게 전개되는데, 그것은 전통을 계승한 종교의 내부에 기와 친화적인 요소가 있는 것도 분명하지만, 이렇게 신분적으로 자유로운 처지에 있었기 때문에 가능한 일인지도 모른다.

이규경의 학문적 특징을 한마디로 말한다면 박물학이다. 그가 방대하게 저술한 『오주연문장전산고』의 서문에서 '명물도수名物度數의 학'을 거론한 맥락에서 보면 그의 관심은 가학의 전통에 따라 백과전서처럼 사물에 대한 정보를 획득하고 정리하여 갈무리하는 일이었다. 당연히 청대 고증학의 영향도 작용해 그의 저술에서는 여러 학문의 전거에 대한 소개도 마다하지 않는다. 이런 학문 태도가 기에 대한 담론을 비교적 자유롭게 만들었겠지만, 다만 기의 철학에 관련된 것은 방대한 내용에 비하면 겨우 몇 개 항목에 지나지 않는다.

그의 기 철학적 견해는 대부분 자연철학에 한정되어 있다.

혼돈한 처음에는 오직 하나의 기였다. 나아가 하늘과 땅과 만물을 낳은 것은 하나의 기를 의존하였을 뿐이요, 달리 거짓된 솜씨가 없다. 만물은 기가 자라나면 생겨나고 기가 소멸하면 죽으니, 이것이 정해진 이치이다. 만약 이런 기가 없으면 천지 만물이 무엇을 따라 생기겠는가? 이미 기가 있어서 하늘과 땅과 만물을 낳을 수 있

고, 낳은 뒤에는 하나의 기가 그 사이에 꽉 차서 시작과 끝도 없이 만물을 낳고 낳아 끝이 없다.[2]

이런 표현은 전형적인 기철학의 전통을 따랐다. 혼돈한 처음 만물이 일기一氣에서 생기고 천지 사이에 가득 차고 시작과 끝이 없다는 점 등이 그것이다. 당연히 여기에는 어떤 외적인 주재자나 조물주를 인정하지 않고 있다. 곧 만물의 생성에 '달리 거짓된 솜씨가 없다'라는 말은 분명 그리스도교의 창조설을 염두에 두고 한 말로 보인다. 그는 그리스도교의 창조신화를 잘 알고 있었다.[3]

그는 명말청초 방이지方以智(1611~1671)의 『물리소지物理小識』을 많이 인용할 정도로 그의 영향을 크게 받았다. 『물리소지』의 서문에서 서양의 학문은 질측質測(과학)은 상세하지만 통기通幾(철학)를 말하는 데는 서투른데, 지혜로운 선비가 추론해 보면 저들의 질측에도 오히려 미비한 점이 있다고 말하는 방이지의 입장을 잘 따르고 있다. 이런 영향에서 서학을 의식하고 '달리 거짓된 솜씨가 없다'라는 표현을 썼을 것이다.

사실 서학을 향한 방이지의 태도는 중국은 철학에서, 서양은 과학·기술에서 강점이 있는 것[4]으로 표현하고 있는 이규경의 글에도 보

---

2) 渾淪之初, 惟一氣也. 至於生天生地生物, 藉此一氣而已, 無他繆巧. 而氣息則生, 氣消則死, 此其定理也. 若無此氣, 則天地萬物, 從何以生. 旣有氣矣, 能生天生地生物, 而旣生之後, 一氣充塞其間, 無始無終, 生生不窮(『五洲衍文長箋散稿』, 「用氣辨證說」).

3) 西洋鄧玉函, 熱而瑪尼亞人, 萬曆間至, 著奇器圖說. 其說曰, 人之始祖亞當, 而造物主造有天地, 卽造有人之始祖, 名亞當者, 與其妻名厄襪者, 置之地堂良和之處(같은 책, 「斥邪教辨證說」).

인다. 곧 서양의 장점은 형이하에 있다고 했으므로 형이상의 문제를 다루는 서양철학은 그의 관심에서 멀어져갈 가능성이 크고, 또 최한기와 달리 과학에서 어떤 철학의 원리를 추출하는 문제에 소홀하거나 관심을 두지 않았을 가능성이 크다. 후술하겠지만 이규경은 이러한 서양의 형이하의 과학이나 기술마저도 중국원류설中國源流說[5]의 입장으로 받아들여, 다만 기를 이용하는 원리로 이해함으로써 서양의 형이하학을 터득할 수 있다고 보았다.[6]

아무튼 이규경도 다른 기철학들처럼 만물의 다양성과 기가 운동하는 원인도 기 자체가 갖고 있다고 본다. 그는 기가 '자연유행自然流行'[7]이라는 내재적 원인에 따라 운동한다고 하여, 서경덕의 '기자이機自爾'나 장재의 '부득이이연不得已而然'과 유사한 개념으로 보이며, 당연히 만물의 차별성도 기 자체에서 생기는 문제이다.

반면 그는 기철학의 전통을 잇고 또 서학의 영향을 받았으면서도 홍대용이나 최한기처럼 음양을 비롯하여 오행이나 4원소를 극복하거나 비판하지 않고, 그것을 전통의 논리로 포용하고 있다. 이 점은 다음의 인용에서 좀 더 명확하게 보인다.

---

4) 中原則專主理氣性命之學, 故與天同化, 此形上之道也. 西乾則專治窮理測量之敎, 故與神爭能, 此形下之器也. 故奇技淫巧之物, 種種流出於西陬. … 其形上之學, 猝難悟得, 形下之用, 則庶可學焉(같은 책).
5) 같은 책, 「西洋通中國辨證說」 참조.
6) 노대환, 2014, 「이규경의 학문과 지성사적 위치」, 『진단학보』 121호, 진단학회, 77쪽.
7) 然亦有淸濁厚薄之分, 而任其自然流行. 故人有聖凡賢愚, 物有精粗美惡也. 三敎莫不存養是氣, 有五行四行之論, 其消息動靜, 變化不測(『五洲衍文長箋散稿』, 「用氣辨證說」).

오행은 천지의 큰 쓰임으로 이것이 아니면 만물이 이루어지지 않고 천지 또한 없어질 것이다. 오씨는 이 이론을 억지로 만들어 세속의 이른바 오행을 바로잡고자 했으나 참으로 지나쳤다. 무릇 서양인의 4원소와 불교의 4대는 그 몸체를 말한 것이니, 불교와 서양인들만 사행을 말한 것이 아니라 소강절 선생도 일찍이 물·불·흙·돌을 말하고 쇠와 나무를 생략했다. 그러므로 사행은 몸체가 되고 오행은 작용이 된다.[8]

그는 4원소와 오행을 전통의 체용론으로 이해했다. 이 내용은 서학에서 '오행 가운데 쇠와 나무가 원소가 될 수 없다'고 마테오 리치가 최초로 말한 이후에 널리 유포된 영향으로 청의 오숙공吳肅公(1626~1699)이 『오행문五行問』에서 "불교의 땅·물·불·바람과 마테오 리치의 물·불·흙·공기는 모두 물·불·흙이 천지의 큰 것임을 엿 본 것으로 오히려 오행설보다 조금 낫다."[9]라고 한 말의 반론에서 나온 말이다. 참고로 최한기도 오숙공과 유사하게 오행의 상생·상극설의 폐단이 4원소설의 그것보다 심하다고 여겼다.[10]

이렇게 이규경은 4원소나 오행을 거부하지 않고 기의 범주 안에 넣고 있어 서학의 변용과 전통의 계승이 동시에 고려되고 있다. 특히

---

8) 五行乃天地之大用, 非此, 萬物不成, 天地亦熄矣. 吳氏强作此論, 欲正俗所謂五行, 然誠過矣. 夫西人之四元行, 釋氏之四行, 乃卽其體而言, 匪特釋氏西人只言四行, 邵夫子嘗言水火土石, 而略金木矣. 然則四爲體, 五爲用也(같은 책, 「五行四行辨證說」).

9) 佛氏言地水火風, 利氏言水火土氣, 皆窺見水火土, 乃天地之大者, 猶差勝五行之說(같은 책).

10) 최한기 저, 이종란 역, 2014, 『운화측험』, 한길사, 337~339쪽 참조. 두 사람이 교유했으므로 같은 자료를 보고도 서로 다른 판단을 내렸다.

오행의 상생·상극설을 가지고 쇠와 나무가 4원소가 될 수 없다는 말을 의식해서 "상생과 상극의 이치는 애초에 형질로서 서로 이기는 것이 아니라 기의 성질이 감응하는 것이다. 다만 형질을 가지고 상생과 상극을 말하면 탐구할지라도 알 수 없다."[11]라고 하여, 홍대용과 최한기가 그 영향으로 5행을 극복한 것과 달리 전통을 재해석하여 이어가고 있다.

특히 여기서 주목해 보아야 할 부분은 소옹邵雍(1011~1077)이 '물·불·흙·돌을 말하고 쇠와 나무를 생략했다'라는 지적이다. 이것은 원래 방이지의 말로 서학의 중국원류설과 관계가 된다. 4원소도 중국에 있었던 것이므로 음양과 오행을 고수하면서 동시에 서학의 4원소를 받아들여 기의 범주 안에 넣고 있는데, 그는 우주가 생성되고 유지되고 붕괴하고 소멸하는 성주괴공成住壞空과 인간이 태어나고 자라나고 죽고 소멸하는 이치는 하나로써 물과 불뿐이라고 한다.[12]

그렇다면 체용론으로서 오행과 4원소가 어떻게 공존 가능할까? 이미 앞의 인용에서 '사행은 몸체이고 오행은 작용'이라는 표현을 사용했는데, 이것은 원래 방이지 『물리소지』 가운데 「사행오행설」에서 인용한 말이다. 여기서 4원소는 몸체에 해당하고 오행은 작용에 해당한다는 말은 제각기 형체를 이룬 물질과 형체가 없는 기로 바꾸어 이해할 수 있어서, 4원소는 질료의 측면 오행은 기의 측면에서 말한 것으

---

11) 生克之理, 初非形質之克, 乃是氣性之感也. 但以形質言生克, 則格而不可得矣(『五洲衍文長箋散稿』, 「五行四行辨證說」).

12) 天之成住壞空, 人之生養死沒, 其理一水火而已矣(같은 책, 「天人一理辨證說」). 최한기도 『운화측험』에서 증기기관을 보고 천지 변화를 이루는 주요인을 물과 물로 보았는데, 이것과도 관련이 있을 것 같다.

로 결국 기의 범주 안에 포섭할 수 있다는 논리이다.[13]

이규경이 이것을 받아들이면서 "내 생각에는 그 설명이 매우 조리가 있으니 오행과 4원소로 요약하여 하나에 이르렀을 뿐이다."[14]라고 평가하고 있다. 이것은 그가 상생과 상극설을 형질이 아니라 기로 가지고 말한 것이라는 점에서도, 4원소를 형질로 보고 오행은 기로 보았음을 알 수 있다. 그는 결국 오행이든 4원소이든 하나의 기라는 범주로 귀착할 수 있음을 말하고 있다.[15] 그에게는 음양은 물론 오행도 극복이 아닌 계승의 대상이었고, 4원소 또한 수용의 대상이었다. 그것이 가능했던 논리는 바로 서학중국원류설 때문이다. 그가 4원소이든 오행이든 모두 기로 일원화시킨 점은 최한기와 유사하지만, 최한기가 4원소와 아울러 음양오행을 극복했다는 점에서는 철학의 방법이 달랐다.

(2) 기의 조리와 정영

이규경은 서양 과학의 중국원류설을 주장하고 서양이 과학·기술에는 강점이 있으나 철학에는 중국보다 못하다는 방이지의 관점을 따랐으므로, 리에 대한 관점이 어떠한지 추론할 수 있다. 곧 서양 과학에서 말한 물리로서의 리와 인간 본성으로서의 리를 동시에 인정할 가능성이 크다. 그런데 그는 자기 저작에서 본인의 의견을 곧장 피력하는 경우는 드물고, 대개 여러 사람의 견해를 늘어놓은 다음 그가

---

13) 같은 책, 「方氏五行四行辨證說」 참조.
14) 愚按其說, 極有條理, 以五行四行約之, 以至於一而已也(같은 책).
15) 本一氣也, 生則爲陽, 成則爲陰. … 然則五行四行, 總爲一行可也(같은 책).

찬성하는 견해를 소개하는 것으로 내용을 전개한다. 리에 대한 견해도 대부분 그러하다. 그 가운데 청의 이광지李光地(1642~1718)의『용촌집榕村集』에서 인용하였는데 다음과 같다.

천지 사이에 가득 차 있는 것은 기이다. 기가 응취하여 질을 이룬 것을 일러 형이라 하고, 기가 드러나 보여 흐르는 정精을 일러 상이라 하며, 기가 절도 있게 나누고 한정 지우는 것을 일러 수라 하고, 기의 신령스러운 기틀이 묘하게 작용하는 것을 일러 신이라 하며, 기가 스스로 그러하고 그러하여 바꿀 수 없는 것을 일러 리라고 한다.16)

앞서 말했지만, 존재론적으로 보면 그의 주장은 기철학이다. 세계의 일차적 존재는 음양으로 분화되기 전 하나로 섞인 태극이라는 기이다.17) 리란 기가 스스로 그러하고 그러하여 달리 다른 것으로 될 수 없는 것, 곧 기의 성질로서 조리를 일컫는 것 같기도 하다.

그는 또 청의 모기령毛奇齡(1623~1716)의 말을 인용하여 공자가 살았던 춘추시대 이전에는 리를 말한 것이 없지만, 그것을 고찰하고자 한 이래로 리자를 조리로 보아 성性으로 풀었는데, 맹자가 비로소 리라고 부르는 것을 추가하였다18)라고 하여 기의 조리와 관련시켰다. 일

---

16) 盈天地之間者氣也. 氣之凝聚成質者謂之形, 氣之著見流精者謂之象, 其節度分限者謂之數, 其靈機妙用者謂之神, 其自然而然不可易者則謂之理(같은 책,「心性理氣道學字原辨證說」).

17) 夫太極者, 天地未分前陰陽相包混淪之象也. 陰陽者, 天地已判後太極相分各半之象也(같은 책,「天地合球圖辨證說」).

18) 毛奇齡曰, 春秋以前, 自堯舜禹湯文武周公孔子, 竝無言理. 欲考以來, 理字, 作條理解性, 孟子始加稱理(같은 책,「心性理氣道學字原辨證說」).

단 리를 기의 조리로 규정한 이상 기와 독립된 존재로서 리일 수는 없다.

이렇게 리를 조리로 보거나 또 기수氣數의 입장에서 볼 때 그것은 과학에서 말하는 물리와도 통한다. 그가 방이지의 영향을 받았다는 점에서 자연적 물리를 중요하게 여겼고, 또 그의 글에서도 리란 물건에 따라 마땅히 그러한 리가 있다고 여겼는데, 이 경우는 사물의 특성을 표현하고 있다.[19]

그렇다면 이 기의 조리가 온전히 물리만을 가리킬까? 앞서 말한 이광지의 글에 동의하여 인용한 것[20]을 보면 비록 리가 기의 조리라고 하더라도, 그것이 인간에 있어서는 윤리적이고 만고불변의 본성, 곧 정이천이 말한 성즉리를 부정하지 않았다. 기의 리로서 사물에서는 물리가 될 수 있지만, 인간에게는 여전히 불변하는 본성으로 삼았다.

이 점을 가만히 살펴보면 그도 임성주처럼 물리와 가치의 문제를 구분하지 않았음을 알 수 있다. 사실 인간에 있어서도 기의 조리는 물리적·생물학적 본성으로서 사실의 영역에 속한다. 그러나 성리학

---

19) 車行於地舟行於水, 即舟車之常也. 今也斲輪而使之飛, 刳木而使之轉, 即舟車之異也. 必無是理, 即理之當然者也, 必有其理, 即理之反常者也(같은 책, 「飛車辨證說」).

20) 自漢以下, 儒者以氣質爲性. 故程子爲之說曰, 性即理也, 言氣之中, 有亘古今不易之理, 是之謂性, 不可以氣爲性也(같은 책, 「心性理氣道學字原辨證說」). 그는 누구보다도 이광지의 영향을 많이 받았다고 한다(윤사순, 1973, 「이규경 실학에 있어서 전통사상」, 『아세아연구』 16-2, 219~220쪽). 사실 이광지 자신도 서학의 영향을 받았는데, 일례로 그의 『周易折中』에서 서학의 기하학 등의 요소를 도입한 것을 보면 알 수 있다.

에서 말한 본성으로서의 리의 내용은 사실의 영역이 아니라 가치의 영역에 속한다. 이규경이 자연에서는 물리로, 인간에서는 본성으로 기의 조리를 규정하여, 자연적 사실과 인간적 가치를 동일한 차원에 두어 이런 결과를 낳고 말았다. 그의 리 개념에는 이처럼 자연적 물리와 인간의 본성으로서 가치 개념이 여전히 혼재되어 있다.

또 그는 신의 개념도 전통을 따랐는데

> 예로부터 기를 말한 자들은 단지 그 찌꺼기만 보고 정미한 것을 알지 못했다. 무릇 기의 정영을 일러 신이라고 말하고, 그 신을 알면 조화라고 부르며, 그 조화를 알면 온갖 재주를 다 부린다.[21]

라고 하여, 신이란 기의 정영 곧 정화로 여겼다. 이것은 유학의 전통을 따라 종교에서 말하는 신령으로 보지 않고, 최한기가 기의 덕이나 정화로 보는 것과 크게 다르지 않다. 문제는 다음의 표현 곧 '그 신을 알면 조화라고 부른다'라는 점이다. 조화란 신통하게 된 일이라는 뜻도 있지만, 대자연의 이치라는 뜻에 더 가깝다. 그래야 '그 조화를 알면 온갖 재주를 다 부린다'라는 뒤의 문장과 호응이 된다. 우리는 여기서 전통적인 신이 그저 알 수 없는 신비한 무엇이라기보다 알 수 있는 대자연의 이치로 전환되고 있음을 엿볼 수 있다. 다시 말해 뒤에서 설명하겠지만 최한기처럼 신의 인식 가능성을 인정하였다는 점은 역시 서양 과학의 영향으로 보인다.

한편 그는 이 신을 인간의 마음을 가리키기도 하였는데,[22] 전통적

---

21) 終古談氣者, 只見其糟粕, 無得其精微也. 凡氣之精英, 謂之神, 得其神, 則謂之造化, 得其造化, 則能事畢矣(같은 책, 「用氣辨證說」).
22) 같은 책, 「心神自靈辨證說」 참조.

으로 마음을 이룬 기를 신이라 일컫는 것을 따랐지만, 그 마음인 신을 전통과 달리 어떻게 이해하고 규정하여야 할지 독창적인 견해는 찾아보기 어렵다.

(3) 보편적 본성 탐구를 위한 경험의 확장

이규경은 백과전서 같은 저술을 통하여 많은 정보를 축적하였다. 이것은 주희성리학처럼 많은 리를 갖추었다는 심성의 탐구가 아니라, 외부 정보를 경험적으로 수집했다는 것을 웅변적으로 말해준다. 그러나 경험을 다루는 인식 방법에 대한 이론을 심도 있게 전개하지는 않았고, 단지 전통의 이론을 계승하여 그것을 산발적으로 보여주고 있을 뿐이다.

그는 사람이 신령한 것은 마음 때문이며 그 마음을 보존하면 항상 허령불매하므로 지각이 생기고, 지각이란 곧 마음이 저절로 신령한 것이라 보았다. 그가 여기서 말한 지각이란 바로 인식의 능력으로서 밖에서 온 것이 아니라 항상 마음에 있는 것[23]이라 말한다.

그의 인식 이론은 『대학』의 격물설과 관련되는데, 많은 격물설 가운데서도 앞서 언급한 청의 이광지의 『용촌집』에서 말한 것을 주로 옳다고 인용하였다. 그것을 종합하면 성즉리의 입장에서 궁리하며, 물리란 나의 성과 같은 것이며 사물마다 가진 공통의 리였다. 그래서 궁리를 다하면 만물일체가 된다고 믿었으니,[24] 이것은 사물마다 갖는

---

23) 人爲物靈者, 以心而言. 雖有心焉, 不存則無靈, 故操存捨亡, 聖人攸戒. 常虛靈不昧, 故知覺生焉, 知覺便是心神自靈, 不待外求而恒在於心矣(같은 책).

24) 物物各有一性, 性卽理也. 物理猶吾性也, 物各有牝牡雌雄, 是其夫婦之性, 海燕哺雛, 雌雄代至, 飮食之恩也. 羽毛稍長, 引雛習飛, 敎誨之義也, 是其母子

일종의 보편성이었지 그의 백과전서 같은 저술에서 보여준 다양한 사물의 특수한 개별적 이치가 아니었다.

이것은 어쩌면 동물의 모습에서도 인이니 의니 군신과 부부의 도리와 같은 윤리와 공통점을 찾는다는 점에서 앞 시대의 홍대용이 개미나 벌 등의 동물에서 인간과의 공통적 이치를 찾는 것과 별반 다르지 않다. 두 사람 모두 보편적이라고 여긴 성을 사물에까지 확대했다고 하겠다. 그래서 사물은 저마다 다르지만, 그 이치는 하나라는 관점에서 홍대용은 인간과 동식물이 같다는 인물균으로 나아갔다면, 이규경은 성이 하나라는 관점에서 만물일체로 나아갔다.

이렇게 만물의 보편적 본성의 탐구로 확장하는 것은 이전 성리학의 인식 방법을 따른 것이지만, 그렇더라도 일정한 한계를 지닐 수밖에 없어 과학적 인식으로 나아가기 어려웠다. 그는 개별적 사물에 대한 인식은 의학이나 기술적 차원에서 필요함을 역설하여 경험적 인식과 지식의 중요성도 드러내지만, 유학자의 시급한 일이 아니라고 보았기[25] 때문이다.

앞서 잠깐 지적했지만, 본성 개념을 인간에게 한정하면 그는 성이란 인간이 태어날 때 마음에 갖춘 리라는 점을 따른다.[26] 그리고 그는 청의 고염무顧炎武(1613~1682)의 말을 빌려 "본성은 서로 비슷하나 습

之性. 同巢鳥獸, 無不相倡相和, 是其兄弟之性. 類聚群分, 是其朋友之性, 就中必有爲之雄長者, 是其君臣之性. 蓋物雖殊而性則一, 此處窮盡, 便見得萬物一體(같은 책, 「格物辨證說」).

25) 至如草木臭味, 種種各別, 此則醫家之所宜悉, 而非儒者急務(같은 책, 「格物辨證說」).

26) 陳淳曰, 性字, 從生從心, 是人生來具是理于心, 方名之曰性者也(같은 책, 「心性理氣道學字原辨證說」).

관으로 인해 멀어진다."라는 공자의 말에서, 비슷하고 멀어지는 기준이 본성의 선이라고 지적하고,[27] 그래서 인간의 본성이 선하다[28]고 여겨 맹자 이후의 성선설을 이었다. 이로 보면 적어도 학문의 형식 면에서는 전통을 계승하고 있음을 알 수 있다.

이처럼 그는 백과전서와 같은 지식을 모으기는 했어도 그 지식의 인식론적 기반을 확립하지 않았고 이전의 것을 답습하였다. 다양한 지식과 정보를 쌓았지만, 거기서 어떤 원리나 의미를 찾아야하는지에 대한 방법론의 탐구는 훗날 최한기가 했던 작업에 미치지 못하였다.

그렇지만 그의 이런 인식 태도가 무의미한 것은 아니다. 사물에서 보편적인 리나 본성을 탐구한다 해도 전통의 태도와 구별된다. 다시 말하면 이황李滉(1501~1570)이나 이이李珥(1536~1584) 같은 이들의 조선 성리학은 인간 중심에서 그 리나 성을 설명하려고 한 반면, 이규경은 구체적인 사물에까지 확장하고 있다는 점 때문이다. 비록 이것이 사상적으로 이전 시대의 인물성동론의 입장과 희미하게 맥락이 닿아있지만, 경험적 탐구로 인해 인식의 방향이 인간 중심에서 외부 사물로 확장되고 있다는 점을 부인할 수 없기 때문이다.

이규경의 이런 학문 태도는 기본적으로 전통을 계승하면서 서학을 수용하는 입장이다. 『오주연문장전산고』는 사실상 서양 과학의 자극으로 저술한 것이지만, 애초부터 서학중국원류설 없이는 작동할 수 없는 기획이었고,[29] 그 내심의 의도는 서양 문물 그것도 주로 과학과

---

27) 若有恒性, 恒卽相近之義, 相近, 近於善也, 相遠, 遠於善也. 故夫子曰, 人之生也直(같은 책,「性相近辨證說」).

28) 夫人性善, 非得明王聖主扶攜, 內之以道, 則不成爲君子(같은 책,「論性諸說辨證說」).

기술 분야에 한정된 서학의 수용이었다. 그래서 전통을 계승만 하였지 그것을 창의적으로 극복하거나 그것에서 벗어나기 어려웠다.

바로 여기서 그가 견지하고자 했던 학문 태도를 어느 정도 짐작할 수 있다. 곧 전통의 윤리 도덕을 고수하면서 서양의 문물을 받아들이는 태도이다. 그 근거로서 그는 중화와 오랑캐 문명을 구분하는 특징이 중화는 덕, 오랑캐는 힘30)이라고 보았기 때문이다. 이것을 보면 그의 의식에는 문명과 야만을 구분하는 전통의 화이론이 여전히 작동하고 있어서, 당장 오랑캐의 습속은 물론 그 윤리 도덕도 받아들이기는 어렵다. 다만 그가 서양 과학만은 용인하므로 전통의 가치가 유지될 것이라 믿었는지 모르지만, 과학의 수용은 필연적으로 전통 가치의 붕괴를 수반한다는 점을 간과했다.

정리하면 그는 재야학자로서 근대전환기 시대의 문제를 외면하지 않고, 지식을 경험하고 축적하여 갈무리하는 과정에서 드러낸 것이 그의 기철학이다. 비록 박물학적 학문 태도 때문에 남의 말을 인용하는 경우가 많아, 자신만의 고유한 철학적 사유의 엄밀성 곧 전통의 기론과 서양 과학의 틈새를 좁히려는 인식론적 탐구와 전통사상을 분석·비판하는 엄밀성이 다소 부족해 보이지만, 전통을 발전적으로 계승하고 서학을 수용·변용하여 근대전환기 우리철학으로서 일정한 위치를 차지하고 있다고 하겠다.

---

29) 김선희, 2015, 「19세기 지식장의 변동과 문명의식 ; 홍한주, 이규경, 최한기를 중심으로」, 『한국사상사학』 49권, 한국사상사학회, 229~230쪽.

30) 聖人以德服人, 夷狄以力制人, 華夷之別於此可見(『五洲衍文長箋散稿』, 「金錮辨證說」).

2) 심대윤의 태극 양기와 충서

(1) 양기와 원기로서 태극

백운白雲 심대윤沈大允(1806~1872)은 사대부 출신의 재야학자이다. 그의 존재는 겨우 20세기 끝자리에 와서야 알려졌는데, 그렇게 된 배경에는 또 그만한 이유가 있다. 그의 고조부 심수현沈壽賢(1663~1736)은 영조 때 영의정을 지냈고, 증조부 심확沈鑊(1702~1755)은 이조판서를 지낸 소론의 핵심 인물 가운데 한사람으로서 1755년 을해옥사에 연루되는 바람에 그의 가문은 폐족이 되고 말았다. 이 사건은 심대윤이 사대부이면서도 그의 학문이 크게 드러나지 못한 원인이기도 하다. 그 여파로 궁핍하여 장사하거나 물건을 제작하여 팔았는데, 이런 점은 복福과 이利를 크게 긍정하는 그의 철학적 논리에 깊은 영향을 미치고 있다.

그가 살았던 당시에는 기존 유교적 사회 체제가 모순을 드러내고 또 외부적으로 서세동점으로 인하여 위기감이 고조되던 때였다. 그런 시대의 난맥상이 어디서부터 비롯하였는지 나름의 원인을 찾았을 터, 그가 주희와 그 학문을 가혹하리만큼 비판하는 것[31]을 보면 주희 성리학이 조선 사상계를 잘못 인도하였다는 인식도 한몫한 것으로 보인다.

더구나 민간에 천주교가 퍼져서 백성들 일부는 거기에 귀의하고,

---

31) 그는 주희의 학문을 비판하면서 심지어 주희를 '주자'라 부르지 않고 '주씨'라고 칭하기도 하였다. 가령 "何朱氏之棄經之明文, 而妄意穿鑿耶. … 朱氏之妄, 固無足辨者也. 朱氏有恒言, 曰性與誠敬, 萬理俱存, 去其蔽而自足. 今曰卽凡天下之物, 而窮其理, 又何乖戾耶(沈大允, 2005, 『沈大允全集』 1, 『大學考正』, 성균관대학교 대동문화연구원, 4~5쪽)."라고 한 것이 그 사례이다.

그에 대한 대책으로 조선 정부의 탄압도 이어졌다. 그 같은 일을 본 심대윤은 그 일에 대해 깊은 우려를 표명하면서 천주교에 대응하여 백성들을 올바르게 인도하려는 일종의 사명감을 느끼고 있었다.[32] 특히 그의 수많은 저술 가운데『복리전서福利全書』에서 그런 의도를 강하고 드러내고, 그의 학문의 종지가 이에 있다는 것을 집중하여 표명하기도 한다. 그래서 정인보(1893~?)는 그의 학술이 정주程朱와 어긋나 세상에 행해질 수 없었고, 그의 학설은 대개 이해와 화복을 주지로 삼고 공과 사로 선악을 구분 짓고 있으며,『복리전서』는 어리석은 대중들을 계도하기 위해 지은 것이라고 한다.[33]

사실 그의 학문 배경에는 가학으로서 양명학이 있다. 그의 고조부의 큰아들이었던 심육沈錥(1685~1753)과 둘째 아들인 증조부 심확이 하곡霞谷 정제두鄭齊斗(1649~1736)의 문인이었으니, 양명학을 가학으로 전승한 소론 가문으로서 심대윤을 자생적 양명좌파로 볼 수 있다고도 하는데,[34] 그것은 그의 학문이 기존의 주희성리학을 과격하게 비판하고 복리를 내세워 인간의 욕망을 긍정한 것이 그 이유 가운데 하나이다.

이렇듯 그의 학문과 철학은 당시까지 대다수 사대부가 종사해 온

---

32) 近有一種怪說, 號爲天主學, 重信而樂死. 雖斬殺而不可禁, 予懼斯民之無類. 故以明道自任, 不避僭妄之罪焉. 若使孔夫子之道, 賴余以復明, 邪說寢息, 雖或有罪我者, 吾不恨矣(같은 책, 2,『周易象義占法』, 596쪽).

33) 임형택, 2005,「沈大允全集 解題」,『沈大允全集』1, 성균관대학교 대동문화연구원, 36쪽.

34) 같은 글, 15쪽. 더구나 日人 학자 다카하시 도오루[高橋亨]도 심대윤을 양명학파의 후예로 소개하였다(같은 글, 3쪽). 그러나 양명학과 심대윤 철학의 직접적 관련성은 아직 밝혀진 것이 없다.

주희성리학과 결을 달리하여 일반적으로 반주자학적 경향이 강한 것으로 평가되고 있다. 이 같은 학문의 경향은 철학 범주의 전반에 걸쳐 있고, 그마저도 대다수가 경학이라는 학문 방법을 통해서 드러나고 있다. 다시 말하면 유교 경전의 해석을 이전의 학자들과 달리함으로써 그만의 독특한 철학 체계를 구축하고 있는데, 그 가운데 하나가 기학을 자신의 학문적 요체 삼고 있다고 한다.[35] 그렇다면 그의 학문은 기의 철학으로 재구성한 경학이라고 해도 크게 어긋나지는 않겠다.

물론 이런 규정이 틀리지 않으려면 그의 기 철학을 규명해 보아야 한다. 우주의 생성과 자연의 작동 원리, 사물을 인식하는 논리나 방법, 그리고 인간의 본성 규정과 선악이 생기는 메커니즘 등이 기 철학의 세계관이나 방법론과 일치하는지 따져 보면 된다.

이런 문제를 가지고 먼저 그의 우주관 또는 자연철학을 먼저 살펴보자. 동아시아 전통철학에서 최초의 존재를 말할 때는 흔히 태극을 거론하기를 주저하지 않는데, 그것은 태극이 세계의 시원을 설명하는 논리로서 『주역』에 등장하기 때문이다. 이렇게 태극은 유독 유학자들에겐 존재의 근거이면서 동시에 이념의 근거가 되기도 하였다. 특히 주희가 「태극도설해」를 간행하고 또 태극을 리로 규정한 이래로 조선 성리학은 그의 견해를 따랐기 때문에, 태극을 리가 아닌 기로 규정하는 것은 반주자학적인 논리가 된다. 태극을 기로 본다는 것은 존재의 근거가 바뀌는 것만이 아니라 이념의 지향도 다름을 뜻한다.

심대윤의 학문은 바로 이러한 태극을 기로 규정하는 데서부터 출발

---

35) 장병환, 2010, 「백운 심대윤의 기, 신론(神論)과 천(天), 인론(人論) 연구-19세기 동학사상과의 연관성 파악을 중심으로-」, 『한문학보』, 우리한문학회, 446쪽.

한다.

　　태극이란 천지의 원기이다.[36]

　원기란 학문 분야에 따라 여러 의미가 있지만, 여기서는 천지의 원기라는 점에서 하늘과 땅의 바탕이 되는 기라는 뜻이다. 그러니까 현상계의 하늘과 땅보다 태극이라는 기가 먼저 있었다는 뜻이 된다.
　이를 좀 더 이해하기 위해서는 그가 말한 천지의 발생 과정을 살펴볼 필요가 있다. 심대윤은 하늘은 기로, 땅은 형체를 지닌 형으로 보고 그것이 생긴 과정을 이렇게 설명하고 있다. 곧 기가 처음 생겨날 때를 이름 붙여 태극이라고 하고 그 태극은 양기인데, 이 양기인 태극의 운동에 굴신하는 작용이 있어 음기가 생긴다고 한다. 여기에 현묘한 이치가 있는데 그것은 마치 생물의 암수처럼 어떤 두 가지 대상 또는 요소가 서로 짝짓거나 합한다는 상배相配와 상합相合을 통하여 물건을 낳거나 이루는 것이라고 한다. 그러니 앞서 말한 음기도 양기 자체가 움츠러드는 굴과 펼쳐지는 신이라는 운동이 서로 짝을 지어 생겨난 것이니, 음기란 바로 양기로부터 생겨난 것이라고 한다. 그러고 나서 이 음기와 본래 있던 양기가 서로 합하여 기를 이루니 이것을 일러 하늘의 기라고 한다.[37]
　이런 진술을 보면 자연적인 하늘의 기가 본래부터 주어진 것이 아

---

36) 太極者, 天地之元氣也(沈大允, 앞의 책, 2, 『周易象義占法』, 513쪽).
37) 天, 氣也, 地, 形也. 氣之始生, 名曰太極. 太極, 陽也. … 太極動而有屈伸, 陰氣生焉. 玄妙之理, 二者相合而成物, 二者相配而生物. 是故陽氣之屈伸相配而陰氣生, 陰生于陽, 陰陽相合而成氣, 此謂天之氣也(같은 책, 1, 『福利全書』, 131쪽).

니라 태극이라는 원초적 양기로부터 생성된 것임을 알 수 있는데, 양기의 운동을 통해 음기가 생기는 것은 생소한 이론이다. 더구나 태극의 굴신에 따라 기가 생멸하는데, 양기인 태극의 기가 주인이며 음기는 생멸하는 기로서 손님으로 규정한다.[38) 이렇게 되면 양기인 태극의 기가 굴신하는 것에 따라 음기가 생멸하므로, 양기는 음기보다 선차적이고 더 근원적이다.

이 점은 태극이 운동하여 양을 낳고 그 운동이 궁극에 도달하고 정지하여 음을 낳는다는 것[39)과 또 태극을 리로 보는 주희성리학의 관점, 또 끝없는 태허가 기라는 관점, 그리고 만물은 하나의 기가 모인 결과이고, 그 기는 본래부터 불생불멸한 상태라는 기존의 기철학의 관점과도 확실히 다르고 독특하다. 게다가 성리학자들이 『주역』을 해석하는 태도 가운데 하나인 억음부양抑陰扶陽보다 더 양 우위적인 발상이다.[40) 물론 이렇게 양기를 선차적으로 보는 데는 나름의 의도가 있겠다.

또 땅은 어떻게 생성되는가? 전통적인 『주역』의 관점을 따르면 하늘은 기 땅은 질로 보는데, 심대윤이 앞서 땅을 형체가 있는 형으로 보는 것과 별 차이가 없다. 그런데 성리학자나 기철학자나 모두 질은 기가 모여 엉겨서 되었거나 아니면 기의 찌꺼기로 보는데, 그도 그렇

---

38) 太極之氣, 屈而吸, 則隨其虛空, 而氣因之以生, 伸而呼, 則氣迎之以滅. 生于此則滅于彼, 滅于此則生于彼, 隨太極之屈伸而生滅焉. 太極之氣爲主, 而生滅之氣爲客, 主謂之陽, 客謂之陰(같은 책, 2, 『周易象義占法』, 513쪽).

39) 太極動而生陽, 動極而靜, 靜而生陰(「太極圖說」).

40) 심대윤의 이런 관점을 '양 우위적 음양생성론'이라 평가하기도 한다(최정준·오동화, 2008, 「심대윤 형기생성론의 역학적 구조」, 『율곡학 연구』 36집, 율곡학회, 143쪽).

게 보는가?

앞서 그가 현묘한 이치라고 말한 논리를 다시 적용해보면, 사물의 생성은 그에 앞서 존재하는 두 가지 요소가 항상 짝짓기하고 합해서 된다고 하니, 땅이 생성되는 것도 그 논리를 따를 수밖에 없다는 점을 예측할 수 있겠다. 그래서 그는 땅의 생성을 이렇게 설명한다. 곧 양의 성질 가운데 다시 음양이 있고, 음의 성질 가운데도 음양이 있어서 이 음양과 음양이 서로 짝짓기해 형이 생겨난다. 곧 형이란 기에서 생겨나며 형과 기가 서로 합하여 형을 이루니 이것을 일러 땅의 형이라고 한다.41)

문제는 이 문장에서 '기에서 생겨나는 형'과 '형과 기가 서로 합하여 이룬 형'이 같은지 다른지 밝혀야 한다. 일단 여기서 심대윤이 생겨나는 '생生'과 이루어지는 '성成'을 분리해서 본다는 점에 주의할 필요가 있다. 음기나 형이 처음 만들어지는 것은 '생'에 해당하겠지만, 현상적으로 존재하는 하늘과 땅은 각기 그것만으로 이루어지지 않기 때문에 어떤 것과 합해서 이루어지는 '성'의 과정이 필요하다. 다시 말하면 하늘은 음기와 양기가 합해 이루어져 있고, 땅도 형질과 기가 합해 이루어져 있기 때문이다. 그래서 땅이 이루어지는 과정에서도 생겨난 형과 이미 있던 기가 합쳐져 완성되는 형으로 설명하였다. 그래서 다른 형이다. 논리적으로 보면 마치 몸이 먼저 생겨나고 다시 그 몸속에 기가 들어가 현실의 몸이 되는 것과 같다고나 할까?

이렇게 보면 태극이란 하늘과 땅이 있게 한 원초적인 양기, 곧 '천

---

41) 陽中復有陰陽, 陰中復有陰陽, 陰陽與陰陽相配而形生, 形生于氣, 形氣相合而成形, 此爲地之形也(沈大允, 앞의 책, 1, 『福利全書』, 131쪽).

지의 원기'라고 표현한 점을 충분히 이해할 수 있다. 이제 하늘과 땅이 생성되었으니, 만물은 또 어떤 과정을 통하여 생성된다고 하였을까? 특히 동물의 지각 작용과 인간의 정신 작용 발생은 어떻게 설명하고 있을까? 심대윤이 정말로 기철학자라면 이런 과정을 모두 기철학의 범주만을 가지고 설명할 수 있어야 한다.

이 또한 앞서 현묘한 이치로서 말한 두 사물의 배합配合 곧 짝짓기와 합침을 적용할 것은 분명해 보인다. 그는 그것을 이렇게 말한다. 사람과 만물이 처음 생겨날 때는 천기의 음양과 지기의 음양이 서로 짝지어 쌓은 것으로, 종자가 없이 자연히 만물을 낳았으니 곧 기가 쌓여서 형체를 낳는 이치이다. 비유하자면 물과 흙의 기가 서로 짝지어 두껍게 쌓이면 물고기와 자라가 저절로 생겨나는 것과 같다.[42] 그리고 만물이 제각기 다르게 생겨나는 원인은 기의 음양이 간여하여 섞이는 것이 한결같지 않기 때문이라고 한다.[43]

이 점은 전통적으로 처음에 하늘과 땅이 교합하여 만물을 낳는 기화의 관점을 이었다. 그는 계속해서 정신과 지각 작용이 생겨나는 것도 이런 상배의 논리를 적용해 설명한다. 기에는 지각하는 작용이 없으나 형에 의탁해서 있으며, 또 기에는 변화하는 것도 없으나 형에 의탁해서 있다. 그래서 기와 형이 서로 짝을 지으니 생명의 기본 물질이라 할 수 있는 정精이 생겨나고, 기와 정이 서로 짝지어 정신 작용의 신이 생겨나니, 신이 생기고 나서 지각 작용이 있고 변화가 있다고

---

42) 人物之始生, 天氣之陰陽與地氣之陰陽, 相配積焉, 無種而自然生物, 卽氣積而生形理也. 譬如水土之氣相配, 而厚積, 則魚鼈自生(같은 책).

43) 氣之陰陽參錯不一, 故所生非一也(같은 책).

한다.44)

이 점은 이전의 기철학자들의 그것과 확실히 다르다. 그들은 그런 생명 물질이나 지각과 정신 작용이 생겨나는 메커니즘을 말하지 않았으며, 특히 정신 작용에 해당하는 신을 기의 능력이나 덕 정도로 언급하고 지나가는 것에 비해 심대윤의 그것은 상세하다. 기존의 기철학자들이 그런 생명이나 정신 현상 같은 가능성을 신기나 생기나 활물에서 찾는 것과 차별성이 있다.

심대윤의 이런 논리는 비유하건대 원자나 그 이전 단계의 물질에서는 생명 작용이나 정신 작용이 없고, 그것이 분자 단계를 거쳐 여러 분자가 결합하여 생명 물질이 되고, 또 그런 생명 물질이 결합하여 몸체를 이루고 외부의 공기와 영양분을 흡수하여 지각 작용과 정신 작용이 생긴다는 현대 과학의 입장과 흡사하다. 사실 그는 서양 과학엔 특별한 언급이 없는 것으로 알려져 있는데,45) 원초적 기를 보는 관점은 전통보다는 오히려 생명 없는 서양 과학의 물질 개념에 가깝고, 또 이런 사유를 확장하면 물질의 진화로 연결된다.

그런데 앞서 언급한 신은 전통적으로 인간의 정신만을 가리키지는 않는다. 음양의 헤아릴 수 없는 오묘한 작용을 무어라 규정할 수 없어 그렇게 불렀고, 귀신이라는 것도 기의 작용이었다. 최한기는 인간의 그것이든 자연의 그것이든 모두 신기로 불렀고, 심대윤도 자연적인 사물에도 신이 있다46)고 하는데, 물론 이 신 또한 기와 독립된 것은

---

44) 氣不能有知, 托形而有知, 氣不能有變, 託形而有變. 是故氣形相配而精生, 氣精相配而神生, 神生而有知覺有變化矣(같은 책).
45) 장병환, 앞의 글, 446쪽.
46) 於是乎有天地日月星辰山川江海之神, 土石草木之靈, 是不雜於血肉之形氣

122

아니라는 점에서 공통점을 갖는다.

자 그렇다면 이렇게 기가 운동하는 원인은 어디에 있을까?

> 기는 운동하는 것을 본성으로 삼는다. 기는 한시도 운동하지 않
> 음이 없다. 운동하지 않으면 기는 소멸한다. 사람 몸의 기도 운동하
> 지 않으면 사람이 죽는다.[47]

기는 본성상 운동한다고 한다. 이것은 운동의 원인이 우주 밖의 하느님이나 기의 외부인 리에 있는 것이 아님을 뜻하며, 다른 설명 없이 본성이면 족하다. 우주나 물질이 왜 멈추지 않고 계속 운동하는가 하는 점은 과학의 문제로서 물리학자의 탐구 대상이므로, 철학자에게 거기까지 답을 내놓도록 요구하는 것은 무리이다.

이렇게 기의 본성을 거론했다는 점에서 장재가 기의 운동을 '어쩔 수 없이 그렇다'고 하고 서경덕이 '기틀이 스스로 그러하다'는 것보다 더욱 분명하게 진술했는데, 동시대의 최한기가 기의 본성을 활동운화로 규정한 것과 같은 맥락이다. 더구나 그는 다른 곳에서도 누차 "기의 본성에는 운동만 있고 정지는 없다. 정지하면 기가 없다."[48]라고 밝혔는데, 명말청초의 왕부지王夫之(1619~1692)와 최한기가 기에는 정지가 없다고 말한 견해와 같다. 다만 '정지하면 기가 없다'는 말은 논리적으로 볼 때 운동하지 않는 기는 없다는 표현이다.

者, 而靈明變化無上而悠久不滅, 爲造化之主, 而行禍福之政焉(沈大允, 앞의 책, 1, 『福利全書』, 131쪽).

47) 氣以動爲性. 氣無一時之不動, 不動則氣消矣. 人身之氣, 不動則死矣(같은 책).

48) 氣之性, 有動而無靜, 靜則無氣矣(같은 책, 2, 『周易象義占法』, 513쪽).

그는 이것 외에도 기의 본성은 같은 부류끼리 서로 감응한다[49]는 영향도 받았는데, 동중서董仲舒(기원전179~기원전104)의 기로써 천인감응한다는 이론의 영향을 받았다.[50] 여기에는 특별한 의도가 있다. 그 점은 도덕의 실천과 관련되는데 뒤에서 밝히겠다.

그렇다면 주희성리학에서 최고의 범주로 여겼던 리는 어디로 갔을까? 그의 글을 보면 리라는 글자가 꽤 등장하지만, 대부분 사물의 이치로 거론될 뿐이다. 가령 '형이 생기는 이치'나 '정신이 생기는 이치'나 '기가 생기는 이치'나 '현묘한 이치'나 '감응하는 이치' 등[51]으로 썼다. 이것을 보면 사물의 조리로 보이지 만물의 근거로서 리는 아닌 것 같다. 그래서 그는 말한다.

> 무릇 기가 있으면 리가 있고 기가 없으면 리가 어디에 붙어 있겠는가? 그러므로 형체에 앞서 있는 리는 작아서 기에 붙어 있다. 그러므로 기라고 말하지 리라고 말하지 않으니, 이것은 생생지리이다. 생생지리는 하나일 뿐이다. 형체가 생긴 뒤에 있는 리는 기와 짝을 지어 드러난다. 그러므로 기라고 말하지 않고 리라고 말하니, 이것은 능히 쓰는 리이다. 능히 쓰는 리는 수만 가지로 제각기 다르다.[52]

---

49) 氣之性, 以類相感(같은 책, 1, 『福利全書』, 131쪽).

50) 같은 책, 133쪽 참조.

51) 같은 책, 2, 『周易象義占法』, 513쪽 참조.

52) 夫有氣, 斯有理, 無氣, 理安所附. 故理之在乎形之先者, 微而付乎氣. 故曰氣而不曰理, 是生生之理也. 生生之理一而已矣. 理之在乎形之後者, 配乎氣而著. 故不曰氣而曰理, 是克用之理也, 克用之理萬而殊矣(같은 책).

이 인용을 보면 구체적 사물의 형체가 생기기 전의 리는 기가 만물을 낳고 낳는 리만 있지 다른 리는 없다고 한다. 그마저 너무 작아 기라고 말한다고 한다. 당연히 주희성리학에서 말하는 윤리의 근거로서 당연지칙이 사물에 앞서 존재하지 않고, 단지 사물의 형체가 생긴 뒤에 수만 가지 리가 있다고 한다. 더구나 심에 만 리를 갖추고 있다는 것은 말이 안 되며, 개별적 리의 경우도 스스로 존재할 수 없고 사물에 의탁해 존재하는 것이라고 한다.53) 이렇게 심에 만 리를 갖춘 것을 부정한 일도 주희성리학을 벗어난 일이다.

그럼에도 불구하고 그는 사물이 그러한 까닭으로서 소이연지고에 해당하는 리는 어디든 있다고 한다.54) 이것을 보면 기철학자들이 기의 조리로서 기의 리로 보는 것과는 뉘앙스가 약간 다르게 보인다. 다시 말하면 사물의 본질로서 리는 비록 사물이 생긴 뒤라도 그것과 함께 있지만, 기와 상대적으로 독립하여 존재하는 아리스토텔레스의 형상처럼 보인다.

이처럼 주희성리학에서 말하는 리는 많이 축소되었지만, 사물의 본질로서 리가 부정된 것은 아니다. 가령 소가 소가 되고 말이 말이 되는 리는 애초에 없었을지라도 그것들이 생기고 나서 있게 되고,55) 그 리를 소이연지고라 말함으로써 그것 때문에 소가 소가 되고 말이 말

---

53) 天下寧有一物, 而萬理具者邪. 聞有一物而統貫萬理者矣, 未聞有一物而具衆理者矣. … 理也誠也敬也者, 本無形迹之可據, 不能專位, 而體物而存者也(같은 책, 2, 『論語』, 41쪽).

54) 理者, 所以然之故也, 無徃不在(같은 책, 2, 『周易象義占法』, 513쪽).

55) 凡物有形然後, 各有其理, 牛有牛之理, 馬有馬之理, 能爲萬物之體(같은 책, 1, 『福利全書』, 133쪽).

이 된다는 뉘앙스를 풍긴다. 과학적 견지 특히 진화론의 관점에서 보면 소가 있고 말이 먼저 있어서 그 생물적 특징이나 경향성 가운데 특별한 것을 끄집어 내 소나 말의 본성으로 여기는 것이지, 그 리 때문에 소나 말이 그렇게 되는 것은 아니다. 그러니 리를 기의 조리로 보는 것과는 다른데, 조리는 우유성(Attribut)에 지나지 않으며 단지 기의 속성일 뿐이어서 아리스토텔레스의 형상과 같은 방식으로 사물 속에 존재할 수 없기 때문이다. 아무튼 이 정도만 해도 주희성리학의 입장에서 볼 때는 당시 사회의 질서를 유지했던 윤리적 가치나 이념의 근거가 사라져 극복된 셈이다.

그런데 살펴본 대로 천지부터 만물의 생성까지 그 과정이 왜 이렇게 설명이 복잡한가? 기존처럼 기의 취산에 따라 만물의 생성을 설명하고, 양기의 정화를 태양, 음기의 정화를 달이나 별로 설명하는 장재나 서경덕의 그것과도 다르다.

이것은 그가 문제를 경학적으로 해결하려고 했기 때문인데, 대체로 『주역』의 태극에서 음양으로 사상과 팔괘를 거쳐 만물을 설명하는 방식을 따랐기 때문이다.[56] 주희성리학은 태극을 리로 보아 그 운동과 발생의 소이연이 리에 있으므로 복잡할 필요가 없었다. 반면 그는 태극을 리로 보지 않고 기로 보아서 그 리를 대신하는 자리에 양기를

---

56) 易有太極, 太極者, 氣之始動也. … 太極生兩儀, 兩儀者, 陰陽也. 夫太極動, 而有屈伸往來, 伸而來, 則發達以宣著, 屈而往, 則收斂以閉藏. 伸謂之動, 屈謂之靜, 動謂之陽, 靜謂之陰, 此一氣屈伸, 而自有動靜陰陽也, 命之曰太極. … 太極者, 氣之先天也, 兩儀者氣之後天也, 夫虛生氣, 氣生形, 自然之理也(같은 책, 2, 『周易象義占法』, 513쪽). 그의 기의 철학이 『주역』과 관련된 자세한 논의는 최정준·오동화, 앞의 글을 참조 바람.

놓고, 거기에 상배와 상합이라는 논리를 적용해 만물 생성까지를 복잡하게 설명했던 것으로 보인다. 그 때문에 태극을 기의 선천이라 하고 양의를 기의 후천이라고 규정하여[57) 기를 이렇게 양분할 필요가 있었다.

심대윤이 이렇게 태극에서 리를 배제하고 대신 양기를 둔 것은 그 위상이 주희성리학의 리만큼은 아니라 할지라도, 그것이 선천이고 운동하며 불멸하고 주인이며 선차적이고 근원적이라는 점에서 태극으로서 양기가 갖는 위상은 매우 크다 하겠다. 이처럼 그의 이론이 주희성리학의 상식에서는 벗어났지만, 그렇다고 해서 그의 『주역』 해석이 유교 경전으로서 갖는 위상을 축소시킨 것도 아니다. 오히려 그것을 가지고 이런 기철학으로 전개한 느낌마저 든다.

(2) 격치는 충서

심대윤은 태극이 리라는 관점을 극복하고 기로 보았으며, 그때 리라고 할 수 있는 것은 겨우 기가 사물을 생성하는 생생지리生生之理라고 인정하였다. 그마저도 리라고 말하기 어려워 기라고 부른다고 진술하였을 뿐만 아니라, 주희처럼 심에 만 리를 갖추었다는 것을 인정하지 않았다. 자연히 탐구 대상인 리는 구체적 형체를 지닌 사물이 갖는 개별적인 것으로 귀결된다. 물론 이런 세계관의 이론적 방향에서 볼 때 그 개별적 리의 공통점을 찾아 다른 사물에 적용해 앎을 확장해 나갈 수 있다.

그러기 위해서는 반드시 거쳐야 하는 인식 과정이 등장하는데, 개

---

57) 太極者, 氣之先天也, 兩儀者, 氣之後天也(같은 책).

별적 리를 인식하는 데는 경험이 동원되고, 공통점을 찾아 적용하는 데는 추론하는 사유의 과정이 필요하다. 바로 공자가 말한 배움(學)과 사색(思)의 두 측면이 그것이다. 심대윤의 인식 이론에도 이러한 점을 찾아볼 수 있는데, 그는 구체적 사물의 경험 없이 사색만 하는 것을 비판하면서도[58] 자신이 경험한 구체적 사례를 가지고 남에게 적용하는 추론적 사유를 매우 중시한다. 이것은 충서忠恕이자 격물格物로서 그의 인식 이론의 핵심이다.

그의 인식 이론의 틀은 전통적 방법의 재해서이다. 주로 경전의 주석 내용을 비판하면서 자신의 견해를 피력하고 있기 때문이다. 우선 가장 눈에 띄는 것은 주희의 격물설 비판이다. 우선 그는 『대학장구』「보망장」의 주희의 학설부터 비판한다.

> 천하 만물과 인간 만사에서 물건마다 일일이 궁리하고 일마다 모두 앎을 이룬다면, 무릇 얼마를 알고서 늙어 죽을 것인가? … 지금 요령을 알려주지 않고 이에 "천하의 물건에 나아가 그 리를 궁구한다."라고 말하면, 이 또한 남에게 어떤 집에 들어가는 문과 길을 가르쳐주는 사람이 "천하의 길로 모두 다녀 보고 천하의 문으로 모두 들어가 보라."라고 말하는 것이니, 과연 무슨 말이 되겠는가?[59]

심대윤의 이 말은 궁리 자체를 부정한 것 같지는 않다. 다만 만물과 만사에서 일일이 궁리하는 것은 비효율적이고 지나치다고 봤을 뿐이

---

58) 같은 책, 2, 『論語』, 38쪽 참조.
59) 天下萬物, 人間萬事, 物物而格之, 事事而致之, 凡得幾何而老死耶. … 今不告之以要領, 而乃曰卽天下之物, 而窮其理, 是亦敎人門路者, 曰汎行天下之路, 而汎入天下之門也, 果成何說耶(같은 책, 2, 『大學考正』, 4쪽).

다. 그 자신은 이런 경험적 지식에 근거해서 어떤 요령을 가지고 탐구하는 것이 중요하다고 보았다. 그 때문에 주희의 입장을 비판하였다. 곧 천하의 일에는 모두 요령이 있는데 그 요령을 안 다음에 조목을 찾을 수 있고, 요령을 모르고 조목을 쫓다 보면 고생만 하게 되고 성과는 없다고 한다.[60] 그는 이런 요령을 강조하면서, 더 나아가 주희가 말한 활연관통을 맹렬하게 비판하고 있다.

　　어째서 주씨는 경전의 분명한 문장을 버리고 망령된 생각으로 천착하였는가? 천하의 일은 반드시 점차 알아가는 것이지, 한 방에 알수 있는 것은 아직 없다. 그가 앎을 갑자기 이루는 설을 둔 것은 학문의 변이이다. 어찌 하루아침에 활연관통하여 모든 물건이 모두 밝아지는 것이 있겠는가? 물건에 나아가 그 리를 궁구하는 것은 하나를 하면 다시 하나가 쌓여 조금씩 알아가면서 많이 쌓이는 것뿐이다. 어째서 한 방에 깨달아 다 안다는 것인가? … 주씨의 망령됨은 본디 충분히 논변할 것도 없다. 주씨는 항상 성性과 성경誠敬을 말하고, "만 리를 갖추고 있어서 그 덮어 가리는 것을 제거하면 저절로 족하다."라고 말했으면서, 지금 또 말하기를 "무릇 천하의 물건에 나아가 그 리를 궁구한다."라고 하니, 또 얼마나 사리에 어긋난 것인가?[61]

---

60) 辨曰凡天下之事, 皆有要領, 得其要領, 然後條目可尋也. 不知要領, 而逐於條目, 勞而無功(같은 책).

61) 何朱氏之棄經之明文, 而妄意穿鑿耶. 夫天下之事, 必以漸致之, 未有一擧而了之者也. 其有暴成者, 乃變異也. 寧有一旦豁然貫通, 而衆物畢明耶. 卽物而窮理, 一爾復一積, 少而致多而已矣, 何以一擧盡之耶. … 朱氏之妄, 固無足辨者也. 朱氏有恒言, 曰性與誠敬, 萬理俱存, 去其蔽而自足, 今曰卽凡天下之物, 而窮其理, 又何乖戾耶(같은 책, 4~5쪽).

그는 경험을 통해 점진적으로 아는 인식 방법을 확실히 견지하고 있어서 활연관통 이론을 비판하고 있다. 더구나 마음이 뭇 이치를 갖추고 있다고 여겼다면 덮어 가리는 기질만 제거하면 되지, 천하의 물건에 나아가 일일이 리를 궁구한다는 발상 자체가 모순임을 찾아냈다. 인식론적으로 보면 대단히 날카로운 지적이다. 그래서 공자가 직접 자신은 날 때부터 아는 생이지지生而知之하는 사람이 아니라고 말함에도 불구하고, 주희가 공자를 생이지지했다고 주석한 것을 의식하여, 공자도 열다섯 살부터 일흔 살에 이르기까지 학문이 진보하는 순서에 점진적인 것이 있어서 늙음이 장차 이르는 것도 잊으면서 발분망식했는데, 그 또한 어째서 그랬는지 반문한다.[62]

아무튼 천하의 모든 리를 일일이 다 궁리할 필요가 없는 대안이 모종의 요령이었다. 그렇다면 이 요령이란 무엇일까? 모르긴 해도 이것은 모든 사물을 직접 경험하는 것을 대체할 만한 어떤 인식 방법일 것이라는 점을 쉽게 상상할 수 있다. 주희를 비판하는 견지에서 볼 때 주희 방식의 격물치지나 궁리는 아닐 것 같기도 하다.

바로 이 대목에서 그는 학문하는 요령을 충서라고 단언한다.[63] 어째서 충서가 사물을 직접 일일이 경험하는 과정을 대체할 만한 방법이 될 수 있는가? 다시 말하면 충서가 어떻게 격물치지와 관련이 있는가? 유학의 일반적인 지식으로 대충 짐작할 수는 있으나, 아무래도

---

62) 夫子生知, 宜其豁然貫通, 於初學之年也. 旣已豁然貫通, 則無事於復學也. 而十五至七十, 進序有漸, 老將至而發憤忘食者, 又何歟(같은 책, 4쪽).

63) 忠恕者, 爲學之要領也, 人道之要領也. 中庸言道之全體, 則決不遺其要領, 而獨詳其條目也. 其曰道不遠人, 又曰忠恕違道不遠, 由是以觀聖人之道, 卽人道也. 忠恕, 爲道之要領也, 昭然可知矣(같은 책).

그가 정의하는 충서의 개념부터 살펴보아야만 할 것 같다.

먼저 그는 충이란 '자기가 원하는 것을 미루어 남에게 베푸는 것'이며, 서란 '자기가 바라지 않는 것을 남에게 전가하지 않는 것'이라고 정의하고, 『중용』의 솔성수도率性修道와 『대학』의 격물치지格物致知도 충서라고 한다.64) 전자는 충서의 내포이고 후자 곧 『중용』과 『대학』의 내용은 외연인데, 내포에 해당하는 원형은 『논어』에 등장하며,65) 도덕 준칙의 각도에서 보면 '~하라'는 권장하는 측면과 '~하지 말라'는 금지하는 측면으로 해석하고 있어, 주희의 해석66)과는 결을 달리한다.

그는 이 충서를 격치와 비교하여 논하기도 하는데, "격치란 나의 실정을 가지고 대상의 실정에 통하는 것이고, 충서란 나의 좋고 싫음을 가지고 남에게 미루어 베푸는 것이다."67)라고 하여 굳이 비교하자면 충서가 격치의 내용을 가지면서도 보다 실천성을 갖는다. 그렇더라도 격치로 아는 것이나 충서로 행하는 것이나 실상은 하나라고 여겼다.68) 묘하게도 여기서 아는 일과 실천하는 것이 하나라는 곧 지행

---

64) 己之所願, 推以施之於人, 曰忠, 己之所不欲, 勿以加之於人, 曰恕. 中庸之率性修道, 大學之格物致知, 是也(같은 책, 『論語』, 44쪽).

65) 子貢問曰, 有一言而可以終身行之者乎. 子曰, 其恕乎. 己所不欲, 勿施於人 (『論語』, 「衛靈公」). 여기서 심대윤은 恕의 逆 곧 '己所欲, 施於人'을 忠으로 보았음을 알 수 있다.

66) 盡己之謂忠, 推己之謂恕(『論語集注』, 「里仁」). ; 盡己之心爲忠, 推己及人爲 恕(『中庸章句』 13章).

67) 格致者, 以我之情, 通物之情也. 忠恕者, 以我之好惡, 推施于人也. 生人之道, 止于此而已矣, 君子之道, 豈有他哉(沈大允, 앞의 책, 2, 『大學考正』, 4쪽).

68) 格致以知之, 忠恕以行之, 其實一也(같은 책, 『中庸訓義』, 15쪽).

합일의 관점을 엿볼 수 있다. 가학으로서 양명학의 영향이 아닐까 짐 쳐본다.

그는 격물에 대해 좀 더 부연하여 격물이란 밝은 앎을 이루는 일인데, 나의 마음으로 남의 마음을 헤아리며, 천하 만물의 실정도 모두 내 마음으로부터 미루어 가면 앎을 이룰 수 있고 그 방법이 충서[69]라고 한다. 그는 자신이 궁핍한 생활을 통해 경험했던 목반木槃 제작의 사례를 들어 충서는 자와 컴퍼스와 같은 것으로서 도를 실현하는 방법으로 보고 있다.[70]

이처럼 그의 격물치지는 주희처럼 사물의 이치를 일일이 궁리하는 것이 아니라, 하나의 요령을 가지고 하는데 그것이 바로 충서였다. 이러한 충서는 기본적으로 미루는 대상으로서 경험적 지식을 전제로 한다. 이 점은 동시대의 최한기가 경험을 중시하면서도 지식을 확장하는 방법으로써 사용하는 추측推測 이론과 일맥상통하는 바가 있다. 최한기 자신도 그 추측이 충서와 혈구지도絜矩之道와 격물치지와 같은 맥락이라고 소개하고 있는데,[71] 심대윤이 충서와 함께 혈구지도를 거론하는 것[72]도 같은 기철학자로서 우연의 일치라고 보기에는 두

---

69) 格物, 所以致其明知也, 以吾之心, 度人之心. … 以至天下萬物之情, 皆自吾心推之, 則此之謂能致知, 而其道則忠恕也(같은 책, 『論語』, 44~45쪽).

70) 譬如爲器, 性善者, 材木也, 忠恕者, 規矩也, 誠明者, 工力也, 中庸者, 尺度也. 性善者, 道之具也, 忠恕者, 道之法也, 誠明者, 道之力也, 中庸者, 道之度也. … 忠恕中庸謂之仁, 而爲成德也(같은 책, 45쪽).

71) 論語之忠恕, 推也, 默識, 測也, 大學之格物致知絜矩, 幷言推測也, 可見其義之一揆也(『推測錄』 卷1, 「聖學及文字推測」).

72) 忠恕, 爲道之要領也, 昭然可知矣. 其引詩伐柯以明, 以己推人, 卽格物絜矩之謂也(沈大允, 앞의 책, 2, 『大學考正』, 4쪽).

사람의 연관 관계를 점쳐 볼 만하다.

그는 왜 전통적인 주희의 궁리법을 외면하고, 충서로서 격물치지를 대신하였을까? 그리고 그 방향에서 같은 기철학자인 최한기의 인식 방법과 유사하게 된 까닭이 어디에 있을까? 그가 다루었던 학문이 경학이었으므로 비록 인식 대상으로서 과학적 지식인 물리를 다루지는 않고 인을 이루는 도의 입장이기는 하더라도, 그 인식 방법이 유사한 까닭이 무엇일까?

그것은 최한기와 마찬가지로 주희성리학을 따르지 않음으로서 나올 수밖에 없는 이론의 필연적 과정이다. 다시 말하면 인간의 당연지칙當然之則으로서 갖추어졌다는 형이상의 리를 인정하지 않음으로써, 인식 방법이 경험과 그 경험을 추론하여 보편성을 확보하고자 하는 방식으로 전개할 수밖에 없었기 때문이다. 심대윤이 비록 경학의 전통에 따라 과학적 지식이 아니라 실천적 지식을 탐구하더라도, 그 방법을 택할 수밖에 없었을 것이다. 이 점은 선험적 앎이나 본성으로서 갖추어진 형이상의 리를 인정하지 않는 기철학자들이 대체로 취하는 방식이다.

더구나 그는 인간의 "본성이 이익을 좋아하고 손해를 싫어한다."[73]고 규정하여, 그것으로 인간을 이롭게 하는 것을 인도로 보며, 충서란 자기를 이루어 남을 이뤄주는 것으로 이롭게 하는 방법이고, 중용이란 이러한 이익을 온전하게 하여 손해에 간여하지 않는 것으로 선과 이익의 극치라고 생각하였다.[74] 그래서 이익을 좋아하고 손해를 싫어

---

73) 性者, 好利惡害, 是也(같은 책, 『中庸訓義』, 11쪽).
74) 聖人之道無他, 曰人性之好利, 而利之耳. 故曰人道也, 忠恕者, 成己而成

하는 본성이 사적인 욕망 추구에만 빠지지 않고 겸리兼利 또는 공리公利로서 정당성과 보편성을 확보하려면, 종래의 궁리와 같은 방식보다 충서의 방법이 요청되었다. 그러니까 성인의 도는 다름이 아니라 이렇게 모두를 이롭게 하는 실천적 방식인데, 그 방법이 충서였다.

그런데 이러한 충서의 논리는 전통적인 '자기의 마음을 다하고 나를 미루어 남에게 미치는'[75] 논리로 보나 심대윤의 관점에서 보나 자연히 양명학의 양지 인식처럼 자기가 기준이 된다. 이익과 손해에 대한 자신의 인식론적 판단이 옳다면 문제가 없겠지만, 판단이 잘못되면 충서의 오류가 일어날 수 있다. 다시 말하면 인식의 정당성을 확보하기 위해서는 추인급기推人及己나 이물관아以物觀我 또는 이물관물以物觀物의 태도도 필요하다. 인간의 내부에 인식의 필연적 타당성과 확실성을 담보하는 장치가 없기 때문이다. 이 점을 그가 어떤 논리로 극복할지 지켜볼 필요가 있다.

(3) 이로운 것이 선

일반적으로 기철학에서는 주희성리학의 리처럼 기가 어떤 절대적 가치나 실천적 이념을 갖지 않는다. 단지 기는 본성상 끊임없이 운동하여 그 운동의 법칙이나 조리 외에는 어떤 형이상학적인 원리나 내용을 갖지 않기 때문이다. 이러한 기철학의 세계관에서 논리적 일관성을 가지고 현실 사회의 윤리적·실천적 규범을 산출해 낸다는 것은

物, 利之術也. 中庸者, 全於利而不涉於害, 善之至利之極也(같은 책, 『論語』, 38쪽).
75) 盡己之心爲忠, 推己及人爲恕(『中庸章句』 13章).

참으로 힘든 일이다. 더구나 인간 본성의 내용에 이런 선험적이고 윤리적인 가치를 함유하고 있지 않다면, 어떤 방식으로 보편타당한 실천 논리를 설명해 낼지 결코 쉬운 문제가 아니다.

더 나아가 인간의 본성이 선하지도 악하지도 않다면 더욱 난감한 문제가 아닐 수 없다. 그래서 최소한 보편적 인간 본성과 함께 그것이 선하다고 전제하는 일이 그나마 이런 난제를 풀 수 있는 열쇠가 된다. 왜냐하면 그런 본성을 따르고 거스르는 일에 따라 선악이 결정되므로, 인간의 본성을 따르는 여부가 선악을 나누는 기준이 될 수 있기 때문이다.

우리는 여기서 심대윤이 왜 충서를 본래의 실천 논리만이 아니라 인식 논리로 전환해 보았는지 어렴풋이 이해할 수 있을 것 같다. 나를 미루어 남에게 적용하는 것은 나에게 정당성의 기준이 없이는 불가능하다. 이것이 주관적이라는 비판의 가능성을 무릅쓰고 강조한 데는 그만한 이유가 있을 터, 적어도 인간의 본성은 선하다는 전제가 있어야 가능한 문제이기 때문이다. 이 점은 앞서 그가 『중용』의 '본성을 따르는' 내용이 포함된 솔성수도率性修道도 충서라고 한 점에서도 그 점을 암시하고 있지만, 무엇보다 그의 경학적 태도에서 볼 때 맹자의 성선설을 부정할 수 없을 것이라는 이유 때문이기도 하다.

그렇다면 심대윤은 인간의 본성을 선하다고 보았을까? 그 경우 본성이 유래하는 근거와 그 내용은 무엇일까? 우선 이것을 말하기 전에 인간의 본성에 대한 그의 견해를 분명히 해둘 필요가 있다. 그는 인간의 본성에는 천명지성天命之性과 심성心性이 있다고 전제하고, 천명지성은 하늘로부터 받아 만물이 모두 같고 증감시키거나 바꿀 수 없으며, 심성도 원래 도심道心이어서 천명지성과 같아 사람마다 크게 다르지 않았지만, 학습한 것이 달라서 선악 등의 차이가 생기는 성품이라고 한다. 그래서 천명지성은 따를 수는 있지만 배양할 수 없고, 심성은 배양할 수 있지만 따를 수는 없다고 한다.[76] 그러니까 선천의 본성과 후천의 학습으로 인해 배양된 두 본성으로 나누어 보았음을 알 수 있다.

여기서 논의하는 본성은 이런 경험적 학습을 통해 배양된 후천의 본성이 아니라, 선천적으로 타고난 본성으로서 인간에게 선험적으로 주어진 것을 대상으로 한다.

> 사람은 천지의 기를 부여받아 본성으로 삼았는데, 본성이란 인도의 태극이다. 기란 본성의 궁극적인 것으로 본성에는 이익을 좋아하고 손해를 싫어하는 것이 있으니 양의兩儀이다. … 본성은 기이니 하나일 뿐이다.[77]

이 말은 『주역』의 논리를 본성과 관계 지은 것인데 바로 본성의 근거는 기에 있다. 태극 또한 기이므로 본성이 인도의 태극임은 당연

---

76) 子曰, 性相近習相遠也. 此言心性也, 非天命之性也. 人之心性不遠, 而學習不同, 故有善惡之相遠也. 天命之性, 利是也, 心性, 道心是也, 二者, 皆心之明知, 而非心之外, 更有天命之性也. 以其萬物之所同然, 而不可增減移易, 如天之有太極也, 故曰天命之性. 以其雜於形氣, 而物各不同, 故曰心性, 如天之有四象也. 此兼情而言也. 天命之性, 可率而不可養, 心性可養而不可率(沈大允, 앞의 책, 2,『論語』, 94쪽).

77) 人稟天地之氣, 以爲性, 性者, 人道之太極也. 氣者, 性之極也, 性有好利惡害者, 兩儀也. … 性, 氣也, 一而已矣(같은 책,『周易象義占法』, 533쪽). 이밖에도 본성이 好利惡害라는 관점이 여기저기 보인다. 가령 "性者, 好利惡害, 是也(같은 책,『中庸訓義』, 11쪽)."와 "聖人之道無他, 曰人性之好利, 而利之耳(같은 책,『論語』, 38쪽)." 등이 그것이다.

하며, 기가 인간 본성의 궁극적인 근거가 된다. 여기서 인간의 본성에 '이익을 좋아하고 손해를 싫어하는 것이 있다'고 규정한 것은 지금까지 적어도 조선 유학의 흐름에서 볼 때 코페르니쿠스적 전환이다. 이런 본성의 규정은 인간의 생물적 본능이며, 더 확장해보면 모든 생물이 갖는 본능이다. 그래서 그만큼 보편적이어서 그는 "천명지성은 하늘로부터 받아 만물이 모두 같고 증감시키거나 바꿀 수 없고, 따를 수는 있어도 배양할 수는 없다."라고 했는지 모른다.

이 점은 공자가 "군자는 의에 밝고, 소인은 이익에 밝다."고 하고, 맹자가 양혜왕에게 "왕께서는 하필 이익을 말씀하십니까? 또한 인의가 있을 뿐입니다."라고 말한 이후로, 유학은 적어도 이익을 높이는 일을 금기로 여긴 것은 물론, 순자의 성론마저도 유학의 정통으로 인정하지 않았다. 겉으로 드러난 논리에서만 볼 때는 이런 주장이 유학의 이단으로 보일 수밖에 없다.

게다가 더욱 납득하기 어려운 점은 이렇게 이익을 추구하고 손해를 멀리하는 것과 복을 좋아하고 화를 싫어하는 본성이 선하다[78]고 보는 점이다. 이런 생물의 본능을 본성으로 인정한 순자도 그것을 악하다고 보았는데, 이것을 선으로 규정한다는 것은 조선 후기 유학의 전통에서 볼 때 매우 위험한 입론이다. 다만 유학에서 본성이 선하다는 관점을 맹자 이후로 줄곧 따라왔고, 그 때문에 심대윤도 경학의 입장에서 맹자의 주장을 위반할 수 없어서 본성이 선하다고 여겼지만, 이는 단순히 성현의 주장을 따르기 위한 것일까?

---

78) 人心之性, 則善而已矣. 夫好成而惡敗, 好利而惡害, 好福而惡禍, 此之謂善也 (같은 책, 『論語』, 44쪽). ; 心本有善而無惡, 以其暗而不能照, 知有所不及. 故 爲惡也(같은 책, 1, 『福利全書』, 134쪽).

본성이 선하든 말든 그 본성을 따를 수밖에 없다는 점은 논리적으로 하자가 없다. 다만 그런 생물의 본능을 본성으로 인정함으로써, 어떤 논리를 가지고 사회적 정당성과 보편타당성을 입증하는지가 문제이다. 다시 말하면 개인의 사적 이익만이 아니라 공공의 이익 더 나아가 모든 사람과 만물의 이익까지 고려해야 한다.

　사실 그도 사적인 이익의 위험성을 인지하고 있었다. 곧 이익의 특성이라는 것이 사사롭게 하면 사특한 것과 욕심이 되지만, 공평하게 하면 인이 되고 의가 되며, 독점하면 이롭지 않으나 함께 누리면 참으로 이로운 것이어서, 이익은 인간이 살아가는 이유도 되지만 망하는 원인도 되는 것[79]으로 인식하였다.

　우리는 바로 이 대목에서 앞서 그가 그토록 충서를 인식의 논리이자 실천적 논리로서 주장했던 까닭을 이제야 완벽하게 이해할 수 있다. 이익을 좋아하고 손해를 싫어하는 자신의 마음이자 본성을 미루어 나뿐만 아니라 남도 이롭게 적용하는 것 그것이 충서의 논리였다! 충의 개념에서 '자기가 원하는 것을 미루어 남에게 베푸는 것'의 대상은 이익이고, 서의 개념에서 '자기가 바라지 않는 것을 남에게 전가하지 않는 것'의 대상은 손해였다!

　이제 이러한 충서는 격물이라는 인식 방법을 공유하면서 실천으로 전환된다. 곧 앎과 행위가 분리되지 않는 합일로서 드러나는 실천 논리였다! 더 나아가 남의 선한 행위를 보고 미루어 자신이 실천하고, 남의 불선을 보고 돌이켜 자신의 불선을 제거하는 것도 충서[80]라고

---

79) 利之爲物, 私之, 則爲邪爲慾, 公之, 則爲仁爲義, 專利, 則不利, 同利, 則乃利. 利者, 人之所以生, 而亦所以亡也(같은 책, 『周易象義占法』, 516쪽).

한다. 여기서 충서를 추기급인推己及人에서 추인급기推人及己 또는 이아관물以我觀物에서 이물관아以物觀我로 전환하여, 앞에서 지적했던 인식의 주관적 한계를 극복 가능한 보편성을 지향한다. 이처럼 충서는 인의 일이며 덕을 이루어 가는 일이다. 더구나 이익을 좋아하고 손해를 싫어하는 것은 모든 생물에게 보편적이지 않은가?

이제 그는 이 충서의 도를 가지고 실천적 선악 개념을 다시 정의한다. 곧 인간의 본성은 이익을 좋아하고 손해를 싫어하는데, 자기와 남을 이롭게 하면 선이고, 자기와 남을 해롭게 하면 악이라고 하여, 선이 이익이고 악이 손해라 한다. 여기서 더 나아가 자기를 이롭게 하면 남 또한 이롭고, 남을 해롭게 하면 자기 또한 해로우니 피차에 이해의 구분이 없다고 한다. 이것은 마치 모래땅에 서로 가까이 있는 두 우물에 물을 대는 것과 같아서 한쪽에 물을 부으면 양쪽이 차고, 한쪽의 물을 빼면 양쪽이 마르는 것과 똑같아 나와 남이 서로 필요로 하여 한 몸처럼 살아가는 것[81]이라고 여겼다.

사실 결과만 놓고 볼 때 악이 생길 수 있는 근원은 인간의 욕망 때문이다. 욕망 자체는 악이 아니지만, 그 욕망을 어떻게 처리하느냐에 따라 인간 행위가 이처럼 선도되고 악도 된다[82]고 한다. 따라서 욕망은 본성과 분리되지 않지만 그 실현의 결과에 따라, 다시 말하면

---

80) 見人之善, 推以行之于身, 見不善, 反以去之于身, 亦忠恕之道也(같은 책,『論語』, 45쪽).

81) 人性好利而惡害, 利己與物曰善, 害己與物曰惡, 善, 利也, 惡, 害也. 利己而物亦利, 害物而己亦害, 利害之無分於彼此也. 亦猶注水於兩沙井, 一注而兩滿, 一決而兩竭, 我與人, 相須以生猶一體也(같은 책, 48쪽).

82) 天命同賦性同, 而善惡異途者, 以有欲故也. 以有欲故, 可以爲善, 可以爲惡 (같은 책, 1,『福利全書』, 134쪽).

악이 미리 규정된 것이 아니라 인간 행위의 결과에 따라 주어진다. 이익을 추구하고 손해를 싫어하는 선한 본성이 굳이 사적인 것을 배제하지는 않더라도, 타인의 그것도 배려해야 선이 된다는 관점은 인간의 욕망을 긍정하면서도 사적인 남용을 경계하고 있다.

이제 사적인 욕망은 충서를 통해 다수의 욕망 실현으로 전환되고 있다. 바로 이 충서의 도가 욕망과 관련된 본성을 정당화하면서도 그것을 보편타당하게 발휘할 방법이자 실천 논리였다! 이것은 각자의 금욕이나 희생을 강요하는 논리가 결코 아니다. 인류가 상호 이익의 관점에서 누리는 상생의 방법이다. 그는 여기서 의 곧 사회적 정의가 무엇인지 다시 밝힌다. 자기에게 치우쳐 이롭게 하면 사적인 이익이지만, 남과 함께 이롭게 하면 의라고 주장한다. 그래서 소인은 이익만 알고 의를 모르지만, 군자는 이익을 알고 의를 취한다고 한다. 그 때문에 군자가 이익과 손해를 모른다고 말하면 거짓이요 성실한 것이 아니어서, 그 말은 천리와 인정이 없어야 가능한 일이라고 말한다.[83] 그에게는 여인동리與人同利 이것이 진정한 이익이었다. 사상사적으로 맹자의 여민동락與民同樂의 정신을 이렇게 충서에 적용했다.

이런 주장은 그가 재야학자로서 생계를 위해 상품 제작과 상업 활동에 직접 참여함으로써 사색한 결과로 보이며, 인간의 욕망을 억제하며 도덕을 강조하는 전근대적 유학에서 이윤 추구를 통해 욕망을 긍정하며 공리를 강조하는 근대전환기의 유학으로 재해석한 것이다. 이런 관점을 확대한다면 서양에서 막스 베버Max Weber(1864~1920)가 프

---

83) 利己曰, 利與, 人同利曰義. 小人知利, 而不知義, 君子知利, 而取義. … 若曰君子不知利害, 是僞也, 非誠也, 無天理人情而後, 可也(같은 책, 2, 『論語』, 45쪽).

로테스탄트의 윤리로서 자본주의를 합리화하기 이전에 벌써 유교적 자본주의의 이윤 추구를 도덕적으로 정당화할 수 있는 이론적 근거가 될 수 있다. 동시에 주희성리학이 이론적 토대가 되었던 전통의 조선 사회 체제를 새롭게 변혁해야 할 이론적·철학적 근거 가운데 하나가 되었다.

이제 그는 주희성리학처럼 인간의 본성에 형이상의 리로서 갖추어진 당연지칙을 설정하지 않고서도, 기철학 체계 안에서 보편타당한 선을 지향할 수 있는 논리를 구축해내었다. 문제는 누구나 자신에게 닥치는 이익을 추구하고 손해를 피하려고 하지만, 충서의 논리를 발휘하여 과연 남의 이익도 고려하고 남이 손해를 보지 않게 할 것이냐는 점이다. 다시 말하면 그의 철학 체계 안에서 이성적 행위를 보장하기 힘든 보통 사람들의 보편타당한 도덕 행위의 실천을 어떻게 담보할 수 있느냐가 문제이다. 인식 논리로서 충서는 가능할지 몰라도 실천 논리로서 충서의 발휘는 현실적이지 않아 보인다.

여기서 보통 사람들, 곧 당시의 백성이 충서를 실천하도록 어떻게 설득할 수 있었을까? 그는 이 문제를 상당히 고민했던 것 같다. 사적인 이익을 어떻게 공적인 것으로 바꾸게 하느냐가 그것인데, 그 자신도 가난한 사대부로서 평민처럼 장사하고 물건을 만들면서 이 점을 깊이 생각했던 것 같다. 바로 그 고심 끝에 저술한 책이 『복리전서』로 보인다.

이 책의 저술 배경은 천주교 박해 사건과 관련이 있다. 삼대 이후 예학이 폐지되고 교화가 쇠퇴하였는데도 당시의 학문은 실리實理를 버리고 허황한 것을 숭상했으므로, 당시의 풍속이 날로 피폐하고 화란이 날로 번성하여 사람의 무리가 장차 없어지고 천지의 도가 장차

폐해질까 걱정하여 천하 만세의 백성들이 모두 그 복리를 누리고 재앙을 면케 하고자 저술하였다고 밝히고 있다.[84]

여기서 그는 천주교 박해 사건에서 그 신도들을 죽여도 그들이 믿음을 그만두지 않았다는 데서 모종의 충격을 받은 것 같다.[85] 왜 죽음 앞에서도 의연히 자신들의 종교를 배반하지 않는지 그 원인이 어디에 있는지 찾았던 것으로 보인다. 이것은 그가 그리스도교의 화복설을 비판하는 말을 통하여 간접적으로 확인할 수 있다. 곧 선을 행하는 자는 죽어서 천당에 올라가고 악을 행한 자는 지옥에 들어가는데, 그리스도교는 그런 화를 주고 복을 주는 천주의 권한을 가지고 유혹하면서 위협하니, 어리석은 백성들이 그 술법 가운데 빠지면서도 그 설의 그릇됨을 깨닫지 못한다[86]고 지적한 말이 그것이다.

이렇듯 그리스도교의 화복설이 사후에까지 관계되니 백성들이 크게 믿어 그 영향이 점차 커짐을 우려하였다. 그는 인간의 육체에 하느님이 영혼을 부여해준 것과 또 그것이 불멸한다는 설을 비판하면서도,[87] 화복설이 실제로 사람의 마음을 움직이는 큰 위력으로 작용했음을 인지했다고 하겠다. 사실 이 점은 오늘날에도 우리나라에 그리스도교를 비롯한 각종 종교가 번성한 이유가 되기도 하는데, 심대윤의 우려는 실로 날카로운 면이 있다고 하겠다.

---

84) 같은 책, 1, 『福利全書』, 131쪽 참조.
85) 近有一種怪說, 號爲天主學, 重信而樂死. 雖斬殺而不可禁, 予懼斯民之無類 (같은 책, 2, 『周易象義占法』, 596쪽).
86) 曰爲善者, 登于天堂, 爲惡者, 入于地獄, 把持禍福之權, 而誘脅之, 愚民陷於術中, 而不悟其說, 可一言而破也(같은 책, 1, 『福利全書』, 144쪽).
87) 같은 책, 143~144쪽 참조.

바로 이 지점에서 당시 천주교인들이 죽음까지도 두려워하지 않은 종교적 실천력이 어디서 왔는지 따져 보았을 것이고, 그것이 다름이 아닌 화복설에 있다는 것을 통찰했다고 본다. 그래서 그리스도교를 대체하는 유가적인 복음서가 필요했던 것이고, 그것이 바로 『복리전서』였다.[88]

이것은 그가 주장하는 논리의 실천 중심에 복리사상을 놓은 이유 가운데 하나이기도 하다. 사람이 본능적으로 복리를 추구하는 것도 사실이지만, 공리公利나 여인동리與人同利를 위해서도 이렇게 화복설로서 그 현실의 실천력을 확보할 필요가 있었다. 이 점은 또한 그리스도교에 대응하면서 유가적 복리로 백성들의 마음을 돌리려는 의도와 맞닿아 있다.

그러면 어떻게 그리스도교처럼 죽음도 불사하면서 실천 논리로서 충서를 발휘할 것인가? 그렇게 하려면 누구나 착한 일을 했을 때 하늘로부터 복리를 받는다는 믿음이 있어야 가능한 일이다. 또 그렇다면 어떤 논리로서 백성들이 그 믿음을 갖게 할 것인가?

쉽게 말하면 백성들의 경우 선을 행하면 살아서도 복을 받고 죽어서도 안락하게 된다는 믿음이 있어야 충서를 실천하게 된다. 당시 민중들에게는 내세의 문제도 중요하지만, 심대윤 자신이 직접 체험한 것처럼 백성들에겐 현세의 고달픈 삶에서 구원해 줄 복음이 더 필요했다.

그래서 이 문제도 보통의 종교처럼 인간이 살아 있을 때와 사후의 문제로 나누어 살펴보아야 할 것 같다. 우선 생전에 사람이 선한 행위를 하면 어떤 방식을 통하여 복을 받을 수 있을까? 그리스도교에서는

---

88) 장병한, 2008, 「심대윤의 『복리전서』 일고」, 『양명학』 20, 한국양명학회, 273쪽.

전지전능한 인격적인 하느님이 매사를 그렇게 주관한다고 가르쳤고 심대윤 자신도 그것을 알고 있었다. 그는 어떤 방식으로 이 문제에 대응했을까? 그리스도교의 그것을 모방했을까? 아니면 기 철학의 논리를 위반하지 않고 일관되게 설명했을까?

앞서 살펴보았듯이 그에게는 존재의 근거가 기이지 어떤 초월적인 인격신이 없고 따라서 창조설을 두지 않았다. 또 태극의 기에는 어떤 인격적인 의지가 없고, 인격적 의지를 가질 수 있는 신神의 발생은 몇 가지 단계를 거쳐야 가능하다. 비록 그러하나 기 운동의 전개 과정에서 신의 발생이 부정되지 않음에 주의해 볼 필요가 있다.

사실 그는 이 신을 오로지 인간의 정신 작용에만 해당시키지 않았다. 이러한 신을 사물에 확대하여 하늘과 땅과 별과 산천과 강과 바다에 신이 있다고 하였고, 흙과 돌과 풀과 나무에도 영靈이 있다고 보았는데, 이것들은 동물의 혈육에는 섞이지 않고 영명하고 변화가 더할 나위 없고 유구하고 불멸해서 조화造化의 주인이 되어 화복을 주는 일을 행한다고 한다.[89] 바로 이 천지 만물의 신이란 전통의 천지신명으로 보이며, 이 조화의 주인이 되어 화복을 주는 일을 행한다고 한다.

그렇다면 이러한 신이 창조주로서 최초의 존재는 아니라고 할지라도, 그리스도교의 하느님처럼 전지전능하게 인간의 행위에 따라 매사의 화복을 직접 내린다는 것인가? 그렇다면 그 경우 그리스도교의 아류가 아닌가? 심대윤 또한 그렇게 될 가능성을 모르지 않았기 때문에 그런 길을 택하지 않았다. 그는 천도는 사람의 선악에 따라 재상災祥

---

89) 於是乎有天地日月星辰山川江海之神, 土石草木之靈, 是不雜於血肉之形氣者, 而靈明變化無上而悠久不滅, 爲造化之主, 而行禍福之政焉(沈大允, 앞의 책, 1, 『福利全書』, 131쪽).

을 내린다는 전통의 관념을 충실히 따랐지만, 하늘에 어떤 마음이 있어서 그런 것은 아니라고 하여,[90] 어떤 인격적인 주체의 의지가 있어서 그런 것은 아니라고 못 박는다.

이것을 해결하는 방법이 그의 기 철학적인 해법으로 보인다. 그는 유학자로서 그런 인격적 신을 둔 종교적인 길을 택한 것 같지는 않다.

> 천도에 화복을 내리는 것이 있어서 선한 사람에게 복을 주고, 도리에 어긋난 사람에게 화를 내리는 것은 하늘에 마음이 있어서 그렇게 하는 것이 아니고, 또 하늘이 사람들의 행위를 일일이 살펴서 그 공과 죄를 논하여 상벌을 논하는 것이 아니다.[91]

이것은 분명히 그리스도교를 의식해서 한 말로서, 하늘에 그런 인격적인 전지전능한 신이 있어서 화복을 내리는 것이 아니라고 못 박는다. 그렇다면 그 대안은 무엇인가? 그는 그것이 사람들이 선이나 악을 행하면, 길하거나 상스럽거나 재앙을 주거나 해치는 기를 감응시켜 화복을 불러일으키는 것이라고 한다. 그것은 하늘이 원래 같은 부류에 응하기 때문에 선악에 따라 경사가 되거나 재앙이 되는데, 이때 기가 서로 감응하는 것은 아무리 멀어도 이르고 아무리 숨어 있어도 통하여, 마치 메아리가 소리에 응하고 그림자가 물체를 따르는 것과 같다고 한다.[92]

---

90) 天道, 必隨人之善惡, 而降災祥. 詩云, 永言配命自求多福, 能自利者, 天不得不應之以福, 務自害者, 天不得不應之以禍, 福非天之有心也(같은 책, 2, 『中庸訓義』, 18쪽).

91) 天道有禍福, 福善而禍淫, 非天之有心而爲之也, 非天之歷察乎人物, 而論其功罪而賞罰之也(같은 책, 1, 『福利全書』, 133쪽).

이렇게 같은 부류의 기가 응하는 것은 기의 본성이라 보고, 이른바 전통의 동기상응同氣相應 또는 동기상감同氣相感, 더 나아가 동지상신同志相信과 동류상종同類相從의 논리를 이용하였다. 가령 호박琥珀이 티끌을 잡아당기고 자석이 쇳조각을 끌어당기며 물은 축축한 데로 흐르고 불은 건조한 것에 붙는다는 사례가 그것이다. 덧붙여 한 대의 동중서가 대략 그 이치를 알았다고 평가하여, 그의 천인감응의 논리가 자신의 이론과 상관이 있다는 점을 애써 부인하지는 않았다.[93]

이렇듯 화복은 스스로 초래하는 것이라는 전통의 관념을 기철학적으로 설명한 것으로 보인다. 물리적인 자연 현상과 인간의 도덕과 관련된 행위의 결과를 과연 같은 범주 속에서 설명해도 되는지는 차치하고서라도, 화복의 근거를 기의 철학으로 설명하려는 노력은 그리스도교의 그것과 차별화된 합리성을 유지하기 위한 전략이었을지도 모른다.

이런 방식은 어쩌면 도덕의 실천력을 인간의 이익에 호소하는 것처럼 보이지만, 그 이익이 공리와 결부되기 때문에 나름의 타당성을 갖는다. 이런 태도는 당시 주희성리학이 지나치게 천리를 보존하고 인욕을 막는다는 이념을 앞세워 인간의 욕망을 억제하는 데 대한 반발, 그리고 당시 천주교가 오늘날의 일부 교파처럼 지나치게 개인의 영혼 구원이나 기복신앙에 치중해 있다고 인식한 결과도 한몫했을 것이다. 이로써 보통 사람들이 현실에서 선을 실천할 동기의 이론적 근거를

---

92) 人物之爲善爲惡, 感召吉祥災沴之氣. 而天以類應之, 爲慶爲殃, 氣之相感應, 無遠不至, 無隱不澈, 如響之應聲, 如影之隨物(같은 책).
93) 같은 책, 133~134쪽 참조.

확보한 셈이다. 그러나 엄밀히 말하면, 이는 민중들의 실천력 확보를 위한 현실적 방편이었다.

그런데 또 한편 백성들이 선을 행하는 동기 가운데는 현세의 이익과 행복만이 아니라 죽은 뒤에 복락을 누릴 수 있다는 믿음 또한 부정할 수 없다. 천주교 박해 사건을 보면서 죽음을 무릅쓰고 순교한 신자들의 태도에서 그런 점을 확인했을 것이다. 당연히 심대윤으로서는 인간 사후의 문제를 가지고 실생활에서 충서를 실천할 수 있는 동기를 확보하려고 했을 것이다.

그 맥락에서 먼저 그의 생사관을 살펴보자. 그는 전통적 입장을 이어 사람이 죽으면 신체는 지각이 없으므로 흙으로 돌아가지만, 혼백은 지각이 있다고 하여 사당을 두어 제사를 지낸다고 한다.[94] 이때의 혼백은 어떤 것일까? 그는 귀신이 사람의 기라고 말하고 또 귀신에는 비록 하늘의 귀신과 사람의 귀신이라는 같은 이름을 쓰지만 모두 화복을 주관한다고 하는데,[95] 이로써 보면 사람의 혼백도 귀신이 된다. 그 귀신도 굶주리면 정精이 소멸한다고 보아,[96] 제사를 폐지하면 불효가 되는 까닭이 바로 여기에 있다고 한다.[97] 따라서 귀신이 서학의 비물질적인 영혼과 같은 것이 아님을 알겠다.

그리고 사람이 죽어서 된 귀신은 앞서 화복을 주관한다는 천지의

---

94) 人死則身體無知, 故歸之於土, 而有葬埋之禮. 魂魄有知, 故奉之於廟, 而有祭祀之節(같은 책, 143쪽).
95) 天之鬼神與人之精魄, 同名鬼神, 而同主禍福也(같은 책, 2, 『中庸訓義』, 17쪽).
96) 人物鬼神賴以養, 人物餒則形死, 鬼神賴則精消(같은 책, 1, 『福利全書』, 143쪽).
97) 廢享者, 有罪, 神依於民而得食, 廢享則神無依歸. 故有罪也. 易云致孝享也, 不孝於父母之鬼神, 其爲不孝一也(같은 책).

신과는 다르다. 천지의 신은 육체의 형기 속에 섞이지 않기 때문에 기를 필요가 없다고 한다.[98] 하지만 사람이 죽은 귀신도 화복을 주관한다. 사람은 천지의 빼어난 기를 받았기 때문에 살아서는 천지의 조화를 써서 이해利害에 관련된 일을 행하지만, 죽으면 천지의 신령을 도와 화복의 일을 행한다고 한다. 귀신이 일할 때는 기를 따라 행하는데, 길한 신은 길한 기를 따르고 흉한 신은 요사스러운 기를 따르니, 기가 감응하는 것에 귀신도 따라서 감응한다고 한다.[99]

이 점은 매우 중요하다. 가령 반세기 후에 강일순이 자신이 천주임을 자임했음에도 천지공사를 할 때는 언제나 기운 곧 기를 쓴 것과 같이, 어떤 물리적 일을 하려면 반드시 기를 가지고 해야 한다. 그리스도교의 경우는 대체로 그런 과정이 없고 하느님의 말씀으로 이루어지는 경우가 대부분이다. 창세기의 천지창조의 과정으로 보면 금방 알 수 있다. 그러니까 기를 따라 화복이 나누어진다.

그렇다면 도대체 이런 사후의 귀신과 생전에 충서를 통한 도덕 실천은 무슨 관계가 있을까? 그리스도교에서는 사람이 죽으면 천당이나 지옥에 간다고 가르쳤는데, 앞서 보았듯이 심대윤은 사람이 죽으면 육체는 흙이 되나 혼백은 살아남고 지각이 있다고 한다. 그러나이 또한 제사를 통해 정精을 보충하지 못하면 시간이 걸리더라도 사라지고 만다고 하므로, 여기서도 우리는 사람이 착하게 살아야 하는 이유를 미루어 짐작할 수 있다. 그래야 후손이나 후인들이 제사를 지

---

98) 若夫天地之神, 不雜於血肉形氣者, 亦不須養也(같은 책).

99) 鬼神, 禍福之主也. … 人者, 天地之秀氣也. 生則用天地之造化, 而行利害之事, 死則佐天地之神靈, 而行禍福之事. 鬼神隨氣而行, 吉神隨吉氣, 凶神隨沴氣, 氣之所感應, 鬼神亦隨而感應(같은 책).

내주기 때문이다.

여기서 더 나아가 심대윤은 인간 사후의 문제를 좀 더 구체적으로 진술한다. 곧 선을 행한 자는 길한 신이 되어 안락을 누리지만, 악을 행한 자는 사나운 귀신이 되어 고초를 당한다고 한다.[100] 현세에는 자신의 행위에 따른 선악과 길흉을 주체적으로 바꿀 수는 있지만, 귀신은 생전의 행위에 따라 형성된 것이어서 한 번 성립된 후에는 변화시킬 수 없다고 한다.[101] 그러니까 살았을 때 선하게 살아야 한다는 주장이다.

자, 이러한 해법은 그리스도교의 그것과 달리 전통의 유교에서 말한 것과 관습을 좀 더 심화시킨 것이지만, 백성들에게는 어느 정도 설득력이 있어 보인다. 특히 이 해법이 서학처럼 이질적이지도 않고 유학에서 벗어나지 않으며, 또 당시 백성들의 상식을 수용하여 기 철학의 논리로 구성하였다.

이런 생전과 사후의 복리 관점에 근거하여 귀신설로서 윤리적 실천의 동기를 확보하는 것은 보통의 유학자들이 취하는 방식과 완전히 다르며, 귀신에 대한 구체적 역할과 사후 세계에 대한 언급은 도학자들로부터 천당지옥설과 별 차이 없는 비합리적 처방이라는 비판을 받을 소지가 전혀 없는 것은 아니다. 그래도 그의 『복리전서』가 어리석은 백성들을 사설로부터 보호하기 위한 입장에서 서술되었다는 점을 고려한다면, 이런 식의 대응 방식은 충분히 납득할 수 있다. 그에게 있어서 귀신이나 신은 정약용의 상제처럼 윤리적 실천 동기를 담보할

---

100) 爲善者, 爲吉神而享安樂, 爲惡者, 爲厲鬼而受苦楚(같은 책, 142쪽).
101) 같은 책, 143쪽 참조.

일종의 요청되는 신으로 봐야 한다.

사실 그의 이론에서 더욱 근원적인 문제는 인간사의 미묘한 갈등에 따른 인간 행위의 선악을 과연 명확하게 판단할 수 있느냐이다. 선악이란 판단자의 관점에 따라 매겨질 소지가 크기 때문이다. 특히 한정된 재화를 두고 형편과 욕망이 엇비슷하게 대립할 때 누구의 손을 들어주어야 할지 난감하다. 그 때문에 그것을 공평하게 해결할 수 있는 신(귀신)이 요청되었는지도 모른다.

이해에 대한 사상의 추세는 놀랍게도 심대윤 사후 채 반세기가 되기 전에 신채호申采浩(1880~1936)의 논설에서 재현되고 있다.

천하의 일이 이해만 있고 시비는 없나니 시비를 논란하는 자는 실정을 모르는 속된 유학자의 일이다. 어찌해서 그렇다고 여기는가? 대개 인류는 생존하는 이외에 다른 목적이 없는 것이라, 생존에 부합하는 것을 이익이라 하며 생존에 반대되는 것을 손해라 하여 이해라는 기준으로 온갖 논설이 생기니 인류에게 이로운 것을 선이라 하며 해로운 것은 악이라 하며, 이로운 것은 바르다 하며 해로운 것은 그릇되다 하며, 복혜안영福慧安榮으로 우리에게 이익을 주신 이는 우리가 이를 성인이라 높이며 화패흉얼禍敗凶孽로 우리에게 해를 끼친 이는 우리가 이를 소인이라 이름하며 … 윤리·도덕·종교·정치·풍속·습관 모든 것이 모두 이해 두 글자 밑에서 비평을 하는 것이라. 시비가 어디 있는가! 시비가 어디 있는가! 시비가 어디 있는가! 만일 시비가 있다 하면 이해의 다른 이름일 뿐이니라. 이해에 매양 모순이 있는 고로 시비도 매양 모순이 있다. … 무릇 나라의 원수가 된 이상에는 비록 공자·예수라도 이를 성인으로 보지 않고 흉한 도적으로 보며, 천신으로 알지 말고 악마로 알며 저들과 우리가 같이 서지 않으리라는 혈분血憤을 가져야 원수를 갚을 날이 있거니와, 이제 망국의 말일을 대한 인사에게는 이런 언설이 없을 뿐

아니라 곧 이런 심리까지 없다. 만일 있다 하면 안응칠安應七 하나뿐이었다.[102]

옳고 그름의 선악보다 이해가 있다는 말은 바로 이해가 인간의 본성과 관계된다는 심대윤의 말과 거의 같다. 그는 인류에게 이로운 것이 선이고 해로운 것이 악이라 하였는데, 이것은 심대윤이 충서를 통해 보편적 선악으로 지향하고자 했던 점이다. 개인의 이해에만 충실하면 소인이 될 뿐이며 우리가 성인이라 칭하는 것도 인류의 이익을 위해 가르침을 펼쳤다는 관점도 정확히 일치한다. 다만 보편적 이해로 나아가는 논리는 이 글에서 밝히지 않았는데, 그 점은 나라가 망하는 절체절명의 위기 속에서 나라와 민족의 이해를 당연한 것으로 고려해 심대윤처럼 철학적으로 천착하지 않았기 때문이다. 여기서 눈여겨보아야 할 점은 윤리·도덕·종교·정치·풍속·습관 모든 것이 모두 이해 두 글자와 관련된다는 점인데, 이는 마르크스가 인간의 모든 제도도 따지고 보면 경제적 이해관계서 비롯한다고 여기는 점과 유사하다. 또 '시비가 어디 있느냐'라고 강조한 것은 기존 유학의 전통에 대한 반감이다!

신채호의 이런 생각은 근대전환기 망국의 위기에서 나오고, 심대윤은 천주교로부터 백성들을 보호하기 위하여 거기에 대응하면서, 동시에 허학이라 여기던 주희성리학을 극복하는 과정에서 원시유학을 재해석한 주장이어서, 둘 다 본질적으로 시대의 문제를 고민한 데서 나왔다고 하겠다. 신채호처럼 심대윤도 성인의 도가 인류와 만물을 이

---

102) 申采浩, 1995, 『丹齋申采浩全集』 改訂版 下, 「利害」, 丹齋申采浩記念事業會, 145~149쪽. 應七은 안중근의 아명 또는 자.

롭게 하는 것이라 보았으며, 그의 철학의 중심에는 언제나 복리를 두었다. 그런 과정에서 주희성리학을 극복할 철학적 대안이 기의 철학이었다.

정리하면 심대윤은 태극을 기로 규정하고 모든 만물은 기의 운동 원리인 상배와 상합을 통하여 분화되어 갔으며, 격물치지를 점진적인 경험을 통하여 추론해가는 방식으로 해석해 충서와 동일시하였다. 이 충서는 인식 논리이자 동시에 실천 논리로서 앎과 실천이 분리되지 않은 양명학의 지행합일에 닿아있다. 그는 이익을 좋아하고 손해를 싫어하는 각자의 본성이 충서의 도를 통해 공리公利로 발휘되는 방식으로서 여인동리與人同利를 주장하였고, 그 실천의 동기를 확보하기 위하여 전통적인 화복설과 기의 동기감응설을 활용하였다.

이것은 주희성리학과 서학을 동시에 비판하면서 극복하려는 노력으로서, 기의 철학을 통해 경전을 재해석하여 시대 문제를 해결하기 위한 것으로 보인다. 주희성리학의 최고 범주인 리를 대신할 범주는 기밖에 없고, 서학에서 말하는 천주의 역할을 대신할 것도 기의 신이기 때문이다. 그것의 핵심이자 근원적 존재가 태극으로서 양기였으니, 그만큼 독창성을 강하게 풍기고 있다.

그러나 심대윤의 기의 철학은 서학 특히 서양 과학과는 일정한 거리가 있고, 우주와 만물의 발생 과정에 대한 그의 논리는 검증하기 힘들다. 그것은 그의 학문이 진리라고 믿고 있었던 텍스트로서 경전을 탐구하는 경학의 토대 위에서 자연 탐구보다 사회적 실천을 위해 구축된 것이기 때문이다. 다만 근대전환기의 시대적 문제를 전통의 경전 해석을 통해 새로운 유학으로서 대응하고자 하였다. 이 과정에서 원시유학의 정신을 재해석하여 주희성리학을 극복하면서 근대전환기의 우리철학으로 특성화시켰다.

3) 최한기의 신기와 운화

(1) 유형지리와 유형지신

혜강惠岡 최한기崔漢綺(1803~1877)도 앞의 이규경과 심대윤처럼 재야 학자로서 평생 학문만 탐구하다가 생을 마감하였다. 그가 교유한 사람은 이규경과 「대동여지도」를 만든 김정호金正浩(?~?)를 포함한 극소수 인사였다.

최한기도 심대윤처럼 애초에 우리 학계에 잘 알려지지 않은 인물로서, 그간 한두 명의 연구자들의 주목을 받아오다가 1980년대 이후부터 본격적으로 연구되었고, 조선 후기 기철학자의 대명사로 알려져 있다. 그가 말한 기에는 인간의 정신 현상에서부터 물질·에너지·힘 등에 이르기까지 대단히 폭이 넓어서, 그 기의 개념을 현대적 의미로 꽉 꼬집어 일률적으로 말하기는 어렵다. 특히 서양 과학의 영향으로 기가 형질을 지녔다고 확신하여 물질에 근접하고 있는데 그 모델이 공기였다.

이와 같은 맥락에서만 본다면 적어도 그의 기는 근대 과학 또는 유물론의 물질 개념에 근접한다. 기가 모든 존재하는 것들의 근원이며 인간의 정신에 앞서 존재하고 세계의 운동을 일으키는 실체라는 점에서 그렇다. 먼저 기는 어떻게 운동하는지 살펴보자.

> 기는 활동운화의 본성과 한열건습의 정을 가지고 풀무질하고 오르내리며 만물을 만든다.[103]

그는 전통의 기 개념을 계승하면서도[104] 이렇게 또 성정 개념을 가지고 기의 '활동운화'와 '한열건습'을 제시하여, 서경덕의 '기틀이 스스로 그러하다'는 다소 추상적 개념인 '기자이機自爾'로부터 한 걸음 더 구체적인 개념으로 나아갔다. 이 '활동운화'는 그의 『기학』에서 96번이나 언급할 정도로 중요하게 다룬 자연과 인간을 관통하는 기의 본성으로서, 우주를 최초로 움직이게 한 외부적 신을 전제한 서학이나 형이상의 원리를 전제한 성리학과 달리, 기 자체에 내재하는 운동 개념이다.

　　활동운화는 분야마다 내용이 복잡하고 긴 설명이 필요하므로 일반적인 것만 요약하면, 자연과 인간의 모든 영역에 적용되는 "생기가 항상 운동하되 두루 순환하고 크게 변화하는 것"[105]으로 제시하는데, 이런 기의 본성 개념에는 생명·운동·순환·변화라는 특징을 함유하고 있다. 그의 기학에서 이런 개념을 형성하게 된 직접적 원인 가운데는 전통의 기론은 물론이고 서양 과학의 영향이 큰데, 후자는 지원설과 지구의 공전과 자전 등이 관계된다.[106] 정지가 없이 순환하며 운동

---

103) 氣, 以活動運化之性, 寒熱乾濕之情, 橐籥升降陶鑄萬物(『運化測驗』 卷1, 「氣之數」).

104) 充塞天地, 漬洽物體, 而聚而散者, 不聚不散者, 莫非氣也. 我生之前, 惟有天地之氣, 我生之始, 方有形體之氣, 我沒之後, 還是天地之氣. 天地之氣, 大而長存, 形體之氣, 小而暫滅(『神氣通』 卷1, 「天人之氣」). 기에 대한 더 자세한 기능에 대해서는 같은 책, 「氣之功用」을 참조 바람.

105) 活動運化, 統而觀之, 生氣常動而周運大化也(『氣學』 2-13).

106) 氣學之漸暢, 由於地之球體也運動也生氣也(『運化測驗』 卷1, 「地氣之運」). 또 그의 『氣學』에서 기학이 등장한 배경을 말하는데, 서양의 역법, 지구의 공전과 자전, 여러 기구의 사용, 일상적으로 사용하고 시험한 것 등을 꼽고 있다(『氣學』 2-77. 참조).

하고 변화한다는 우주 천체의 물리적인 모습에서 추론했음을 금방 알 수 있다.

특히 이 활동운화에서 '생기'로 풀이되는 '활活'은 기에 생명성을 전제하는데, 그것은 분명 4원소라는 죽은 질료가 자연을 구성한다고 보는 서학이나 기계론적 근대 과학의 세계관과 다르며 그의 철학을 곧장 유물론으로 규정할 수 없는 이유가 된다. 기는 죽어 있는 물질이 아니라 활동하는 활물로 보는 것은 전통의 계승이다. 뒤에서 설명하겠지만 이 생기는 또 신기로서 아리스토텔레스나 서학의 생혼·각혼·영혼에 대비되는 것이기 때문이다. 따라서 기는 물리적 특성을 가지면서 동시에 생명 또는 정신적 요소를 함유하고 있다. 물론 이 생명성과 정신성을 현대 과학의 물질 개념에서 연역해 낼 수 있는 근거가 있는지, 또 과학적 세계관과 기철학적 세계관이 일치될 수 있는지 더 따져 보아야 할 무거운 주제이다. 본서의 결론 부분에서 더 논의하겠다.

이렇듯 최한기의 기 개념에는 서학의 영향도 들어있다. 기의 정으로 표현된 직접 관찰 가능한 한열건습이라는 성질도 앞 장에서 살펴본 대로 아리스토텔레스가 말한 4원소의 성격을 변용한 것이다. 그것도 터무니없이 서학을 맹목적으로 변용한 것은 아니다. 전통의학의 오기五氣 또는 육기六氣 개념에서 한寒·서暑·조燥·습濕의 네 가지만 취하면 그대로 적용된다. 그의 저작에서 여러 의학 서적을 언급하는 것을 보면 분명히 오기나 육기를 알았을 것이므로, 이것은 전통의 계승과 서학의 변용이 동시에 이루어진 결과로 보인다. 그는 음양과 오행설을 극복한 대신 그 대안으로 기의 이러한 개념을 독창적으로 산출해 내었고, 한열건습은 기의 활동운화라는 본성이 감각적·현상적으로 발현되는 방식 가운데 하나임을 알 수 있다.

기 개념에 이어 그의 리 개념을 살펴보면, 우선 금방 눈에 띄게 자연적 물리와 인간의 가치를 분리하고 있음을 알 수 있다. 그것이 이른바 '자연'과 '당연'의 구분이다.[107] 그가 자연과 당연을 구분한 것은 명말의 여곤呂坤(1536~1618)의 영향을 받았다.[108] 여기서 자연이란 '스스로 그러한 것'이며 당연이란 '마땅히 그래야 하는 것'으로 자연은 유행지리(운화지리), 당연은 추측지리의 영역에 넣는다. 이것은 자연법칙과 인간의 가치 또는 관념이라는 두 가지 리로 나누어 보는 입장이다.

그렇다면 유행리지와 추측지리는 각각 어떤 리인가? 최한기도 앞선 기철학자들처럼 자연 상태의 기의 조리로서 리를 인정한다. 조리이기 때문에 리를 철저하게 기의 리로서 기에 종속시킨다. 이것은 물리적 기의 속성이나 법칙이며 인간의 관념과 무관하다. 이것이 유행지리이다.[109]

반면 인간이 사유하는 능력으로 추론한 원리나 개념을 추측지리라고 부른다. 추측이란 '짐작(guess)'의 뜻이 아니라 최한기가 서학의 영

---

107) 自然者, 天地流行之理也, 當然者, 人心推測之理也. 學者, 以自然爲標準, 以當然爲功夫. 自然者, 屬乎天, 非人力之所能增減. 當然者, 屬乎人, 可將此而做功夫也(『推測錄』卷2, 「自然當然」).

108) 이종란, 『기란무엇인가』, 앞의 책, 186~187쪽 참조.

109) 理是氣之條理, 則有氣必有理, 無氣必無理. 氣動而理亦動, 氣靜而理亦靜. 氣散而理亦散, 氣聚而理亦聚. 理未嘗先於氣, 亦未嘗後於氣, 是乃天地流行之理也. 人心自有推測之能, 而測其已然, 又能測其未然, 是乃人心推測之理也. 流行之理, 天地之道也, 推測之理, 人心之功也. 先以功求道, 次以道驗功(『推測錄』卷2, 「流行理推測理」).

향으로 제시한 추리와 판단 과정으로 구성된 인식 논리이다. 따라서 추측지리란 인간의 사유 작용에 의하여 추론된 관념이나 개념 또는 인도의 영역에 속한 가치나 이념에 해당한다. 그는 이렇게 자연적 사실과 인간의 가치나 관념을 구분하였기 때문에 성리학에서 말하는 리와 태극도 이 추측지리라고 단언하였다.[110]

어떻게 이런 구별이 가능했을까? 이것은 앞서 말한 여곤의 그것과 함께 서학의 영향도 있다. 특히 『천주실의』에서는 성리학의 리나 태극이 만물의 본원이 될 수 없다고 강조하고, 실체(substantia, 自立者)와 속성(accidents, 依賴者)의 범주를 가지고 그것들은 사물의 실체가 아니라 실체가 있어야 존재할 수 있는 종속적인 범주로 본 것과 관련이 있다.[111] 그가 리를 기의 조리라고 한 것은 전통을 따른 것이지만, '조리가 곧 기'[112]라고 재차 강조한 것도 이런 영향으로 보인다.

더구나 성리학에서 리라고 여기던 인의예지도 『천주실의』에서 속성으로 보았고,[113] 더 나아가 그것은 인간이 추론한 뒤에 있게 되는 것[114]이라고 분명히 하였다. 바로 이 관점을 수용하여 최한기도 인의

---

110) 理學之理太極之理, 凡載籍之論理者, 是推測之理也(같은 책, 「推測以流行理爲準」).

111) 若太極者止解之以所謂理, 則不能爲天地萬物之原矣, 蓋理亦依賴之類, 自不能立, 曷立他物哉(利瑪竇, 『天主實義』 上卷, 「第二篇」). ; 이종란, 2016, 「기독교철학에 대한 최한기의 비판적 수용」, 『인문학연구』 제52집, 조선대학교 인문학연구원, 187쪽 참조. 여기서 마테오 리치의 의도적 아니면 무지에 따른 왜곡이 들어있다. 성리학의 태극과 리는 아리스토텔레스가 형이상학에서 실체로 여기던 형상과 같은 범주에 넣을 수 있기 때문이다.

112) 氣之條理爲理, 條理卽氣也(『氣學』, 1-18).

113) 物之不能立, 而託他體以爲其物, 如五常五色五音五味七情是也. 斯屬依賴之品者(利瑪竇, 『天主實義』 上卷, 「第二篇」).

예지가 추측을 통해 있게 된다[115]고 여겼다. 이렇게 인의예지가 추측을 통해 있게 된다는 점을 활용해 성리학의 리나 태극을 추측지리로 규정한 과정을 이해할 수 있다. 그는 여기서 더 나아가 서학에서 말하지 않았던 사물의 속성과 인간이 추론한 가치를 구분하여 유행지리와 추측지리로 나누었다.[116] 이로써 자연법칙으로서 물리와 인간의 가치나 윤리를 구분하여 리를 규정하였음을 알 수 있다.

그리고 이러한 추측지리를 심리心理 또는 무형지리로 규정하였다. 심리라고 규정한 것은 자연법칙이 아니라 인간이 추론한 관념이나 가치에 해당하는 추측지리를 달리 표현한 말임을 알 수 있는데, 그러한 관념이나 가치를 무형지리라고 보았다. 그래서 성리학에서 말하는 리를 비롯하여 도가(도교)와 불교의 무나 공도 무형에 속하는 것[117]이라 여긴 반면에 자신이 말하는 리를 유형지리[118]라고 표현하였다.

그런데 여기에 논리상 심각한 오류가 하나 발생하는데, '리가 형체를 가지고 있다'는 유형지리라는 표현이 그것이다. 사실 리가 원리든

---

114) 仁義禮智, 在推理之後也(같은 책, 下卷,「第七篇」).
115) 推測之中, 自有生成之仁, 適宜之義, 循序之禮, 勸懲之知, 然操則存捨則亡 (『推測錄』卷3,「仁義禮知」).
116) 이종란,「기독교철학에 대한 최한기의 비판적 수용」, 앞의 글, 188쪽 참조.
117) 老氏之空, 佛氏之無, 皆以無形爲道爲學. 至於心學理學, 俱以無形之理, 潛 究在心之習染, 用功於無形有形之間(『氣學』1-6).
118) 運化之氣, 卽有形之神, 有形之理也. 神理二字有此明證之歸屬, 可以息千古 之紛擾, 罷後世之疑惑. 神與理乃氣化中之事, 當從氣化中區別, 俱有注泊, 簡且易焉. 神旣有形, 所見顯著, 非無形之有疑惑. 理旣有形, 擧而措之, 非無 形之多渾淪(같은 책, 1-17). 이 각주 맨 앞의 '有形之神'과 '有形理'는 '無 形之神'과 '無形之理'에 대비되는 독립된 용어이다. '운화의 기가 형의 신과 형의 리를 가지고 있다.'라고 해석하면 안 된다.

조리든 법칙이든 뭐든 간에 우리의 감각 기관으로 직접 지각할 수 없는 이론적이기 때문에 형체가 없다. 이 용어 자체는 논리상 성립할 수 없다. 이것은 마치 퇴계 이황이 리가 발동한다는 이발이 주희성리학에서 리는 움직이지 않는다는 전제를 위반한 것과 유사하다. 그렇다면 왜 이렇게 논리적 모순을 감수하고 유형지리를 강조하였을까? 그와 함께 또 어째서 조리가 곧 기인가?

사실 이 말은 기와 리를 혼동해서 한 말은 아니다. 최한기에게 전달된 19세기까지의 자연과학은 실험 도구나 기구 또는 천문학적 관찰을 통하여 알게 된 자연법칙이 상당히 포함하고 있었다. 그래서 그의 기 개념에는 서양 과학에서 다루는 물질과 그 운동 개념을 일부 포함하고 있기 때문에 운화기는 이제 무형의 그것이 아니었고, 자연과학에서 파악한 물리는 실험이나 관찰을 통하여 검증할 수 있어서, 이런 물리를 의미하는 리는 더는 무형의 그것이 아니었다. 언제든지 운화기에서 증험하여 확인할 수 있는 자연법칙이었다. 법칙 그 자체는 눈에 보이는 것은 아니지만, 법칙이 적용되는 사례는 눈으로 확인할 수 있었기 때문에 유형지리라고 강조할 수 있었다. 그의 『운화측험』에서 수많은 실험과 기구나 기계의 소개가 그것을 잘 대변하고 있다.

이렇듯 최한기에 이르러서 기 개념은 여전히 전통의 생기·취산·불생불멸과 운동의 자발성 등의 관점을 이어가면서도, 서양 과학의 물질과 그 운동 개념의 일부를 포함하고 있으므로, 리는 형이상의 그것이 아니라 증험할 수 있고 경험적 계기를 통해 확인할 수 있는 자연법칙이었다. 동시에 리는 이렇게 자연법칙과 인간의 관념 또는 가치로 분화되었다.

이제 우리는 매우 중요한 신에 대한 그의 견해를 살펴볼 차례가 되었다. 근대전환기 기의 철학에서 모두 다루고, 또 당시 전파된 그리스도교에서도 다루는 문제이기 때문이다. 사실 신은 기철학자들을 막론하고 동아시아 철학자들이 많이 사용하는 용어 가운데 하나인데, 아주 이른 시기부터 등장한다. 『노자』와 『논어』에 보일 뿐만 아니라 『맹자』와 『순자』를 비롯하여 『예기』와 『주역』, 그리고 여러 의서醫書 등에도 보인다. 종합하면 대략 무형의 신령이나 귀신 또는 인간 사후의 영혼·정신 그리고 신이하거나 신기한 것을 형용한 말로도 쓰인다.

그러다가 송나라 이후 철학자들이 신을 거론할 때는 『주역』의 전통을 따라 기와 관련지어 음양의 헤아릴 수 없는 것, 곧 신묘하거나 신이하여 알기 어려운 것과 때로는 정신의 의미로 받아들였다. 설령 귀신을 거론하더라도 그것은 기의 일이지 기와 무관한 서구식 'ghost'의 의미로 사용하지는 않았다. 따라서 이들에게 신이란 인식론적으로 볼 때 알 수 없거나 알기 힘든 기의 덕이나 공능功能 정도였다.

최한기는 초기 저술부터 신기라는 용어를 사용하였고, 중기 저술에서 잠시 인간의 마음만을 가리켰지만, 말기 저술에는 마음에만 한정하지 않고 다시 자연적인 기에도 신기를 사용하였다. 그는 이 신이 기와 독립된 무엇이 아니라 기의 덕이나 능력으로 말하다가 급기야 무형지신이 아니라 유형지신이라고 주장한다.[119]

그가 유형지신이라 말할 수 있었던 근거는 인류 인식의 진보에 있다. 예전에 알 수 없는 것을 신통·신기·신이하다고 하였지만, 사물을 인식하는 능력이 진보하면 그런 말들이 없어지리라 전망했다.[120] 이

---

119) 같은 책, 서문; 같은 책, 1-17; 같은 책, 1-25; 같은 책, 1-84 참조.
120) 같은 책, 2-91. 참조

또한 유형지리와 같은 선상에서 주장한 말로서, 이제 신이란 알 수 없는 것이 아니라 알 수 있는 것으로 바뀌며, 신이라는 것은 활동운화하는 기의 신령한 것을 강제로 이름 붙인 것이고, 자연·인간·사물에도 모두 신이 있고 그 신은 활동운화하는 기에 드러났으므로 기를 알면 신을 안다[121]고 주장하기에 이른다.

이렇게 유형지리나 유형지신이라는 용어를 쓴 의도는 사실 이전 학문이나 종교를 비판하며 극복하고자 하는 데 있었다.[122] 최한기가 살았던 당대의 학문과 종교의 풍토에서 볼 때 무형지리는 성리학의 리를, 무형지신은 서학에서 말하는 천주 곧 하느님을 대표한다. 특히 무형지신을 무형의 귀신과 같은 의미로 바꾸어 말하기도 하였는데, 그리스도교의 신을 다음과 같이 비판하였다.

> 서양학에서 섬기는 하느님이란 형체가 없고 가장 높은 종동천에 거주하면서 천지 만물을 창조했다고 하여 이 신 밖에 다시 섬길만한 신이 없다고 한다. 천지는 처음과 끝이 있고 하느님은 처음과 끝이 없으며 천지는 형체가 있고 하느님은 형체가 없으니 이것이 현실을 초월한 큰 단서이다. 신이란 운화의 능력을 가리킨 것이므로 운화기가 곧 신이다. 형체가 있는 운화에서 신을 찾지 않고 형체가 없는 운화에서 신을 찾으려는 것은 마치 천지의 운화를 시계에 비

---

121) 活動運化氣之靈, 強名曰神. 天有大氣之神, 人有人氣之神, 物有物氣之神. 神之能事, 已著於活動運化之氣, 知氣則知神, 見氣則見神, 不知氣則不知神 (같은 책, 2-92).

122) 但緣無形鬼神之說其來已久, 凡事兆朕, 皆歸屬於晦昧之鬼神. 無形理之說, 發於中古, 萬端變化, 皆究乎無形之理. 此二說傳習已廣, 染着於天下人之耳目, 增衍之談, 隨代轉深, 辨斥之論, 從近漸熾, 非特俟後世而得正, 實由無證驗之所致(같은 책, 1-25).

유하고 신을 그것을 제작한 사람에게 견주는 것과 같다. 실상이 그러한지 안 한지는 처음 그 설을 만든 사람이 잘못했지만, 정녕 그것을 헐뜯고 비난하는 자 또한 잘못이다. 그것은 우주 밖의 일이라 놓아두고 논하지 않으며, 모르는 것을 모른다고 하는 것이야말로 아는 것이다.[123)

그의 기철학에서 그리스도교 하느님의 위상에 맞먹는 것이 운화기(신기)이다. '하느님이 종동천에 거주한다'라는 말은 『영언여작』 등의 서학서에 등장하는 말로서, 종동천은 아리스토텔레스의 천문학에서 말한 맨 바깥의 하늘 곧 천체의 운동을 주관하는 원동자(Prime Mover)로서 하늘이다. 인용문은 운화기를 벗어난 서학의 창조설과 신의 존재를 비판한 말이다. 특히 시계의 비유를 들어 비판한 것은 마테오 리치가 『천주실의』에서 "무릇 만물은 스스로 이루어질 수 없고, 반드시 외부의 운동인을 기다려 이루어진다. 누대나 집들은 스스로 세워질 수 없으며 언제나 목수의 손에서 완성된다."[124)는 따위의 이른바 하느님의 설계라 일컫는 신학적 견해의 반론에 해당한다. 최한기는 이렇게 서양 과학의 인식론적 진보에 힘입고 전통의 신 개념을 발전시켜 되레 서양

---

123) 西洋學所事之神天, 無形, 居於最上之宗動天, 造天造地造萬物, 此神外更無可事之神. 天地有始終, 神天無始終, 天地有形, 神天無形, 是乃逾越之大端也. 神者, 乃指其運化之能, 故運化之氣卽是神也. 不求神於運化有形之中, 欲求神於運化無形之上, 是猶天地運化譏時辰儀, 以神譏制作之人. 實狀之然不然, 倡始者固非也, 丁寧訾毁者亦非也. 六合之外, 存而不論也, 不知爲不知, 是知也(같은 책, 1-9).

124) 凡物不能自成, 必須外爲者, 以成之. 樓臺房屋不能自起, 恒成於工匠之手(利瑪竇, 『天主實義』上卷, 「第一篇」). 여기서 마테오 리치의 논리적 오류는 자연물도 인공물처럼 인격적인 제작자가 있다고 등치시킨 데 있다.

의 철학·신학을 비판하였다. 재미있는 점은 오늘날 우리가 불필요한 논쟁을 피하는 방식처럼 종교에서 말하는 신의 존재 문제는 그 자체로 놓아두고 논하지 않는다는 점인데, 인용문의 말미를 보면 『장자』를 인용하고 지적 정직성을 뜻하는 『논어』의 말을 덧붙였다.

그의 신 개념은 여기서 그치지 않고 더욱 확장해 나가는데, 그 또한 일정하게 서학의 영향을 받았다. 그것이 그의 신기 개념에 녹아있는데, 크게 영혼론에 해당하는 부분과 인식론의 두 방면에서 살펴볼 수 있다. 우선 살펴본 대로 최한기는 만물의 근원을 기 또는 신기나 운화기로 본다. 모두 기이지만 기의 성격을 강조하는 방식에 따라 이름을 달리하여 부를 뿐이다. 여기서 신기를 말할 때 이 신의 개념이 확장되고 있다.

그의 초기 저술을 보면 만물의 같은 점과 다른 점을 모두 신기로 설명하였다. 전자는 신기에 후자는 신기 또는 기가 응취한 형질에 그 근거를 두었는데, 자연에는 신기가 충만하고 형체를 가진 만물은 심대윤의 이론처럼 신기와 형질이 결합한 구조를 갖는다. 그러니까 만물의 차이는 모두 그것을 이루고 있는 형질 때문이며, 사물 속의 신기가 제각기 그 형질의 영향으로 달라진다고 한다. 이렇게 리의 도움을 받지 않고도 기를 가지고 사물의 보편성과 특수성을 설명했다. 곧 해당 사물의 형질적 특징은 그 사물의 신기를 통해 드러내는데, 신기는 본질에서 같은 것이지만 해당 사물 안에 있을 때는 그 형질을 따라 해당 사물의 특징을 이룬다. 그러니 현실은 각 사물의 형질과 함께 자연의 신기, 인간의 신기, 동물의 신기, 사물의 신기로 드러난다.[125]

---

125) 天下萬殊, 在氣與質相合. 始則質由氣生, 次則氣由質而自成其物, 各呈其

형식상에서 보면 임성주가 말한 기일분수의 계승이다.

　이런 설명은 서학에서 말하는 영혼론과 일정한 영향 관계가 있다. 곧 식물혼·동물혼 그리고 인간의 영혼에 해당하는 생혼·각혼·영혼이 그것인데, 따지고 보면 식물의 혼, 동물의 혼, 인간의 영혼은 제각기 식물의 신기, 동물의 신기, 인간의 신기에 해당하니 신기라는 공통점이 있어서, 최한기가 모든 사물 속의 존재와 생명의 근원을 신기로 일원화하는 데 별 어려움이 없었을 것으로 보인다. 생명의 근원으로서 영혼을 신기로 보게 되니, 자연스럽게 아리스토텔레스의 영혼 개념에 가까이 접근하게 되었고, 그것을 변용하는 데 어려움이 없어 보인다. 더군다나 서학에서 곧장 '靈魂則神也'[126]라고 했으니, 그 해석 여부를 떠나 문자 자체로만 볼 때 신기를 그리스도교의 영혼을 대체하는 데 어려움이 없어 보이기도 하다.

　사실 이 부분은 순자가 모든 사물에 기가 들어있고 그 차이는 생명이 있느냐 앎이 있느냐 의리가 있느냐에 따라 다르게 보는 것[127]과 관련된다. 곧 모든 만물에 기가 공통으로 들어있다는 점이 그것이다.

　　能. … 氣是一也, 而賦於人, 則自然爲人之神氣, 賦於物, 則自然爲物之神氣. 人物之神氣不同, 在質而不在氣. 如使賦人之氣, 不賦於人而賦於物, 則爲物之神氣, 不爲人之神氣. 又使賦物之氣, 不賦於物而賦於人, 則爲人之神氣, 不爲物之神氣(『神氣通』 卷1, 「氣質各異」).

126) 夫靈魂則神也. 於四行無關焉(利瑪竇, 『天主實義』 上卷, 「第三篇」). 그 의미는 영혼은 정신으로서 4원소와는 관계가 없고, 하느님과 같이 질료를 갖지 않는 정신적 존재이다. 그러니까 최한기가 서학에서 말하는 영혼을 불합리한 것으로 보고 신기의 신으로 변용할 수 있는 모티브가 되었다.

127) 水火有氣而無生, 草木有生而無知, 禽獸有知而無義, 人有氣有生有知亦且有義, 故最爲天下貴也(『荀子』, 「王制」).

그래서 이규경이 삼혼설을 접하였지만 특별한 언급 없이 지나친 것과 달리, 최한기는 삼혼설에 한정하지 않고 그의 신기 개념을 만물과 세계의 영혼이랄까 본질로 확장했고, 또 좁혀서는 서학에서 말하는 인간 영혼을 해명하는 방식으로 적용해 전개하였다.

바로 여기서 서학에 녹아든 아리스토텔레스의 인간 영혼의 기능으로서 사물을 인식하거나 이성적 사유의 능력이 있다는 점을 변용한다. 후술하겠지만 그것이 인식 주체인 신기의 습염지능과 추측지능인데, 그 능력에 따라 인간은 외부 대상을 경험하고 그 내용을 이성적으로 추론할 수 있다.128) 그것만이 아니라 인간 영혼의 백지설과 인식 활동과 과정 등의 여러 내용에서 이러한 서학의 영향을 받은 것으로 보인다.

이런 내용은 대부분 전통적으로 인간의 정신 작용에서 신으로 여기던 것이었다. 그래서 마음을 신이나 심신心神이라 부르거나 또 그것을 신령하다고 하거나 영험하다는 등으로 말했던 이유이다. 최한기가 서학을 통하여 인식의 메커니즘을 어느 정도 알게 되어 비로소 유형지신이라고 자신 있게 말할 수 있었다. 곧 인식 주체인 신기로써 실제로 있는 대상을 경험하고 추측하는 인식 과정을 통해, 신기 자체가 유형의 기이므로 이 신을 유형지신이라고 주장할 수 있는 근거 가운데 하나를 마련하게 되었다.129)

---

128) 習染之能은 외부 사물을 감각적으로 경험하여 기억하는 능력으로 아리스토텔레스의 각혼의 기능과 유사하고, 推測之能은 경험한 내용을 추론하는 능력인데 아리스토텔레스는 이런 추론을 인간 영혼의 기능인 능동이성의 작용으로 여겼다.

129) 人之神氣, 卽澄明靈澈, 有形之氣, 從九竅而通達天地萬物有形之氣. 以有驗

그런데 아리스토텔레스는 각각의 영혼에 대해서 자신 안에 운동과 정지의 원리를 가진 그러한 종류의 자연적 신체의 본질이며 로고스로 보았다. 또 달리 영혼의 상태가 질료 속에 들어있는 로고스[130]라고도 규정하였다. 그것은 그의 철학에서 사물의 형상에 따라 사물의 특성을 규정하듯이, 생물이 갖는 영혼의 특징에 따라 식물이든 동물이든 인간의 특성으로 규정한다. 사물마다 신기의 특징이 다르다는 최한기의 논리와 유사하지만, 왜 영혼이 사물에 따라 그런 원리나 로고스를 가졌는지는 살피기 어렵고,[131] 그 영혼의 특징 곧 로고스라는 것이 육체와 같은 것이거나 그것으로부터 파생된 것이 아니라면 어떻게 설명해야 할지 난제로 남는다.

반면 최한기의 경우 신령스러운 영혼의 특징이라도 근원적으로 육체와 같은 기원을 가지며, 그 특징은 육체에서 오는 것이고 또 육체가 익히고 숙달된 능력[132]에서 나온다고 못 박는다. 이 말은 인간의 특징

有, 得其符合, 以爲知覺, 推前測後, 亦是推前氣, 測後氣, 非測其無也(『人政』卷10, 「教人門3」, 〈有而無無〉).

130) 장영란, 2000, 『아리스토텔레스의 인식론』, 서광사, 26쪽.

131) 이것은 철학의 영역이면서 동시에 과학의 영역인데, 진화론이 나와야 비로소 해명될 수 있는 문제였다. 아리스토텔레스에게 있어서 영혼이란 살아 있는 신체의 원인(αἰτίαι)이며 원리 또는 형상인데, 질료인을 제외한 형상인·작용인·목적인이 영혼의 기능으로 언급되고 있다(아리스토텔레스 저, 2010, 『영혼에 관하여』, 유원기 역주, 궁리, 147쪽). 따라서 왜 영혼이 그런 원인을 가졌는지 '영혼의 잠재능력(같은 책, 150쪽)'이라는 말 밖에는 밝히기 쉽지 않다는 뜻이며 동어 반복이다. 그러나 한편 신체의 원인이며 형상이 되는 영혼이 질료로서의 신체와 같은 것이 아니라는 뉘앙스가 강하기 때문에, 궁극적으로 심신이원론이라는 지적을 받기도 한다.

132) 靈生於習熟之能(『氣學』 I-44).

가운데 하나인 이성은 형이상학적인 로고스에서 발휘되는 것이 아니라, 끊임없는 경험과 노력으로 발달해서 발휘되는 것임을 시사한다. 이 점은 뒤의 인식 이론과 관련해서 더 다루겠다.

문제는 최한기가 서학의 영혼불멸설을 어떻게 처리했느냐이다. 그는 서양의 과학과 철학의 일부를 받아들였어도 적어도 이 문제에 관해서만은 서학과 견해를 달리한다. "무릇 사후의 영혼을 논하는 것은 모두 외도가 미혹하는 짓이다."[133]라고 하거나, 죄를 없애고 복을 얻으려고 하는 마음에서 나온 것으로 여겨 영혼이 불멸하는 내세를 인정하지 않음을 분명히 하였다. 그래서 영혼불멸설을 비판하는 논리는 세밀하지 않고, 다만 기가 실제로 존재하는 현실 세계를 강조한다. 앞서 보았듯이 검증할 수 없는 것은 논하지 않는다는 그의 원칙에 따른 것이다.

서학의 영혼불멸설은 분명 플라톤적 사유의 전통인데 이것이 그리스도교에 수용되었고, 훗날 영혼의 여러 이론과 함께 그 불멸설을 자세하게 전개한다. 가령 『영언여작』에 보면 영혼은 "시작은 있으나 끝이 없다."[134]거나 "영혼은 형체도 붕괴함도 없는 자립하는 실체로서 천주와 매우 유사하다."[135] 등이 그것이다.

이런 견해의 차이는 존재의 근원을 무엇으로 보느냐 또는 세계를 어떻게 보느냐 하는 문제에서 이미 정초 되어 있다. 오직 기로 이루어진 이 세계만을 인정하는 최한기의 사유 구조에는 질료를 갖지 않는

---

133) 凡論死後之靈魂者, 皆外道之迷惑也(『神氣通』 卷1, 「形滅則知覺滅」).

134) 亞尼瑪, 有始無終(畢方濟, 『靈言蠡勺』, 序).

135) 亞尼瑪, 乃無形無壞自立之體, 與天主甚相似也(같은 책, 「論性相似」).

비물질적인 서학의 영혼[136] 관념이 들어설 자리는 없었다. 그의 사유 구조는 전통의 기철학자들의 사상에서 볼 수 있지만, 이 세상을 실제로 존재하는 유일한 세계로 봄으로써 초월적 대상에 대한 신앙과 현실 세계를 탐구하는 이성의 분열 따위의 문제는 생길 수 없었다. 더구나 현실 세계에서 육체와 영혼의 대립과 갈등으로 인한 온갖 부조리한 행위도 가정할 수 없었으니, 형이상학적 미신이라 할 수 있는 그리스도교의 영혼불멸설[137]은 애초부터 거부되었다.

그렇다고 그가 어떤 사상을 반대하는 입장에 섰다고 해서 막무가내 무시하는 경직된 사고의 소유자는 아니다. 어떻게든 합리적인 공통점을 찾아보고 불합리한 점을 배제하면서 서로 융화해보려는 것이 그의 철학적 태도이다.[138] 그의 학문 자체는 전통을 비판적으로 잇고 서양으로부터 합리적인 것을 받아들이고 변용하면서 이루어진다. 이것이 그의 학문 태도의 알파와 오메가다.

이런 맥락에서 서학의 영혼불멸설을 단순히 잘못된 이론으로만 치부한 것이 아니라, 어딘가에서 또는 어떤 관점으로 자신의 이론과 융화시켜보려고 한 노력을 찾을 수 있다. 곧 그리스도교에서 영적 세계

---

136) 인간 영혼이 비물질적이란 생각은 원래 영혼에 해당하는 인간 육체의 기관이 없다는 아리스토텔레스의 생각이었다(아리스토텔레스, 앞의 책, 34쪽).

137) 버트런드 러셀 지음, 송은경 옮김, 2012, 『나는 왜 기독교인이 아닌가』, 사회평론, 79쪽.

138) 道敎佛敎尙虛無, 洋敎回敎事神天. … 尙虛無, 則只穿鑿於虛無之中, 而未嘗捨虛無, 而更求誠實, 事神天, 則萬事皆歸功於神天, 而致虔誠於禮拜, 滅罪獲福, 未嘗捨神天, 而更求誠實. … 旣有得於運化之氣, 虛無爲實有, 神天爲神氣, 萬事萬物, 開眞正面目, 萬化萬變, 有誠正湊泊, 四敎皆和融於一統運化之中(『人政』 卷8, 「敎人門1」, 〈諸敎〉).

에서 개인의 영혼불멸을 주장한 것과 달리, 그는 사람이 죽으면 그 신기가 흩어져 비록 개인의 특성을 지니지는 않으나, 그것이 없어지는 것이 아니어서 자연 속에서 영원불멸하는 것으로 여긴다. 그렇다면 그 신기가 다른 사물이나 인간이 탄생할 때 또 들어가면 그 사람이나 사물의 신기가 되니, 신기는 끊임없이 취산한다. 그럼으로써 인간과 만물은 하나가 되는 만물일체가 된다.[139]

이렇게 전통적인 기의 취산으로 인간이 죽으면 그 신기도 자연 속에 흩어진다고 보므로, 서학의 영혼불멸설을 자신의 이론 속에서 자연 속으로 흩어지는 신기의 불멸설로 처리하였다. 그래서 최한기는 인간과 생물만이 아니라 더 나아가 무생물 속과 우주 자체에도 신기가 가득 차 있다고 확장한다. 다시 말해 우주의 영혼으로 넓힌다고나 할까. 기를 활물이나 생기로 규정한 그의 이론의 방향에서 볼 때 당연한 일이다. 이런 점에서 뒤에서 밝히겠지만 기의 철학으로서 동학·증산교·원불교 등의 사상과도 일맥상통하는 바가 있다.

이렇듯 최한기는 전통의 사상은 물론이고 서학의 과학과 철학까지 섭렵하여 자신의 기철학을 창조하였다. 그래서 그의 기 개념에는 전통과 외래의 요소를 비판적으로 계승·수용하거나 변용한 것이 들어 있다. 그 대표적인 것이 기의 활동운화와 유형지기와 유형지리와 유형지신 및 뒤에서 다룰 신기의 경험과 추측 등이다.

---

139) 萬物一體云者, 其實運化一氣, 撑拄充滿透澈於地月日星及萬物形質, 以成一體. 若不以此氣, 究其一體之義, 各分形質, 何以合成一體也(같은 책, 卷9, 「敎人門2」, 〈萬物一體〉). ; 潛究于斯, 憬悟于斯, 庶有變通之敎, 以萬物爲一體, 以萬歲爲一生(같은 책, 卷8, 「敎人門」 序).

(2) 경험과 추측

동아시아 전통철학에서 인식 문제를 다루지 않은 것은 아니지만, 지식을 지식 그 자체만을 대상으로 삼아 이론적으로 반성하고 탐구하는 경우는 흔치 않다. 이것은 아마도 동아시아사상이 지행합일적인 태도, 체험과 직관, 그리고 만물일체의 경지와 실용을 중시한 것[140] 때문일지도 모른다. 더구나 공자 이래로 성현의 글을 풀이하기만 하고 창작하지 않는다는 전통의 영향 아래 『대학』의 격물치지에 대해서 주희가 제시한 인식 방법조차도 앞서 소개한 심대윤과 달리 조선의 후학들은 거의 의심하지 않았거나 전혀 다른 관점에서 크게 비판하지 않았다. 다만 주석을 달아 세밀하게 분석하거나 이론을 더 진전시키는 방식을 따랐다. 다시 말해 성현의 말에 대해서 불합리한 점을 지적하고 비판하며 새로운 해석을 한다는 모험 자체가 하나의 금기로 작동했던 역사와 정치·사회적 풍토 때문일 수도 있다. 이 점은 중국보다도 조선에서 더욱 심했을 것이라는 점은 쉽게 상상할 수 있다.

이 문제는 근대전환기에 이르면 양상이 달라진다. 바로 서학의 전래 때문이다. 서학의 세계관과 기 철학의 세계관은 근본적으로 다르지만, 그리스도교 철학·신학도 중세 말에 아리스토텔레스의 철학을 받아들였기 때문에, 그 속에 녹아든 인식론적 견해도 추출·변용하여 기의 철학과 접목할 수 있었다. 대표적인 사람이 최한기이다.

그는 맹목적이거나 비판 없이 서학을 수용하지는 않았다. 인식의 주체인 '신기', 인식 방법 또는 과정으로서 '경험'과 '추측' 및 '증험'

---

140) 赤塚忠·金谷治 외 저, 조성을 옮김, 1987, 『중국사상사 개론』, 이론과실천, 121~132쪽 참조.

170

등의 용어만이 아니라 논리의 일부분도 그 연원을 전통에서 끌어온다. 이 경우 전통의 계승과 서학의 수용과 변용은 동시에 이루어지며 그 경계는 모호하다.[141] 그러나 필자가 볼 때 인식에 대한 반성과 이론 천착의 동기는 분명히 서학이 제공하였다고 보며, 어쩌면 자신이 생각하는 기철학의 논리대로 전통과 외래의 사상 자료를 재구성하였다고 본다.

그는 인식의 주체를 심이라 말하지 않고 신기로 본다. 신기로 보는 이유에 대해서는 이미 앞에서 유형지신을 소개할 때 말하였다. 신기는 자연의 기이면서 동시에 만물 속에 깃들어 있으며, 특히 인간에 있어서 마음 곧 인식의 주체이기도 하다.[142] 서학에서는 이것을 원어 그대로 아니마亞尼瑪(anima)를 사용하기도 하고, 때로는 신神이나 영혼으로 옮겨서 표현하기도 하였다.

아무튼 서학에서는 인식 주체인 마음에 어떠한 앎도 전제하지 않는 일종의 백지설(theory of tabula rasa)을 주장한다. 이 학설은 이미 앞에서 살펴본 대로 아리스토텔레스로부터 유래하는데, 지성은 어떠한 방식으로든 영향을 받지 않는다면 잠재태로 있게 되고, 그것은 마치 백지와 같아서 그것이 생각할 때까지는 현실태로는 아무것도 아니라는 점, 다시 말해 지성은 사유 대상에 의해 영향을 받기 전에는 잠재태로 존재하기 때문에 아무것도 그 안에 쓰인 것이 없는 백지와 같다[143]는

---

141) 이종란, 「기독교철학에 대한 최한기의 비판적 수용」, 앞의 글, 176~179쪽 참조.

142) 天民形體, 乃備諸用, 通神氣之器械也. 目爲顯色之鏡, 耳爲聽音之管, 鼻爲嗅香之筒, 口爲出納之門, 手爲執持之器, 足爲推運之輪, 總載於一身, 而神氣爲主宰(『神氣通』 卷1, 序).

143) 장영란, 앞의 책, 311~312쪽.

것이 그것이다.

이 영혼의 백지설은 토마스가 아리스토텔레스의 영혼론을 받아들인 뒤 훗날 마테오 리치에 의하여 아무것도 쓰여 있지 않은 죽간竹簡으로 비유되었다.[144] 따라서 인간은 생득관념을 가질 수 없어 인식의 출발은 감각 경험에 의존할 수밖에 없으며, 이러한 감각 경험의 역할은 각혼이 맡는다고 소개하였다.

이러한 영혼의 백지설을 최한기는 심체의 순담純澹설[145])로 변용한다.

> 마음을 비유하자면 순수하게 맑은 샘물과 같다. … 그러므로 순수하게 맑은 것은 샘물의 본래 색깔이고 색을 넣은 것은 샘물의 경험이다. 넣은 색이 비록 없어지더라도 순수하게 맑은 가운데 경험이 저절로 있으며, 경험이 계속 쌓이면 추측이 저절로 생긴다.[146]

여기서 마음이 순수하게 맑다는 '순담'은 전통적으로 마음이 허명하다는 것을 따른 것[147]이어서 전적으로 서학의 영향이라고만 볼 수

---

144) 故謂人心者始生, 如素簡無所書也(利瑪竇, 『天主實義』 下卷, 「第七篇」).

145) 최한기는 이 외에도 흰 비단에 비유하기도 한다. 가령 "然幼時聞見, 少年染習, 最爲關重. 如素帛之初染, 後來雖洗浣而更染他色, 終不若初染, 且帛質受弊, 豈非深戒耶(『推測錄』 卷1, 「習變」)."에서도 '아무것도 쓰여 있지 않은 비단(素帛)'이라는 말에서 엿볼 수 있는데, 마테오 리치의 '아무것도 쓰여 있지 않은 죽간(素簡)'과 아주 흡사하다. 본서에서는 순담설로 통일하겠다.

146) 心之本體, 譬如純澹之井泉. … 然則純澹者井泉之本色也, 添色者井泉之經驗也. 添色雖泯, 純澹之中, 經驗自在, 至于積累, 推測自生(『推測錄』 卷1, 「本體純澹」).

147) 心者, 推測事物之鏡也, 語其本體, 純澹虛明, 無一物在中(같은 책, 「萬理推測」).

없다. 주희성리학에서도 비록 마음에 많은 리를 갖추고 있다고 하더라도, 마음이 텅 비고 맑아서 경험을 통하지 않으면 보통 사람들은 그것을 표상할 수 없다고 여긴다.[148] 다만 최한기가 서학의 영향으로 재차 이것을 강조한 것은 사실상 당시 학자들이 바깥 사물의 경험을 도외시하고 마음에서만 이치를 찾는 폐단을 비판하면서 강조한 일이다.[149] 곧 물리적 사물과 그 법칙을 외면하고 심성에서 도리를 찾거나 이른바 이념의 근거를 찾는 데 빠져서, 그러한 관념이 형성된 과정을 소홀히 하고 있음을 비판할 말이다.

특이한 것은 서학 서적에서 경험의 의미를 수없이 말해도 '경험經驗'이라는 용어 자체는 찾아볼 수 없다는 점이다. 대신 외적 감각인 외각外覺과 내적 감각인 내각內覺으로서 '각覺'이란 용어를 즐겨 썼는데, 경험이 각혼의 기능을 통하기 때문에 당연한 일이었다. 그 경험의 결과가 기억 곧 기함記含이다.

그런데도 경험은 『기측체의』에서 무려 49회, 『기학』에서 19회, 『운화측험』에서 10회나 사용하고 있는데, 이 경험이라는 말은 『오경』·『사서집주』·『주자대전』·『이천역전』·『주역본의』 등의 철학 관련 서적에서는 한 번도 확인된 바 없고, 주로 의서에서 효험을 거친 처방의 '경험방經驗方'이라는 용어로, '경험양방經驗良方' 또는 '경험후방經

---

148) 人心如一箇鏡, 先未有一箇影象, 有事物來, 方始照見妍醜. 若先有一箇影象在裏, 如何照得. 人心本是湛然虛明, 事物之來, 隨感而應, 自然見得高下輕重. 事過便當依前恁地虛, 方得(『朱子語類』卷16-147).

149) 專攻心學之人, 以諸竅諸觸爲卑屑, 而貪究性命之理, 淸淨守眞之人, 以視聽爲耗精, 而甘作聾瞽之事(『神氣通』, 序). 최한기의 용례에서 심학이란 양명학만이 아니라 성리학도 포함한다.

驗後方' 등의 책명 또는 편명으로 쓰였다. 이런 뜻에서 전통적으로 쓰인 경험이라는 말은 '효험을 거친 확실한 인식'이라는 뜻으로 이해해야 한다.

그러나 용어야 어떻든 최한기가 사용한 경험의 철학적 개념이 전통 의학의 그것과 꼭 일치하는 것이 아닌 까닭은 일정 부분 서학의 의미가 포함되어 있기 때문이다.[150] 전통 의학의 그것은 나름의 증험이나 효험을 거친 확실한 것이지만, 최한기의 경험은 오류의 가능성이 있어 검증을 거쳐야 비로소 진리로 확증할 수 있어서, 인식의 완성이 경험으로만 끝나지 않기 때문이다. 그래서 그는 경험주의 철학자가 아니다.

그의 인식 능력에 대한 견해는 '마음의 신령함에는 지각 능력이 있지 않음이 없다'라는 성리학의 관점도 이었지만, 구체적으로 분석하면 감각 능력으로서의 각능覺能 또는 기억 능력으로서 기능記能과 추론하는 사유 능력으로서 능추能推를 말하는 서학의 영향도 받았다. 그래서 감각 능력과 기억 능력을 통합하여 습염지능이라 명명하고, 사유능력을 추측지능이라고 하는 점[151]에서 이런 서학의 영향을 받았다고 본다.

더구나 그가 사용하는 철학적 용어로 전통의 격물치지나 궁리라는 말을 쓰지 않고, 인식 일반으로서 '통'이라는 말을 쓰고, '경험'과 '추측' 그리고 '증험'이라는 말을 철학적 용어로 발전시킨 것은 서학의

---

150) 이종란, 「기독교철학에 대한 최한기의 비판적 수용」, 앞의 글, 177~178쪽 참조.
151) 盖人身神明之氣, 惟有通察習染之能. ; 『推測錄』 卷2, 「流行理推測理」 : 人心自有推測之能, 而測量其已然, 又能測其未然(『神氣通』 卷1, 「收入於外發用於外」).

영향이 크다고 하겠다. 통이나 추측 그리고 증험 등은 전통에서 일상 용어로 흔하게 쓰는 말이었으나,[152] 그 가운데 통과 추측 등은 또 서학에서 철학적 용어로 많이 사용한 말이다. 특히 그가 감각 경험을 형질통이라 하고 추론적 사유를 통한 인식을 추측통이라 명명한 것은 서학의 각혼의 능력과 영혼의 능력을 구분한 영향으로 보인다. 전자와 관련하여 최한기는 감각 기관을 『신기통』 서문에서 신기가 통하는 기계器械로 비유했는데, 이 또한 서학 서적에서 육체는 아니마인 영혼이 사용하는 기계[153]로 묘사하고 있어 그 영향 관계를 알 수 있다.

이제 그가 주장하는 인식의 과정을 살펴보자. 먼저 최한기는 인식이 오로지 경험에서 출발한다고 한다.[154] 이미 앞에서 살펴본 백지설과 관련된 심체의 순담설이 그것을 전제로 한다. 그래서 그는 육체에 갖추어진 생물학적 리를 제외한 만물의 이치가 마음에 갖추어졌다는 설을 믿지 않는다. 그는 "앎은 얻은 이유를 살펴보면 사무를 경험하고 경험한 내용을 추측한 것으로부터 말미암는데, 그것을 얻게 된 근원을 잊어버리고 마음속에 천리가 있다고 한다."[155]고 비판한다. 바로

---

152) 通은 특히 『주역』에서 두루 쓰는 말인데, 최한기 철학의 우주론에서 가치론까지 이 통이 적용된 것은 『주역』의 전통을 따랐다. 더 자세한 것은 이종란, 2019, 「『주역』을 통해 구축한 동서철학 융합의 플랫폼」, 『주역의 연원과 한중 역학의 지평』, 한중철학회 펴냄, 경인문화사, 804~834쪽을 참조할 것.

153) 本軀, 爲亞尼瑪所用器械(畢方濟, 『靈言蠡勺』, 「論行相似」).

154) 神氣者, 知覺之根基也. 知覺者, 神氣之經驗也. 不可以神氣謂知覺也, 又不可以知覺謂神氣也. 無經驗則徒有神氣而已, 有經驗則神氣自有知覺耳(『神氣通』 卷1, 「經驗乃知覺」).

155) 究其所得, 由於閱歷事務, 推測經驗, 忘其已得根緣, 謂有中心天理. 其推度

여기서 '경험한 내용을 추측한 것'은 추측지리로서 이학의 태극이나 리도 여기에 해당한다고 지적하였다. 부연하면 성리학에 말하는 '마음속에 리가 있다'라는 말은 사실이지만, 그것은 선험적으로 마음에 갖추어진 리가 아니라 이제껏 경험한 것을 의식적 또는 습관적으로 추론해서 알게 된 리인데, 정작 그렇게 된 까닭을 모르고 있다는 주장이다. 이러한 추측의 방법을 가지고 성리학의 궁리설을 비판한다.156) 그는 이른바 선험적 도덕성으로 규정하는 맹자의 양지와 양능마저도 경험과 추측의 관계로 재해석한다.157) 이렇게 인간의 앎이란 경험을 통해서 기억하며, 그 기억한 것을 추측하면서 이루어진다고 한다.

그런데 여기서 전통적으로 선험적이라 알고 있는 양지와 양능도 경험한 것에 근거하고 있다는 그의 표현은 정당할까? 사실 도덕적 판단 능력은 형식상 경험과 독립된 일종의 평가 기능이다. 이런 평가 기능은 생득적일까? 아니면 학습을 통해서 이루어질까? 최한기의 생각은 후자를 지지하고 있는 것으로 보인다. 백번 양보해 전자가 옳다고 해도, 인간의 지성적 사유나 판단 기능은 학습을 통하지 않고 제대로 발달하거나 발휘할 수 없고, 또 부모를 사랑하고 형을 공경하는 것도 '부모'와 '형'이라는 경험한 대상 없이 촉발되지 않는다는 점에서 최한기의 이런 견해는 긍정적으로 평가할 수 있다.

天地萬物, 小無合不合, 稽驗之慮, 自許天定道理, 豈有違心(『人政』卷12, 「學有一字目」).

156) 惟言窮理, 則理無分於推測流行. … 窮理推測之題目旣異, 入門亦異, 不必毀窮理, 而察窮理之弊, 專主乎我. 大學說格物, 而不言窮理者, 可見其義(『推測錄』卷6, 「窮理不如推測」).

157) 같은 책, 卷1, 「愛敬出於推測」 참조.

한편 우리는 감각 기관만 가지고 사물의 원리를 직접 발견할 수 없다. 이것은 경험한 내용을 가지고 추론하는 사유 과정을 통하지 않고는 이론적 지식을 창출할 수 없다는 점을 뜻한다. 그런 점에서 서학에서 감각적 경험만 담당하는 각혼의 기능은 그것을 할 수 없다는 점은 일면 타당하다. 최한기가 소개하는 추측의 항목은 추기측리推氣測理·추정측성推情測性·추동측정推動測靜·추기측인推己測人·추물측사推物測事 등인데, 여기에는 대개 현상적으로 드러나 감각할 수 있는 것을 근거로 드러나지 않은 비감각적인 원리나 법칙 등을 파악하는 것도 포함된다.

그런데 공교롭게도 서학 서적에도 추리가 이러한 것임을 말하고 있다.[158] 이 추론하는 사유 능력은 아리스토텔레스와 그의 철학을 이은 스콜라철학에서 인간 영혼의 능력에 해당하는 부분이다. 서학 서적에서는 그것을 능추能推·영재靈才·영능靈能이라 불렀고, 최한기는 추측지능이라 불렀으며, 서학에서는 그 기능을 추리·추론·추통·추측이라 하였으나 그는 그것을 일원화하여 추측이라 불렀다. 그런데 서학에서는 이런 추리와 같은 영혼의 기능은 각혼을 지닌 동물에게는 없고 영혼을 지닌 인간만이 가진 것으로 한정하였지만, 최한기는 그것을 반박해서 동물도 추측할 수 있다고 주장한다.[159] 이 점은 그가 서학의 영향을 받았다는 점을 반증하는 여러 사례 가

---

158) 人欲明事物之奧理, 無他道焉. 因外顯以推內隱, 以其然驗其所以然(利瑪竇, 『天主實義』上卷, 「第四篇」).; 人之格物窮理, 無他路焉. 以其表而徵其內, 觀其顯而達其隱.; 畢方濟, 『靈言蠡勺』, 「論亞尼瑪之靈能」: 人則以此推彼, 漸次追及(같은 책, 下卷, 「第五篇」).

159) 이종란, 「기독교철학에 대한 최한기의 비판적 수용」, 앞의 글, 194쪽 참조.

운데 하나이다.

이렇게 서학의 영향을 받았지만, 사실은 그 추측을 서학에서만 사용한 것이 아니라, 이미 전통에서 이전부터 사용했다고 그 용례를 소개하고 있어,[160] 서학의 인식론을 받아들이기 위한 사전 작업으로서 동아시아의 서적에서 전거를 충분히 살펴보았다는 데 중요한 의의가 있고, 또한 그것이 서학 변용의 토대가 되기도 하였다. 이것은 다만 추론이라는 인식론적 개념을 사용하지 않았을 뿐이지, 어느 문화권이든 추론적 사유를 하고 있었다는 반증이다. 이 점은 매우 중요하다. 외래사상을 단순히 수용하는 것에 머물지 않고, 자신의 전통에서 그러한 근거와 요소를 찾아 정리하였다는 점이다.

여기서 짚고 넘어가야 할 것은 이러한 추측의 능력이란 일종의 가능성이지 경험적 계기를 수반하지 않고는 발달하지 않는다는 점이다. '기질의 가림이란 곧 어린아이에게 추측이 아직 발달하지 않았을 때의 일'이라는 그의 지적에서도 보이지만, 경험이 누적되면 추측이 생긴다는 지적은 누차 해 왔다. 이 점은 서학 서적에서 침묵하고 있으나 되레 지성이 잠재태로 있다가 경험을 통한 사유 대상의 영향을 받아 현실태로 있게 된다는 아리스토텔레스의 이론에 접근하는 결과를 낳았으며, 훗날 인간의 사고 발달은 수많은 경험적 활동을 통해 촉발된다는 피아제J.Piaget(1896~1980)나 콜버그L.Kohlberg(1927~1987)의 이론과도 통하는 점이다.

---

160) 論語之忠恕, 推也, 默識, 測也. 大學之格物致知絜矩, 幷言推測也, 可見其義之一揆也. 四部諸書文義聯絡處, 只以字義括之, 因字以字由字遂字, 乃推之義也, 量字度字知字理字, 是測之義也. 其餘擬類倣似之字, 不暇推擧(『推測錄』卷1, 「聖學及文字推測」).

여기서 또 하나 지적해야 할 일은 초기 최한기 연구자들 가운데 일부가 최한기를 경험주의 철학자라고 불렀고, 지금도 일부 학자들이 그것을 따르고 있다는 점이다. 그러나 결코 그렇게 규정하기 어려운 이유는 살펴본 대로 경험 이후에 추측이 있고, 더 나아가 증험의 단계가 있기 때문이다.[161] 다시 말해 그가 진리 탐구에서 귀납적 방식을 선호하고 경험을 중시한 점은 부인할 수 없는 사실이지만, 그의 인식 과정에서 볼 때 경험 자체가 인식의 완결 상태가 아니기 때문이다. 자연과학자들이 귀납적으로 경험적 지식을 다룬다고 해서 경험주의자가 아닌 것과 같다. 더구나 서양철학사에서 등장하는 경험론이나 합리론 또는 그 절충론 따위로 줄 세워서는 더욱 난센스가 되고 만다.

그래서 인식 과정에 경험과 추측의 다음 단계에 검증이 필수적 과정으로 추가된다. 이 검증을 '증험證驗'이라 일컬으며 전통적으로 징험徵驗·효험效驗과 함께 통용되는 말로서 감각적 경험이나 체험을 통한 증명으로서 오늘날 검증의 뜻으로 사용되며[162] 곧 "사물을 가지고 나를 살피는 것이 증험이다."[163]라고 정의한다. 다시 말하면 내가 인식한 내용을 객관적으로 검토한다는 뜻이다.

사실 형이상학이나 형이상의 존재를 다루는 철학이 아무리 논리적인 정합성을 가지고 있다손 치더라도, 객관적 사실로서 검증받지 못하면 그 존재성을 의심할 수밖에 없다는 것이 최한기의 생각이었다.

---

161) 凡通有三等, 先事而有範圍之通, 踐事而有漸進之通, 後事而有證驗之通, 豈可以範圍之通, 自滿自足, 而不顧證驗之通, 自有悅樂哉(『神氣通』 卷1, 「通有始中終」).

162) 이종란, 2008, 『운화와 윤리』, 문사철, 205쪽.

163) 以物觀我, 證驗也(『推測錄』 卷6, 「觀物有五」).

일례로 근대 이후 자연과학은 아리스토텔레스나 스콜라철학에서 말하는 사물의 형상을 탐구하지 않는다. 아니 그것은 형이상학적이기 때문에 근원적으로 탐구할 수 없었다. 비록 그들의 자연학에서 밝힐 수 있다고 믿었지만, 사물의 형상은 검증될 수 없어서 그 자연학은 자연히 폐기되고 근대 자연과학에 자리를 양보할 수밖에 없었다.

이와 관련해서 서학 서적에서는 증험 또는 검증을 주제로 논의하는 것은 발견하기 어렵다. 찾아본다면 겨우 『천주실의』의 "밖에 드러난 것을 가지고 인에 숨겨진 것을 추론하고, 그러한 것을 가지고 그 소이 연을 증험한다."[164]는 말 정도이다. 사실 이 '소이연'마저도 사물의 법칙이 아니라 질료와 대립하는 형상(form, eidos)이었다. 형이상학의 형상은 자연법칙과 달리 검증할 수 없다.

그렇다면 최한기가 증험을 어디에서 가져왔을까? 앞서 유사한 용어에서 알 수 있듯이 이것은 분명히 전통 의학의 방법과 일맥상통하다. 어떤 질병으로 약을 먹거나 침을 맞은 뒤 열이 내리거나 병이 호전되었는지 아는 데는 반드시 경험적 계기가 수반된다. 그가 사용하는 철학의 핵심 개념인 '경험'이나 '운화'라는 용어를 전통 의학에서 가져왔으므로, 증험 또한 이와 관계되었을 것이라는 가정하는 일은 어렵지 않다.

이처럼 비록 우리 전통에 그런 사례가 없는 것은 아니지만, 증험의 구체적 방법과 내용은 중세 이후 서양 과학의 영향을 받았고, 특히 19세기 이후 자연과학의 성과에 힘입은 바 크다. 그의 인식론에 증험의 추가는 『운화측험』에서 보이듯이 '측험測驗'이 관측 또는 측정하여

---

164) 因外顯以推內隱, 以其然驗其所以然(利瑪竇, 『天主實義』 上卷, 「第四篇」).

경험 또는 증험한다는 뜻이니, 달리 말하면 검증의 한 방법이다. 측험이라는 용어는 그의 『추측록』에서 말하는 '헤아리거나 재거나 판단한다'는 의미의 '측測'과 전통적인 증험·징험·효험 등에서 사용하는 '험驗'이 결합하였고, 이 또한 서학 변용의 발판을 마련하기 위한 일이다. 더구나 '측'은 『운화측험』의 본문 가운데 등장하는 페르비스트 P.Verbiest(1656~1688, 南懷仁)가 쓴 『의상지儀象志』의 목차에 등장하는 '측기한열지분測氣寒熱之分', '측조습지분測氣燥濕之分' 등에서, '험'은 '험기설驗氣說' 등에서 가져온 용어이다.165) 그가 『운화측험』을 저술한 이유 가운데 하나가 이러한 증험의 방법과 근거를 제시하는 데 있었다. 이렇게 증험은 경험과 그 경험한 것을 추론한 인식 내용을 경험적 계기를 통해 검증하는 의미로 사용하였다.

최한기는 이제 이러한 인식 이론을 통하여 아리스토텔레스나 중세 토미즘에서 말한 그것을 뛰어넘어 버린다. 이것은 확실히 그가 서학의 단순한 수용에 머물지 않고 자신의 철학으로 변용했음을 보여주는 부분이다. 서학에서는 인식의 목표가 사물에 내재한 형이상의 형상이지만, 그에 대한 검증 과정이 없다. 아이러니하게도 최한기는 이들의 후학들이 전해준 과학 지식에 근거하여 검증하는 방법을 찾아냈다. 그 인식의 대상이자 목표는 사물에 내재한 형상이 아니라 사물의 법칙으로서 유행지리 또는 운화지리이다. 그의 표현을 빌리면 이것은 형이상의 무형지리가 아니라 유형지리이다.

그러나 이러한 그의 인식 이론 자체는 귀납법이 가지고 있는 한계를 극복할 수 없었다. 그것을 극복하기 위한 것이 증험이긴 하지만

---

165) 최한기 저, 2014, 『운화측험』, 이종란 역, 한길사, 31쪽.

그 또한 경험적 통계에 의존한다. 이러한 인식의 과정은 우연히도 근대 과학에서 자연 탐구의 그것과 거의 일치한다.[166] 더 자세한 것은 서양 과학 수용의 인식론적 토대로서 뒤에서 다룬다.

(3) 운화의 승순

인간의 본성을 어떻게 보느냐 하는 점은 철학마다 공통점과 차이점이 있겠지만, 보는 방식에 따라 공부 방법과 실천 방식이 결정된다. 동아시아 주류 학술로서 유학은 맹자 이래 성선설을 따랐기 때문에 최한기가 그것에 대해 어떤 태도를 보이느냐에 따라 그 철학의 또 하나의 특징이 드러날 것이다. 곧 서학이라는 변수가 전통 성선설의 극복까지 영향력이 미쳤는지 그렇지 않았는지 하는 점이 그것이다.

특이하게도 최한기는 맹자 이후의 성선론의 관점을 따르지 않고 본성에는 선도 불선도 없다는 '성무선무불선'론으로 전환하는데, 맹자의 성선설과 대비되는 고자설을 가지고 주장한다.

> 하늘이 정한 성품이 어찌 이와 같은 선악으로 나뉘겠는가? [마치 물처럼] 동쪽으로 트고 서쪽으로 트는 데로 달려가는 방향이 같지 않아서, 하나는 따르고 하나는 어기는 데서 생기니, 배양에 차이가 있기 때문이다.[167]

인간의 자연적 본성은 선악으로 따질 수 없고, 선악이란 사람이 따

---

166) 같은 책, 31~32쪽.
167) 豈是天定性稟分此善惡哉. 決東決西, 趨向不同, 一順一逆, 培養有異(『人政』卷2, 「測好賢妬賢」).

르거나 어기는 데서 생긴다는 표현이다. 여기서 '따르는' 대상은 일반적으로 운화이지만 여기서는 본성으로 보이는데, 그렇더라도 논리는 바뀌지 않는다. 그 나눠짐의 차이가 '배양의 차이 때문'이라는 것은 본성 밖의 후천적인 것에서 찾아야 할 문제로 보인다. 이 문제는 잠시 뒤로 미루기로 하고, 먼저 그의 본성 개념부터 알아보자.

앞의 인용에서 '하늘이 정한 성품'이란 전통적으로 쓰는 말이지만, 그가 말한 '하늘'은 그의 기철학 측면에서 볼 때 순수한 물리적인 자연이다. 따라서 여기서 말하는 성품이란 앞서 밝힌 운화 또는 유행지리와 관련된 '자연'의 문제이지 추측지리와 연관된 '당연'의 문제는 아니다. 따라서 이러한 자연적 본성은 인간과 사물의 공통점과 차이점을 모두 갖는다.[168] 이 경우 모두 해당 사물의 물리적·생물적 특성을 본성으로 삼았다.

그는 여기서 더 나아가 이런 유행지리와 관련된 자연적 본성만이 아니라, 추측지리와 관련된 사회적 본성을 인정하고 있다. 이 점은 추측지리를 인도로 규정하는 것과 연관되고, 또 윤리적 가치 인식과 밀접하게 관련된 문제이다. 곧 본성은 하나이지만 추측을 통해 "아비를 만나면 효라 하고 임금을 만나면 충이라 하니, 이렇게 미루어 가면 이름을 무궁하게 붙일 수 있다."[169]는 점은 앞에서 지적한 대로 분명

---

168) 夫性, 自其所同者言之, 在古今而無異, 在彼此而亦不殊. 自其所異者言之, 奚特在人物而有殊也. 形旣有老少, 性亦有老少, 性旣有老少, 情亦有老少. 凡天下之物, 其所稟氣, 則一也. 故無處不同, 其所成質, 非但人物不同, 一物終始亦異, 所處所習, 亦有異焉(『推測錄』卷3, 「性有異同」).

169) 性一而已, 自其本源謂之天, 流行謂之命, 賦於人謂之性, 形體謂之氣質, 主於身謂之心, 遇父謂之孝, 遇君謂之忠, 推此以往, 各至於無窮(같은 책, 「主一統萬」).

히 양명학이 양지를 확충하는 치양지의 영향이지만, 사회적 본성을 인정하는 발언이다. 후천적으로 배양된 성이라는 점에서 앞의 심대윤의 심성心性과 유사하다.

이 같은 맥락에서 그는 인의예지에 대해서도 인간의 본성으로 인정하지만, 그렇다고 해서 성리학처럼 리로서 마음에 선험적으로 갖춰진 리가 아니라, 인간의 생물적 본성이 사회적 관계 속에서 제대로 발휘할 수 있도록 추론한 일종의 행동 원리나 도덕규범 또는 가치 관념을 내면화한 것으로 규정하였다.[170] 다시 말하면 심대윤이 인간의 본성이 이익을 좋아하고 손해를 싫어하듯 최한기도 가령 인이란 장해를 싫어하고 생성을 기뻐한다고 하여 일차적으로 생물적 본성과 관련이 있다. 두 기철학자가 이렇게 보는 데는 실로 놀라운 면이 있다.

최한기가 이렇게 본 것은 인의예지가 추론한 뒤에 있게 된다는 마테오 리치, 그것을 표덕表德으로 여기고 양지를 확충한다는 양명학, 자연과 당연을 구분하는 여곤呂坤의 영향을 받았고, 사상사적으로는 인의예지라는 윤리적 가치가 인간의 생물적 본성에 일정한 근거를 두고 있다는 대진戴震(1723~1777)의 사상이 종합되면서 나왔다.[171]

어쨌든 이런 사회적 본성도 있지만, 자연적 본성은 일종의 물리와 같아 선악 개념으로 규정할 수 없다는 것이 최한기의 생각이다. 더구나 이전의 철학자들과 달리 기 자체를 선악으로 규정해서는 안 된다고

---

170) 人物之生, 各具形質, 而權度於這間者, 惟有推測之條理. 惡戕害喜生成者曰仁, 艴虒於過差, 而采帖於適宜, 故適宜者曰義, 亂於失緒, 而成於循序, 故循序者曰禮, 非獨視聽言動而已, 能勸能懲, 是爲知也(같은 책, 「仁義禮知」).
171) 더 자세한 것은 이종란, 『기란 무엇인가?』, 앞의 책, 182~190쪽을 참조하기 바람.

여겼는데,172) 이점에서 임성주나 왕부지와 견해를 달리한다.

그렇다면 선악은 도대체 어디서 기원할까? 인간의 본성이 선천적으로 선이나 악으로 규정되어 있다면, 선악의 기원은 거기서 연역하면 되지만, 그렇지 않다면 다른 설명이 필요하다. 최한기의 해결 방식은 인간의 심리적인 좋음과 싫음에 연관시킨다. 자연적 본성을 따르고 거스르는 데서 선악이 나온다는 것도 이와 관련된다.

> 선이란 항상 정해진 위치가 없으니 남과 내가 좋아하는 것에서 취하고, 악도 정해진 경계가 없으니 남과 내가 싫어하는 것을 버리는 것이다.173)

곧 선악이란 정해진 기준이 없고 보편적으로 드러나는 좋음과 싫음이라는 심리에 관계되며, 결국 대상을 두고 좋아서 취하는 것이 선이고 싫어서 버리는 것이 악이라는 인격적 주체의 심리에서 선악 감정이 발생함을 말하고 있다. 그는 칠정을 좋음과 싫음의 두 가지로 분류할 수 있다고 하여, 결국 선악이란 성의 단계가 아니라 정의 단계에서 발생한다174)고 여긴 것도 이 점을 반영하고 있다.

유학 전통과 다른 이런 선악의 기원 문제는 비록 고자의 설을 빌려왔지만, 실은 서학과 관계가 있는데 선악이란 정에 의하여 그렇게 결

---

172) 夫氣但能行其運化而已, 何可分別人人之是非毀譽善惡生死哉. 在世之人, 各從其所聞見, 以爲是非毀譽善惡生死是乃生在世間人之事, 非運化氣之有此事也(『氣學』1-21).

173) 善無常位, 取於物我之攸好, 惡無定限, 捨其物我之所惡(『推測錄』卷1, 「善惡有推」).

174) 在性曰順逆, 在情曰善惡(같은 책, 卷3, 「性順逆情善惡」).

정되는 것이란 점175)이 그것이다. 더구나 자연적 본성을 따르는 데는 선악이 없고 인간의 의지가 개입되어야 선행과 악행이 있을 수 있다176)는 설명의 영향인 것으로 보인다.

결국 최한기가 의도하는 선악의 기원이란 선험적으로 인간의 본성이나 어떤 대상에 선천적으로 주어진 것이 아니라, 인격체가 판단할 문제로 넘어간다. 다만 보편성을 가진 선악 판단은 후술하겠지만 그의 실천론에서 제기되는 운화의 승순 여부와 관계된다. 그에게는 그리스도교 하느님의 위상에 맞먹는 것에는 운화기가 있기 때문이다.

이렇게 선악이 자연적으로 정해진 것이 아니라, 그 발생의 기원이 인간이라는 인격체가 대상에 대해서 갖는 좋음과 싫음이라는 기호嗜好 내지 감정이라는 점을 밝혔기 때문에, 애초부터 가치의 주관성을 배제할 수 없다. 이것은 가치판단의 보편성이 배제된다는 뜻이 아니라, 심리psychology 또는 그것과 관련된 의지가 참여가 가치의 발생을 위하여 필수 조건이 된다는 점에서 주관적이다.

사실 좋음과 싫음이 관련된 심리의 참여는 욕망이라는 이해관계와 밀접하게 관련되어 있다. 자신이 욕망하는 것 또는 자연적 본성으로서 본능의 실현에 이로우면 선이고 해로우면 악이라고 규정할 가능성은 우리가 날마다 접하는 일이다. 그래서 그 본성을 따르면 선이고

---

175) 所行異, 則用之善惡, 無定焉, 所爲情也. … 夫性之所發, 若無病疾, 必自聽命于理. 無有違節, 卽無不善. 然情也者, 性之足也, 時著偏疾者也, 故不當, 壹隨其欲, 不察于理之所指也(利瑪竇,『天主實義』下卷,「第七篇」).

176) 自然之行者, 順其本性行之, 如火燥水潤鳥飛魚躍, 人之視聽啖嗅等, 皆行乎自然, 無善無惡無功罪者也. 介然之行者, 係矣人意. 故或善或惡或功或罪(畢方濟,『靈言蠡勺』,「論行相似」).

어기면 악이 된다. 이 점은 앞서 심대윤도 지적한 것으로서, 특히 정치·경제적인 문제에서 이해관계의 대립을 통해 자주 보는 바이기도 하다. 그래서 일찍이 러셀도 "도덕적 기준이란 것은 인간의 욕구 영역 밖에서는 존재하지 않는다."[177]고 단언하였다. 어쩌면 가치의 주관성 더 나아가 상대성은 인간의 존재 방식에서 오는 필연이다.

더 나아가 최한기 이론에서 가치가 주관적일 수밖에 없는 것은 인간의 앎이 경험과 추측에 영향을 받기 때문이다. 곧 경험의 차이나 추측 활동의 역량에 따라 자기 중심의 가치를 형성할 수밖에 없기 때문이다.[178] 이렇게 보면 개인의 호오好惡나 선악 판단이 일정하지 않은 것은 경험을 추측한 것에 크게 좌우된다고 하겠다.[179] 오늘날 가짜 뉴스에도 선악의 잣대를 들이대고 분개하는 사람들을 보라!

어쩌면 우리가 경험과 추측의 차이에 따라 가치의 상대성을 인정하는 것은 가장 현실적일 수 있다. 최한기도 지리상의 발견 이후의 서학의 영향과 19세기 물밀 듯 밀려오는 외래사상을 접하면서 이런 가치 또는 문명의 상대성을 인정하지 않을 수 없었다. 가령 일부다처나 일처다부의 혼인 풍습이라는 것도 어느 하나가 절대적인 것이 아니라, 그 나라의 풍습이나 사정에 따라 달라질 수밖에 없고, 남자의 동정과 여자의 정조도 그 문화가 숭상하는 것에 따른다는 지적이다.[180] 이렇

---

177) 버트런드 러셀, 앞의 책, 91쪽.
178) 在世之人, 各從其所聞見, 以爲是非毀譽善惡生死, 是乃生在世間人之事, 非運化氣之有此事也(『氣學』 1-21).
179) 人之好惡是非之不一, 或以好爲惡, 以是爲非, 皆由於推測之如何耳(『推測錄』 卷5, 「測人測物有異」).

게 선악의 기원 문제에서 문명관까지 살펴보면, 화이론을 벗어나 상대적 가치관을 유지하고 있음을 알 수 있다. 이것은 그가 동시대나 이전 시대의 그 누구보다도 외부 사정을 잘 알았기 때문에 나온 생각이다.

이렇듯 최한기는 도덕의 형이상학적 근거를 극복하고 현실적 입장에서 가치의 상대성을 주장하는 것처럼 보인다. 그렇다면 그가 도덕적 가치의 상대론에만 안주했을까? 사실 이 점은 그만의 문제가 아니라 심대윤도 그 실천적 대안으로서 충서를 내세운 까닭이며, 오늘날 우리에게 해당하는 문제이기도 하다. 우리가 비록 문화적 다원주의와 가치의 상대성을 인정한다고 해도, 최소한의 합리적이고도 보편적 또는 대동의 기준이 필요한 것처럼 이들도 똑같은 맥락을 가지고 있었다.

최한기는 인간의 도덕성이 애초부터 주관적이지만 인식 활동을 통하여 점차 보편적인 것으로 나아간다고 여겼다. 이 점은 오늘날 인간의 인지 발달이나 도덕성 발달을 연구하는 학자들에 의하여 밝혀진 바이기도 하다. 그러나 어떻든 도덕의 상대성만 인정하면 문화나 종교 또는 관습의 차이에 따른 혼란을 피하기 어렵다. 19세기 당시 최한기는 이미 세계화를 의식하고 있었기 때문에 어떻게 하든 최소한의 도덕이나 가치의 기준이 되는 공통분모를 모색하고, 그 공통분모가 되는 근거를 밝히려고 하였다. 그 공통분모가 운화의 승순[181]이란 논

---

180) 男女多少, 亦各國之土産, 女多男少, 一男有妻妾, 男多女少, 二三男共一女, 男女相半, 一夫一妻. … 以女多國之聖人禮敎, 比男多國之禮敎, 易地皆然, 豈可是同非異哉. 至於男守童女守貞, 各有俗尙之貴賤(『人政』 卷12, 「戒色」).
181) 善者繼天而順之也, 不善者反是也, 經傳史策以至凡常文辭之善字, 可見承

리이며, 그 근거는 만물에 적용되는 기의 운화[182]이다.

운화하는 기에는 범위가 있는데 일신운화一身運化·통민운화統民運化·대기운화大氣運化가 말해주듯 운화기가 활동하는 범위에 개인과 국가·사회와 자연으로 그 영역을 적용할 수 있다. 자연히 운화의 승순과 내용에는 층위가 있다. 일신운화에 해당하는 개인의 삶은 인간도 하나의 생물이므로 자연의 원리를 따라야 함은 물론이지만, 인간사회의 일원으로서 통민운화의 내용인 사회나 국가의 규범 곧 인도를 준수해야 하는 것도 그것이며, 더 나아가 인간이 구축한 국가나 사회도 자연적 질서나 원리를 따라야 한다는 것으로 풀이할 수 있다.[183]

종합하면 운화의 승순은 개인과 사회가 제각기 그 상위의 사회적 규범이나 자연적 원리를 따라야 하는 논리인데, 운화란 결국 자연과 인간이 존재하는 현실이기 때문이다. 여기서 인간 행위의 다수는 통민운화에 적용되므로, 인간의 모든 도덕 판단의 근거를 자연의 원리에 일일이 대응시킬 필요는 없다. 다만 인류의 욕망과 자연의 대립이라는 관점에서 볼 때는 일신운화를 비롯한 통민운화가 대기운화에 승순해야 하는 것으로, 다시 말해 인류의 욕망을 자연적 원리에 맞게 조절해야 함을 강조한다. 그런 태도는 분명 인도가 천도를 따라야 한다는 전통의 논리로 『주역』적 사고와 관계가 있으며 더 나아가 장자나 노자의 사상과도 연결되는 지점이다.

順天氣運化之意也(『氣學』 1-85).

182) 德無常師, 運化爲師, 善無常主, 運化爲主, 取於人以爲善, 實取於運化也(같은 책, 2-66).

183) 운화의 승순이 갖는 윤리적·실천적 함의는 이종란, 『운화와 윤리』, 앞의 책, 139~181쪽을 참조하기 바람.

그렇다면 왜 인간의 본성에서 도덕적 근거를 찾는 성리학이나 신이 내재한 심성에서 찾는 한국신종교와 다르게 갑자기 이렇게 인간 의식의 바깥에 있는 외부의 운화에서 보편적 원리를 찾으려 하였을까? 여기에는 어떤 영향 관계와 해결 방식이 있을까?

여기에는 서학의 영향과 그에 대응한 점을 동시에 찾을 수 있다. 그리스도교에서 선행의 동기는 대개 피조물로서 신에 대한 의무나 사명, 그의 은총에 따른 보답, 그리고 내세의 복락에 대한 기대 등에 있다. 최한기는 서학의 이런 종교적 동기를 비판하면서도, 도덕 실천의 형식적 기준이랄까 근거를 그리스도교의 신처럼 인간 의식의 바깥에 있는 운화에서 찾았는데, 이 하느님에 맞먹는 최고 존재인 신기가 활동하는 운화가 그것이다. 다시 말해 보편적 선악을 인간의 의지로서 최고 존재의 활동 방식을 선택하는 여부에 따라 판단하는 점은 그리스도교에서 인간의 자유의지로써 신의 뜻을 선택한 행위의 결과에 따라 선악으로 갈라지는 것과 닮았다.

그러나 이것은 어디까지나 형식상의 유사점이고 그 차이는 『주역』에 보이는 바와 같이 인간의 도덕적 행위의 동기를 신에 대한 의무나 내세의 복락을 위한 것이 아니라, 현실의 길흉과 득실과 이해利害에 관계시키는 점이 그것이다.184)

사실 인간 행위의 동기를 이득을 좇고 손해를 피하려는 점에 둔

---

184) 善惡者, 公議之利害也. 利害者, 事勢之善惡也. 自初至終, 自微至著, 善爲利, 而利爲善矣, 惡爲害, 而害爲惡矣(『神氣通』卷3,「善惡利害」).; 以活動運化之性, 擧措於做善事, 則進退周旋, 避善事之戕害, 趨善事之利益, 要成善事(『氣學』2-90).; 推測之理合於運化之理, 所云得也善也, 不合於運化之理, 所云失也不善也(같은 책, 1-18).

190

것은 인간의 자연적 본성으로서 보편적이기 때문이다. 그래서 그것을 따른 것이 선이고 어기는 것이 악이 된다. 그런 점에서 앞서 심대윤이 주장은 매우 설득력이 있고, 최한기 또한 이익이 선이고 손해가 악이라는 보는 것은 이런 일신운화를 따르는 일로써 모든 인간에게 보편적이며, 욕망 또한 지나치지 않는다면 긍정된다. 그래서 운화승순의 동기를 이익과 결부시키는 것은 매우 자연스럽다. 사실 옳은 행동의 정의가 폭넓은 지지를 받을 수 있으려면, 그 목적이 인류 욕구의 커다란 부분을 차지하는 목적이어야 하기[185] 때문에, 개인의 욕망 추구의 긍정과 공리公利를 지향하는 이들의 논리는 설득력이 있다.

같은 시대에 살았던 두 기철학자가 이처럼 도덕적 실천에서 보편성 확보를 위해 똑같은 결론에 도달했다는 것은 실로 놀라운 일이지만, 주희성리학을 극복하면서 인간의 본성에 도덕적 가치를 전제하지 않았기 때문에 나온 자연스러운 대안이다. 어쩌면 이런 설명이 근대전환기 이후 합리성과 과학에 세뇌된 사람들에게 훨씬 설득력이 있어 보인다.

그런데 앞서 설명한 것처럼 그가 선악의 기원을 개인의 좋음과 싫음에 두고 있다는 점이 이렇게 이익과 손해와 결부되면 매우 설득력이 있고 보편적이기는 하지만, 보편적 도덕이 되기 위해서는 개인의 한 육체 안에서 일어나는 운화승순을 넘어서 사회적·문명적으로 누구에게나 타당해야 한다. 바로 이 점에서 운화의 승순은 통민운화라는 영역으로 전환되어 법이나 도덕 등의 사회적 규범 곧 인도를 따를 것을 주장한다. 다시 말해 그것들은 사람들에게 서로의 욕구가 충돌

---

185) 버트런드 러셀, 앞의 책, 91쪽.

할 가능성이 있음에도 불구하고 한 사회 속에서 함께 살 수 있도록 해주는 방법이다.186)

여기서 그 사회적 규범으로서 인도의 내용이 무엇인지 따지는 일은 또 다른 무거운 주제이다. 간략히 말하면 그는 인류 문명의 진보 또는 자연과학의 발달에 따른 인식의 보편성을 전제하고 있다. 그것이 그의 대동 개념에 녹아있는데, 그 대동이란 인류의 삶이 자연적 조건을 따른다는 점이 동일하다는 데서 가져왔다.187) 다시 말해 인류 문명의 차이를 일정히게 인정할 수밖에 없더라도, 자연에 적응하여 생산하고 삶을 영위하는 방식은 같다는 점이 그것이다. 거기서 출발하여 최소한의 보편적 규범을 추론할 수 있다는 믿음이 깔려 있다.

그가 말하는 대동이란 지역에 따른 문화나 문명의 차이를 인정하고, 인류가 살아가는 최소한의 규범과 통치 원리가 적용되는 상태를 뜻하는 것으로 보인다.188) 모든 인류가 자연에 적응해 생명을 이어간다는 대원칙과 사실로서 확인된 보편적 지식에 합의한다면, 이것을 근거로 합리적인 방식을 통하여 인류가 동의할 수 있는 최소한의 기준을 마련할 수 있을 것으로 보았다. 이것이 그가 구상한 자연과 대비되는 인간의 길로서 표현하는 인도로서 여기에 이미 대동이 전제되어 있고,189) 그 대동의 이념이란 인간의 지성이 추측을 통해 구축한 인도

---

186) 같은 책, 94쪽.
187) 各國政敎運化, 因土宜俗尙, 測人微有不同, … 身氣運化, 承天氣之運化, 擧天下皆同, 非四海各國生靈, 形貌不同也(『人政』卷1,「天下測人同異」).
188) 宇宙萬國, 小異者, 風土物産, 大同者, 神氣運化. 散處人民, 因其小異者, 以爲細行習俗, 承其大同者, 以爲倫綱政敎. … 又有得於人氣運化, 則細行習俗, 總和瀜於倫綱政敎, 以爲制治方略, 安其民, 天下之大同也(『氣學』1-73).
189) 人生大道, 統合天下人民而成其道, 非擧一家一國而各人道也. 一襲而天下皆

이다.

중요한 점은 최한기가 대동에 해당하는 이념 가운데 하나로 효제충신孝悌忠信과 인의예지[190] 등을 거론하였다는 점이다. 이것은 당시 조선 사회에서 그것 외에 대안적 이념이 없었고, 또 근대사상을 접하지 못한 상황에서 나온 자신의 문명에 대한 주체 의식의 발로이지, 이것 때문에 동도서기론으로 보기는 어렵다. 어떤 학문이든 그의 기철학적 관점에 부합되고 합리적이라면 다 수용될 수 있기 때문인데, 그런 점에서 유학도 유술儒術[191]이라고 하여 그 가운데 하나로 보았을 뿐이다. 학문의 근거와 기준이 운화에 있기 때문이다. 유학에 대해서는 다만 당시 조선 사회에서 타 학문보다 정치·사회적으로 현실적이고 유용했기 때문에 다른 대안이 없는 상태에서 여전히 주류로 고려했을 뿐이다.

정리하면 그의 이러한 기철학은 동서를 가릴 것 없이 날카롭게 사상의 본질을 분석하고 합리적인 범위 안에서 수용하거나 변용하지만, 다소 지나칠 정도로 과학적인 이성에 호소하고 있다. 그래서 그의 사유에는 문학이나 예술 그리고 종교가 침투할 여지가 적고, 도덕적 수양론이 인식론에 묻혀버린 낙관론이 지배하는 인상을 준다. 또 같은 기철학이면서 심대윤이 민중을 위해 의도한 것과도 결을 달리하여, 여전히 지식인 위주의 철학에 머물고 있다. 자연히 동시대의 민족종교로서 접근을 시도하여 민중의 문제를 해결하려고 한 것과도 차별성

襃, 乃大同人道之襃, 一貶而天下同貶, 乃大同之貶(『人政』卷6,「人道襃貶」).
190) 孝悌忠信, 達人氣之運化, 仁義禮智, 通心氣之大同(『氣學』1-64).
191) 『人政』卷11,「儒術」참조.

이 있다.

그러나 기 개념에서 서양 과학을 한국적으로 변용하였으나 서학 논리에 끌려가지 않고 거기에 대응해 전통적 요소를 끝까지 발전적으로 계승하면서 동서를 융합하는 그만의 독특한 기철학을 창의적으로 구축하였다. 그 때문에 과학과 기철학의 관계에서 현대에 여러 가지 시사점을 남기고 있다. 이 문제는 뒤의 해당되는 곳에서 더 논의하겠다.

2 종교적 대응 논리로서 기의 철학

1) 동학과 천도교

(1) 최제우의 지기

근대전환기 조선 사회는 체제의 한계에 따른 사회적 위기감과 부조리가 만연한 가운데, 서양 세력에 대응한 분야는 여러 가지가 있겠으나 자생적인 민족종교도 있다. 거기에 해당하는 최초의 종교 집단은 동학이다. 동학은 서쪽에 대한 동쪽이란 지리적 개념을 내포하고 있고, 동시에 전통을 잇고 있다는 의미도 분명히 하였으며, 당시에 일상적 용어로 굳어진 '서학'에 대한 '동학'이라는 언어적인 대응 관계도 작용하였다.192)

동학은 수운水雲 최제우崔濟愚(1824~1864)가 창시한 민족종교로서 그

---

192) 曰同道言之, 則名其西學也. 曰不然. 吾亦生於東, 受於東, 道雖天道, 學則東學. 況地分東西, 西何謂東, 東何謂西. 孔子生於魯, 風於鄒, 鄒魯之風, 傳遺於斯世, 吾道受於斯布於斯, 豈可謂以西名之者乎(『東經大全』, 「論學文」).

출발은 당시 부조리한 시대에 대한 강력한 문제의식에서 비롯하였다. 이 때문에 동학의 창시 배경에는 단지 서세동점에 따른 위기의식만이 아니라 내부적인 원인도 들어 있다. 당시 국내적 문제를 상징적으로 드러내는 말에는 "유도儒道 불도佛道 누천년에 운이 역시 다했던가."[193]라는 것이 있다. 기존의 전통사상이나 종교가 혼란한 시대에 민중의 삶을 편안케 하는 역할을 제대로 하지 못했다는 지적이다. 다만 여기서 잠깐 주목해 보아야 할 점은 최제우가 인의예지 또는 성誠·경敬·신信과 요순과 공맹의 가치를 분명히 따르고 있는 점이다. 이것을 보면 그가 유교의 가치 차체를 배격하는 것이 아니라, 당시 사회의 이념적 근거인 주희성리학이 이러한 민중적 삶을 개선하는 데 도움이 되지 않았음을 반영하고 있고, 불교 또한 그런 맥락에서 거론하고 있다.

그는 국내의 이런 사정과 아울러 서양 세력에 대한 우려와 위기의식도 강하게 표출하면서 보국안민의 계책이 필요함을 역설하였다.[194] 특히 천주의 뜻을 받든다고 하면서도 천하를 쳐서 빼앗는다는 서양인들의 이율배반적 모습[195]을 잘 지적하고 동시에 서양에 대한 잘못된 여론도 소개하고 있다.[196]

---

193) 『龍潭遺詞』, 「敎訓歌」.
194) 是故, 我國, 惡疾滿世, 民無四時之安, 是亦傷害之數也. 西洋, 戰勝攻取, 無事不成, 而天下盡滅, 亦不無脣亡之歎, 輔國安民計將安出(같은 책, 「布德文」).
195) 至於庚申, 傳聞西洋之人, 以爲天主之意, 不取富貴, 攻取天下, 立其堂, 行其道. 故吾亦有其然, 豈其然之疑(같은 책).
196) 夫庚申之年建巳之月, 天下紛亂, 民心淆薄, 莫知所向之地, 又有怪違之說, 崩騰于世間, 西洋之人, 道成立德, 及其造化, 無事不成, 功鬪干戈, 無人在

이 같은 시대의 문제의식에서 만든 종교가 동학으로, 동학도 서학과 마찬가지로 '천주'라는 최고신을 상정한다. 동학의 경전에 표기된 신의 명칭은 천주·상제·하늘님·한울님 등인데,[197] 본서에서는 한울님으로 통일해 사용하고 필요할 때 적절한 명칭을 사용하겠다.

동학의 최고신은 천주라는 명칭이 천주교의 그것과 같듯이 인격성을 지니고 있다.[198] 이 점은 동학이 천주교에 영향을 받아 대응한 것 가운데 하나로 보이지만 그 차이점은 무엇일까?

> 우리의 도는 무위이화無爲而化[199]라. 그 마음을 지키고 그 기를 바르게 하며, 그 성품을 좇고 그 가르침을 받으면, 자연스러운 가운데 되어 나온다. 그러나 서양 사람은 말에 차례가 없고 글에는 조리가 없으며, 도무지 천주를 위하는 단서가 없고, 다만 제 몸만을 위하여 빌 뿐이다. 몸에는 기화하는 신이 없고 배움에는 천주의 가르침이 없으니, 형태는 있으나 자취가 없고, 생각하는 것 같지만 주문이 없으며, 도는 허무한데 가깝고 배우는 것은 천주가 아니니, 어찌 우리 도와 다름이 없다고 하겠는가?[200]

前, 中國燒滅, 豈可無脣亡之患耶. 都緣無他, 斯人, 道稱西道, 學稱天主, 敎 則聖敎, 此非知天時而受天命耶(같은 책, 「論學文」).

197) 윤석산, 2006, 『수운 최제우』, 도서출판 모시는사람들, 197쪽. 그 외 造物者라 는 말도 보인다.

198) 그 대표적 사례가 신령과 대화하는 과정에서 보인다. 가령 『東經大全』의 「布 德文」에서 "曰勿懼勿恐. 世人謂我上帝, 汝不知上帝耶. 問其所然. 曰余亦無 功. 故生汝世間, 敎人此法, 勿疑勿疑. 曰然則西道以敎人乎. 曰不然." 등이 그것이다.

199) 노자의 그것과 맥을 같이 하지만, 우주의 자연적인 작용이 아니라 우주적 존 재인 신의 작용으로 보고 있다(윤석산, 앞의 책, 241쪽).

200) 吾道, 無爲而化矣. 守其心正其氣, 率其性受其敎, 化出於自然之中也. 西人,

이 인용은 천주교와 차이점을 분명히 밝힌 말이다. 우선 여기서 주목해 볼 부분은 서양 사람들의 종교는 '제 몸만을 위하여 빈다'라는 말이다. 이것은 실제로 최제우가 그리스도교의 신학을 제대로 이해했느냐 하는 점과는 별개의 문제로서, 당시 전파된 천주교와 조선의 신자들 그리고 서양인들의 모습을 두고 한 말일 가능성이 크다. 공동체의 문제보다 사적인 기복종교를 비판하는 근거가 될 수 있음과 동시에 동학이 나아갈 방향을 암시하고 있다.

다음으로 눈여겨보아야 할 것은 기라는 용어이다. '그 기를 바르게 한다'든지 '몸에 기화하는 신' 등에서 엿볼 수 있는데, 여기서 말하는 마음·기·성품·가르침의 주체를 받는 대명사 '그'는 천주인 한울님 가리킨다. 그렇다면 '그 기를 바르게 한다'는 말은 '한울님의 기를 바르게 한다'는 말과 논리상 일치하니, 한울님의 기가 있다는 말이 성립한다. 한울님의 기가 있다고 상정한다면 그리스도교의 하느님과 전혀 다르게 된다. 앞서 지적한 대로 그리스도교 신학에서 말하는 하느님은 세계를 초월하여 세계 밖에 존재하는 비물질적인 신이다. 그러니까 동학에서 말하는 한울님은 기라는 점에서 그리스도교의 그것과 존재론적 관점에서는 전혀 다르며, 그 때문에 그리스도교에는 신과 인간을 매개할 근거가 없어서 차례·조리·단서가 없다고 비판한 것 같다.

최제우 자신은 이런 한울님을 지기至氣로 규정한다. 이 지기는 그가 전한 21자 주문의 맨 처음에 등장하기도 하는데, 그 자신이 직접 풀이

言無次第, 書無皂白, 而頓無爲天主之端, 只祝自爲身之謀. 身無氣化之神, 學無天主之敎, 有形無迹, 如思無呪, 道近虛無, 學非天主, 豈可謂無異者乎 (『東經大全』, 「論學文」).

하기도 하였다.

　　지기라는 것은 허령이 창창하여 간섭하지 않는 일이 없고, 명령
하지 않는 일이 없으며, 모양이 있는 것 같으나 형상하기 어렵고 들
리는 것 같으나 보기는 어려우니, 이 또한 혼원한[201] 일기이다.[202]

　여기서 '간섭하지 않는 일이 없고, 명령하지 않는 일이 없다'라는
말은 간섭·명령하는 의지를 가진 인격적인 신의 전지전능한 역할을
말하며, 동시에 신이 모든 곳에 존재함을 표현한 말이다. 더구나 그것
은 전통의 기철학자들이 세계의 시원으로서 말하는 혼원한 일기이므
로, 지기 또한 그러하며 그리스도교의 신처럼 이 세계 밖에서 초월적
으로 존재하면서 세계에 간섭하거나 명령하는 것이 아니라 세계 안에
들어와 그렇게 한다. 이렇다면 자연적 물리 현상도 이러한 신이 관여
하여 질서를 부여하고 있다고 말할 수 있다.[203] 그래서 노자식의 비인

---

201) 원문 渾元은 보통 천지의 기 또는 천지를 의미하기도 한다. 최초로 보이는
　　문헌에는 『漢書·敍傳上』에 "渾元運物, 流不處兮."인데 顏師의 古注에 "渾
　　元, 天地之氣也."로 되어 있다. 그래서 뒤에 一氣라는 말이 나오므로 문법상
　　천지로 보고, 곧 渾元之一氣는 천지를 이루는 하나의 기라는 의미로 볼 수
　　있다. 또 천도교 누리집 교리교사연구 자료의 「대신사와 동학사상」, 『교리교
　　사연구』 제4호에서 표영삼은 '천지의 바탕'으로 설명하는데 역시 뜻이 통한
　　다. 다수의 연구자는 渾元을 기를 형용하는 말로 보고 있다. 필자도 최시형의
　　"天地一氣圓也, 氣是渾元(『海月神師法說』, 「天地人·鬼神·陰陽」)."을 따
　　라 기를 형용한 것으로 따른다. '뒤섞여 천지의 바탕이 되는' 정도로 이해하면
　　되겠다.
202) 至氣者, 虛靈蒼蒼, 無事不涉, 無事不命, 然而如形而難狀, 如聞而難見, 是亦
　　渾元之一氣也(『東經大全』, 「論學文」).
203) 蓋自上古以來, 春秋迭代, 四時盛衰, 不遷不易, 是亦天主造化之迹, 昭然于

198

격적이며 이법적인 자연관 또는 비인격적인 물리적 자연관을 간접적으로 비판한다.[204] 아무튼 그의 신은 기와 분리할 수 없으므로 적어도 세계 안에 내재하는 신이다.

이처럼 천지를 주재하는 주체가 기이므로 최제우의 이런 사상은 기철학과 상당히 관련이 깊다.[205] 가령 최한기가 서학에서 말하는 하느님을 신기로 바꾸면 된다고 한 것은 신이라 하더라도 어떤 존재적 기반을 가져야 한다는 점에서 최제우의 방향과 일치한다. 이런 태도는 존재하는 어떤 것도 기를 떠나서 독립적으로 존재할 수 없다는 것과 귀신이라 할지라도 기로 보는 전통적 사유의 공로이다.[206] 다만 그 기에 인격성을 부여하여 지기라고 규정한 것이 보통의 기철학과 다른 점이다.

문제는 이런 기에 어떻게 인격성을 부여할 수 있느냐이다. 앞서 설명했듯이 전통적으로 기에 생명성이나 운동성을 부여하여 생기나 활물이라고 규정하여 왔고, 또 제한적으로 인간의 정신, 드물게 자연적 기에 신기라는 표현을 해 왔다. 그렇다면 지기의 인격성도 결국 인간의 정신성을 우주로 확장한 것인가? 아니면 기의 순수하고 맑은 것을

天下也(같은 책, 「布德文」).

204) 愚夫愚民, 未知雨露之澤, 知其無爲而化矣(같은 책).

205) 일찍이 이돈화는 지기일원론(1968,『신인철학』, 천도교중앙총부 편, 28쪽)이라 하였고, 김용휘도 지기일원론으로 보았으며(2003, 「崔濟愚의 侍天主에 나타난 天觀」, 『한국사상사학』, 한국사상사학회, 228쪽), 이철승은 기철학의 관점을 중시한다(2017, 「동학사상에 나타난 도덕의식」, 『인문학연구』, 조선대학교 인문학연구소, 125쪽)고 평가하였다.

206) 최제우 자신도 "천지 역시 귀신이고, 귀신 또한 음양(의 기)이라(『龍潭遺詞』, 「道德歌」)."는 점을 익히 주장하였다.

의인화한 것인가? 그것은 그의 체험이었기 때문에 논증할 필요성을 느끼지 않았던 것 같다. 그러나 그의 후계자들 특히 손병희의 경우는 근대전환기 과학의 도전에 대응하여 답을 내놓아야만 했다.

또 최제우의 지기 개념에는 신령으로서의 신과 기의 개념만 있지 도의 역할은 축소되어 있다. 자연의 운행은 한울님의 간섭과 명령으로 된 것처럼 말하고 있기 때문이다. 다시 말하면 이법으로서 도 또는 리의 실체성이 약화되어 있는데, 그가 말하는 도는 대부분 자신이 만든 동학을 가리키며, 리를 사용하더라도 태극이나 일리一理처럼 우주의 본원으로 설명한 경우는 없고 기의 작동 원리나 법칙으로 나타내거나207) 도를 실현하는 구체적인 방법론이다.208) 더구나 전통의 오행사상을 따랐을지라도209) 그것을 그렇게 하는 까닭이나 주재를 리라고 말하지는 않았다.

왜 이렇게 리의 관점이 축소되었느냐 하는 점은 충분히 이해할 수 있다. 그는 양반의 후예이자 또 퇴계 이황과 그 후예의 학문적 영향 아래 있었으므로 리에 대해서 모를 리 없었다. 그런데도 리를 배제해 버리고, 지기인 한울님을 최고 범주에 둔 것은 바로 서두에서 말했듯이 주희성리학의 이념이 지배하던 당시 조선 후기 사회의 부조리에 대한 비판 의식 때문이었을 것이다. 리를 절대적인 것으로 보지 않았기에 자연히 수양과 실천으로 등장하는 것이 존천리알인욕存天理遏人欲

---

207) 김용휘, 2003, 「崔濟愚의 侍天主에 나타난 天觀」, 『한국사상사학』, 한국사상 사학회, 231쪽.
208) 박맹수, 2014, 「동학계 종교운동의 역사적 전개와 사상의 시대적 변화−동학 과 천도교를 중심으로−」, 『한국종교』 제37집, 원광대종교문제연구소, 58쪽.
209) 天爲五行之綱, 地爲五行之質, 人爲五行之氣(『東經大全』, 「論學文」).

이 아닌 수심守心·정기正氣210)로 바뀐다. 이것은 성리학이 아닌 도교의 수련 방법과 관련되므로 그의 사상에는 도교와 연결되는 곳이 분명히 있다.

그 때문에 심과 기는 성리학의 관점보다 도교와 관련된 동학의 관점에서 봐야 하는데, 심은 신이 내려준 본심을 가리키고 기는 우주에 충만한 지기이자 내 마음속에 모셔진 신령으로서 지기이다. 그런 이유로 그의 후계자들에 의하여 이 심에 대한 해석이 심화된다.

또 하나 기의 철학적 관점에서 되짚고 넘어가야 할 부분은 천주로서 지기와 물리적 자연을 구성하는 기가 같은 것인가 다른 것인가 하는 점이다. 물론 일기라는 말 속에 같다는 점을 추론할 수는 있지만, 그 경우 복잡한 문제가 생긴다. 사실 그리스도교는 절대자인 신이 자신이 창조한 피조물인 만물 속에 깃들 수 없고 초월하기 때문에 만물은 가치 중립적인 과학의 대상이 될 수 있다. 동학에는 비록 세계 창조에 대한 언급이 없어도 논리적으로 보면, 지기인 일기가 만물을 구성하므로 자연히 천주는 자신이 구성한 만물 속에 깃들게 된다. 그렇다면 만물은 근원적으로 천주가 내재한 선한 존재가 된다.

문제는 서구 문명의 영향으로 가치 중립적이라고 여기는 과학의 대상으로서 자연이다. 최제우는 종교적 수행과 깨달음 및 실천에 온 힘을 쏟았기 때문에 과학적 관점에서 접근한 흔적을 발견하기 어렵고, 또 당시는 과학 자체가 크게 대두된 때가 아니다. 비록 그렇더라도

---

210) 학자에 따라 다양한 해석이 있다. 일반적으로 동학의 수양과 실천론에 관련된 내용으로 곧 수심은 내 안에 모셔져 있는 한울님을 깨닫고 그로부터 받은 마음을 회복하고 지키는 것, 기운을 바르게 한다는 정기는 바른 실천을 의미한다고 한다(윤석산, 앞의 책, 237쪽).

지기로서 가치를 지닌 기와 물리적 대상으로서 기는 적어도 근대전환
기 서양 문명을 접하고 받아들이면서 물리적 자연을 탐구하는 과학과
의 관계를 설정해야 하는 문제이다.

　사실 이 점은 최제우의 기론에서 찾아보기 어려운 문제 가운데 하
나로서 동학을 계승한 지도자들이 해결해야 할 화두였다. 천지의 혼
원한 일기라는 점에서는 차별성이 없어 보이나 다른 곳에서는 그 가
능성을 보인다. 가령 수심·정기라고 할 때도 정기正氣는 부정한 기를
전제하고 있고, 또 다음의 글도 그 가운데 하나이다.

> 문 : 하늘의 마음이 곧 사람의 마음이라면 어찌하여 선악이 있습
> 　　니까?
> 답 : 그 사람 귀천의 다름을 명하고 그 사람 고락의 이치를 정하
> 　　였으나, 군자의 덕은 기가 발라 마음이 정해져 있으므로 천
> 　　지와 더불어 그 덕에 합한다. 반면에 소인의 덕은 기가 바르
> 　　지 못해 마음이 옮겨가므로 천지와 더불어 그 명을 어기나
> 　　니, 이것이 성쇠의 이치가 아니겠는가?[211]

　기에 바르거나 바르지 못한 차이가 있음을 밝히고 있다. 이 차이가
후천적이라 하더라도 원래 바른 지기라는 일기에서 온 것이라면 어째
서 바르지 못한 기가 생길 수 있느냐는 문제를 제기할 수 있다. 그
해결책으로 물질적 기와 정신적 기로 나눌 경우, 다시 말해 우리가
물리적인 기를 과거 서양인들이 물질을 규정하듯 죽어 있는 질료로만

---

211) 曰天心卽人心, 則何有善惡也. 曰命其人貴賤之殊, 定其人苦樂之理, 然而君
　　子之德, 氣有正而心有定, 故與天地合其德. 小人之德, 氣不正而心有移, 故
　　與天地違其命, 此非盛衰之理耶(『東經大全』, 「論學文」).

이해한다면, 기에서 정신적 존재와 물질적 존재의 분리라는 이원론적 접근을 피해 갈 수 없다.[212] 차라리 물리적 현상과 인격적(정신적) 현상은 같은 기의 두 측면, 곧 인격적 요소가 강할 때는 지기로, 물리적 성격이 강할 때는 보통의 기로 보아야 하지 않을지? 당연히 과학이 아닌 종교의 방향으로 나아갔기 때문에 물리적 측면보다 인격적이고 영적인 측면이 강조되었을 것이다. 그렇지 않으면 지기와 보통의 물리적 기는 별다른 존재로 보아야 하는 문제가 생긴다.

아무튼 악 또는 불선의 기원을 밝히는 문제는 기의 철학 내에서는 매우 까다로운 문제이다. 선악이란 사실(fact)의 문제가 아니라 가치(value)의 문제이기 때문에, 주체와 대상의 관계에서 주체가 판단하는 몫이지 물리적 탐구의 대상은 아니다. 다만 그런 악이나 불선을 유발하는 원인이 어디에 있느냐 하는 점은 '바르지 못한 기' 때문이라고 말할 수 있다. 그래서 그 '바르지 못한 기'라는 것은 이런 도덕적 정신성이 부족한 기로 보아야 할 것 같다.[213]

이것이 최제우의 탁월한 점이다. 그 '바르지 못한 기'란 달리 말하면, 인간의 육체적 욕망에 휩쓸린 마음으로서 기이다. 만약 그것을

---

212) 기가 '물심 양면을 표현할 가능성을 가진 조화의 존재(李敦化, 1924, 『人乃天要義』, 천도교중앙총부, 238쪽)'라는 점을 해석해 '즉 기는 물질인데 비하여 지기는 허령이다(윤석산, 앞의 책, 209쪽)'라고 규정하면, 물질과 정신이 대립하는 이원적 규정에서 자유로울 수 없다. 그것은 단지 기의 물리적·정신적 두 측면으로 봐야 할 것 같다. 바로 이것이 기를 유물론으로 해석할 수 없는 이유이다.

213) 이것은 바로 맹자가 말한 浩然之氣나 夜氣가 부족한 경우와 흡사하다. 동학의 지기와 호연기기의 관련성은 이철승, 2017, 「동학사상에 나타난 도덕의식」, 『인문학연구』, 조선대학교 인문학연구소, 118쪽에 보인다.

기가 아닌 다른 범주나 요소를 끌어다 원인으로 설정하면 기의 철학은 그만큼 축소되고 정합성이 떨어진다. 그래서 그 욕망에 이끌린 마음이 하늘의 명을 어기어 악이 생긴다. 이 관점은 최시형에 이르면 보다 심화되고, 손병희에 이르면 나름의 해법을 내놓게 된다.

정리하면 최제우는 시대의 문제를 해결하려고 고민하고 수도한 끝에 내세운 것이 종교의 형태를 띤 동학이었다. 대개 시대가 어려울 때 학문보다는 종교가 번성한다. 그만큼 민중들이 마음 둘 것이 없기 때문이다. 그는 조선의 주희성리학 전통에서는 도저히 용납하기 어려운 인격적 신으로서 독특한 지기를 내세웠다. 비록 유교 경전에 원시종교의 형태로서 상제 개념이 남아있었지만, 거기서는 이렇게 구체적인 종교의 모습으로 설명하지는 않았다. 지기의 인격성을 말한 그의 독창성은 되레 조선 당국으로부터 혹세무민한다는 지적을 당했다.

사실 인격신을 기로 보는 관점은 도교의 전통에서는 이미 그렇게 설명해 왔기 때문에 동아시아 전통에서 전혀 생소한 일은 아니다. 더구나 기를 생기 또는 활물로 보는 관점도 있으므로 거기에 인격성을 부여하는 것은 그리 어려운 문제는 아닐 것이다. 특히 귀신도 기로 보고, 또 인간의 정신 현상도 신기로 보았으므로, 신령스러운 지기를 말하는 것은 전혀 어색하지 않다. 그럼으로써 또 동시에 인격신을 강조하는 그리스도교에 대응할 수 있었다. 이런 최제우의 기론은 그리스도교에 대응하며 동시에 사상적으로 전통을 계승하여 한국적으로 특성화한 것이라 규정할 수 있다. 그러나 논증의 방식이 아닌 지기로 이루어진 신령의 체험은 누구나 보편적으로 가능한지 여전히 의문으로 남는다.

(2) 최시형의 일기일체

해월海月 최시형崔時亨(1827~1898)은 최제우의 제자이자 동학의 제2 대 교주이다. 그는 최제우와 같은 경주 출신으로 어려운 유년기를 보내고, 청년이 된 뒤 한때 제지소에서 일했으나 다시 농부가 되어 농사를 지었다. 그때 최제우를 만나 동학에 입교하고 제자가 되었으며, 그를 이어 동학의 교세를 확장하고 종교 체제를 완성한 것으로 전해진다.

사실 최제우의 사상과 최시형의 그것을 비교해 보면 미묘한 차이점을 발견할 수 있다. 가령 최시형은 천주를 모시고 있는 '사람이 하늘'214)이라는 관점에서 더 나아가 시천주의 대상을 만물에까지 적용하여 '모든 사람과 만물이 다 나의 동포'215)라는 생각을 하게 된다. 곧 형식적인 시천주라는 명제에서 천주에 해당하는 대상이 천지와 사람과 만물로 확장되고 있다. 게다가 '내유신령內有神靈'의 개념이 가진 신비적 요소를 탈각시키면서 곧바로 '심즉천心卽天'216)을 더 강조하는 미묘한 변화가 일어나며 밖으로는 모든 것이 하늘이라는 사유로 확대된다.217)

그렇다면 무엇을 근거로 사람과 하늘이 같고, 또 만물이 모두 동포

---

214) 人是天, 天是人. 人外無天, 天外無人(『海月神師法說』, 「天地人·鬼神·陰陽」).

215) 사람은 敬天함으로써 自己의 永生을 알게 될 것이요, 敬天함으로써 人吾同胞 物吾同胞의 全的理諦를 깨달을 것이요(같은 책, 「三敬」).

216) 心卽天, 天卽心, 心外無天, 天外無心, 天與心本無二物(같은 책, 「天地人·鬼神·陰陽」).

217) 김용휘, 2017, 「해월 최시형의 자연관과 생명사상」, 『철학논총』 제90집, 제4권, 새한철학회, 169쪽.

가 되는가? 다시 말하면 무엇을 매개로 사람이 하늘이 되는가? 사실 사람이 하늘이라는 명제는 전통철학의 논리에서 보면 전혀 낯설지 않다. 가까이 성리학의 성즉리도 따지고 보면 천리가 곧 인간의 본성이므로 천리의 차원에서 보면 인간도 하늘이며, 기 철학의 입장에서 볼 때 존재하는 물건은 모두 똑같이 하늘의 기를 받아 생성되었으므로 만물이 나의 동포라는 생각은 생소하지 않다.

최시형이 이렇게 말한 것은 최제우의 '사람마다 지기로서 천주를 모시고 있다'는 관점을 계승하고 있다고 볼 때, 더욱이 최제우가 한울님을 리가 아니 기로 보았다는 점에서, 지기가 일기라는 점에서 만물이 같다는 근거가 무엇인지 추론하는 일은 어렵지 않다. 그래서 만물이 같다는 근거는 기 때문이라고 할 수 있지만, 아직 섣부른 판단이다. 그 까닭은 그의 기론 내부에서 '이기理氣'의 관계가 갖는 매우 중요한 문제이기 때문이다. 이를 이해하기 위해서는 다소 긴 설명이 필요하다. 이 문제는 잠시 보류하고 우선 그의 기 개념부터 살펴보자.

먼저 최시형은 천지가 한 기의 덩어리[218]라고 말한다. 더 나아가 인간인 나와 하늘은 모두 일기이자 한 몸이라고 한다.[219] 이러한 표현은 종교적 가르침의 전제로서 말했지만, 기 철학의 세계관에서도 어긋나지 않는다. 그리고 이런 기는 앞서 말했듯이 같은 기이지만 물리적 기와 신령인 한울님으로서 기라는 양면성을 가지므로, 한울님의 조화로서 자연에서 운행되는 물리적 기를 애써 부정하지는 않는다.[220]

---

218) 天地, 一氣塊也(『海月神師法說』, 「篤工」).
219) 我與天, 都是一氣一體也(같은 책, 「修道法」).

또 그는 천지 사이에 충만한 것은 모두 혼원한 일기221)라고 한다. 이 '혼원한 일기' 개념은 앞서 최제우가 지기를 설명할 때 이미 한 말로서 우주나 천지의 바탕이 되는 일기이다. 그러니까 천지는 지기로서 하나라고 하는 논리는 최시형에게 있어서도 여전히 유효했다. 곧 "우주는 하나의 기가 부린 것이며 하나의 신이 한 일이다."222) 여기서 하나의 기이자 신이 우주를 부리거나 그렇게 만들었다는 것은 형식상 그리스도교의 창조설과 유사하나 기의 취산에서 볼 때 전혀 다른 일이다. 신이 기를 창조한 것이 아니라 신으로서 기이기 때문이다. 그리스도교 신학처럼 표현하면 태초에 기가 있었고 기가 곧 신이라고 말할 수 있다.

더 나아가 그는 이렇게 말한다.

우리 인간이 화생하는 것은 하늘의 영기靈氣을 모시고 화생하고, 우리 인간이 생활하는 것도 하늘의 영기를 모시고 생활하니, 하필이 인간만이 천주를 모신다고 유독 말겠는가? 천지 만물이 모두 천주를 모시지 않음이 없으니, 저 새소리도 천주를 모신 소리이다.223)

전체 맥락은 만물이 천주를 모시고 있다는 표현이지만, 우리는 여

---

220) 天以陰陽五行, 化生萬民長養五穀, 則人是五行之秀氣也, 穀亦五行之元氣也, 以五行之元氣, 飼養五行之秀氣, 化而生之長而成之者, 非天伊誰, 非恩曰何(같은 책,「道訣」).

221) 宇宙間充滿者, 都是渾元之一氣也(같은 책,「誠敬信」).

222) 宇宙는 一氣의 所使며 一神의 所爲라(같은 책,「其他」).

223) 吾人之化生, 侍天靈氣而化生, 吾人之生活, 亦侍天靈氣而生活, 何必斯人也, 獨謂侍天主. 天地萬物, 皆莫非侍天主也, 彼鳥聲, 亦是侍天主之聲也(같은 책,「靈符呪文」).

기서 그가 지기를 영기로 바꾸었음을 금방 알아차릴 수 있다. 그러니까 '시천주' 대신에 '시영기'가 되고 있다. 그는 이 밖에도 천주지영기天主之靈氣,[224] 천주감응지기天主感應之氣[225]라는 용어를 쓰고 있고, 심지어 천지정신天地精神[226]이라는 표현도 마다하지 않는다. 용어상에서 볼 때 지기를 보다 영적인 특성이 강한 기로 점차 바꾸어 사용하고 있음을 알 수 있다. 뭐라고 부르든 명칭 자체가 중요한 것이 아니라 그것이 실제로 존재한다고 믿는 한울님 곧 천주의 기운이라는 데더 큰 의미가 있다.

어떻든 인간만이 아니라 만물이 이러한 하늘의 영기, 천주의 기운을 모시고 있다는 점에서 만물이 동일하다는 생각이다. 최제우가 인간에 한해서 시천주를 말한 것과 달리 최시형은 이렇게 모든 만물이 천주를 모시고 있다는 관점으로 확장했는데, 그것을 매개하는 것을 여기서는 영기로 보았다. 더욱이 하늘이 곧 나요 내가 곧 하늘이라는 생각의 근거는 바로 나의 기와 천지 우주의 원기가 일맥상통하기 때문이라고 한다.[227] 그래서 만물이 모두 천주를 모시고 있으므로 아이

---

224) 같은 책, 「向我設位」에 2번 등장함.
225) 같은 책.
226) 人能淸其心源, 淨其氣海, 萬塵不汚, 慾念不生, 天地精神, 總歸一身之中 (같은 책, 「守心正氣」).; 天地精神令我曉(같은 책, 「降詩」). 여기서 精神을 서양에서 물질과 대립하는 이데아나 영혼 같은 비물질적인 실체를 번역한 말로 이해하면 안 된다. 이것은 精과 神이 결합한 말로서 그 기원이 『周易』 「繫辭上」 3장에서 말한 精氣와 鬼神이란 말에서 보이지만, 훗날 정신은 인간의 정신 현상을 기의 신묘한 작용으로 표현한 말이다. 이는 전통적으로 인간의 정신 현상과 관계된 기를 그렇게 표현하였고, 여기서는 그것을 천지로 확대했다.
227) 我의 一氣가 天地宇宙의 元氣와 一脈相通이며, 我의 一心이 造化鬼神의

들을 때리지 말거나 살생을 하지 않는 생명을 존중해야 한다는 생명
사상과 평등사상으로 이어지는데,[228] 당시의 시대적 문제가 반영되어
있다고 하겠다.

여기서 온전한 기의 철학이라면 인간의 선악 문제도 그것으로 설명
해야 한다. 최제우의 사상에서 보았듯이 악을 발생하는 조건 또는 영
향으로서 현실적으로 바르지 못한 기가 있다는 인상을 주었다. 최시
형 역시 최제우의 관점을 따라 선악은 기와 마음이 바르거나 바르지
못한 데서 기인한다고 여겼다.[229] 바르지 못한 기가 있다는 점에서
그의 기 개념에는 물리적인 것과 한울님으로서 신 개념이 섞여 있다
고 보아야 한다. 다만 강조점이 신 개념 속에 치중해 있을 뿐이다.
한울님을 이룬 기가 바르지 못하다고 생각할 수는 없기 때문이다.

그렇다면 인간은 지기 또는 영기를 가지고 있다면서 왜 하늘의 명
을 어기느냐 하는 점이다. 달리 말하면 왜 잘못된 기의 지배를 받느냐
이다. 그 직접적 원인의 대표적인 것을 물욕으로 보는 것 같다.[230]
물욕을 불러일으키는 기가 바르지 못한 기였다. 논리적으로 볼 때 본
원으로서 선한 지기 또는 일기는 육체의 과도한 욕망을 따르면 달라
지는 녹문 임성주 식의 기일분수의 연장선에 있다.

所使와 一家活用이니, 故로 天卽我이며 我卽天이라(같은 책, 「其他」).

228) 道家婦人, 輕勿打兒, 打兒卽打天矣, 天厭氣傷. … 萬物莫非侍天主, 能知此
理, 則殺生不禁而自禁矣(같은 책, 「待人接物」).

229) 我是天, 天是我也. 我與天, 都是一體也. 然而氣不正而心有移, 故違其命, 氣
有正而心有定, 故合其德, 道之成不成, 都在於氣心之正如何矣(같은 책, 「修
道法」).

230) 然則, 我與天, 都是一氣一體也. 除去物慾, 透得道理, 則至大至天, 至化至
氣, 至於至聖, 摠是我也(같은 책).

그런데 악행의 결과로 이어지는 잘못에 대한 신의 심판과 형벌 관념은 최제우와 마찬가지로 그의 사상에는 등장하지 않는다. 그 때문에 서학처럼 자유의지를 개입시킬 이유도 없었으며 다만 교조의 인격적인 신관을 계승하면서도 더욱 내면화시켜 마음을 강조하였다.[231]

이제 이 시점에서 마음과 관련하여 앞에서 잠시 보류했던 문제를 되짚어 보아야 할 것 같다. 그것은 그가 기를 말할 때 언제나 기만을 말하지 않았다는 점이다. 앞서 본 바와 같이 기일원론적인 우주관을 말하면서도, 동시에 많은 곳에서 리理와 겸하여 '이기理氣'라고 낱말을 붙여서 사용하고 있다. 『대신선사법설』에는 무려 21번 등장한다. 이렇게 자주 등장하는 데는 최시형 나름의 의도가 있을 것이다.

이처럼 이기를 하나로 융합시켜 쓰는 경우는 종래의 학문적 관점, 특히 조선 후기 주희성리학의 풍토 속에서는 도저히 용납할 수 없는 일이다. 이것은 범주 자체가 완전히 독립된 두 존재이기 때문이다. 설령 세계를 기라는 하나의 존재로만 규정할 때에도 리는 기의 리이기 때문에 이렇게 병렬해서 표현하지 않았다.

사실 최시형은 한문을 몰랐고 그가 구술한 말을 옆에서 따르던 손천민孫天民(1857~1900)[232]이라는 교도가 한자로 옮겨 적었기 때문에[233] 그 과정에서, 혹은 다른 날 그가 직접 구술하는 이기 개념에 대해 의

---

231) 같은 책, 「守心正氣」; 같은 책, 「其他」. 참조

232) 청주목의 아전 출신으로 학식과 문장이 뛰어난 것으로 알려지며 庶姪인 손병희를 동학에 입교시킨 사람으로 훗날 교조 신원을 펼치면서 동학운동에 참가하였다.

233) 신용하, 1980, 「東學 第二代 敎主 崔時亨의 『理氣大全』」, 『한국학보』 6-4, 일지사(한국학보), 153쪽.

아하게 생각했던 사람이 있었던 모양이다. 그래서 그것에 관한 문답
이 남아있다.

> 문: 리와 기 두 글자 가운데 어느 것이 먼저 존재합니까?
> 답: 천 가지 만 가지 물건에서 천지와 음양과 일월이 화생한 이치
> 는 한 이기의 조화가 아님이 없다. 나누어 말하면 기란 천지
> 와 귀신과 조화의 현묘한 것을 총괄한 이름이니, 모두 하나의
> 기이다.[234]

어느 것이 먼저 존재한다는 답은 없고 다만 만물은 모두 이기의
조화라고만 말한다. 여기서 '한[一] 이기'라고 한 것을 보면, 이기를
하나로 보려는 점을 알 수 있다. 그런데도 굳이 분석해 말한다면 운동
하여 보이든 보이지 않는 모든 현상적인 것을 기의 일로 보았다는
점이다. 이렇게 보면 보통 리를 기의 법칙이나 조리로만 보는 기철학
과 구별된다. 그렇더라도 철학적 관점에서 볼 때 여기까지는 융합된
이기가 정확히 어떤 것인지 알 수 없다. 그래서 답변은 계속 이어진다.
   그 답의 요점만 말하면 리와 기는 둘로 나눌 수 없다고 한다. 다만
애써 밝게 분별해 논리적으로 따져 볼 때 처음에 기를 펼친 것은 리이
나, 형상을 이룬 뒤에 운동하는 것은 기라고 한다.[235] 어찌 보면 주희

---

234) 或問曰, 理氣二字, 何者居先乎. 答曰, 天地陰陽日月於千萬物, 化生之理, 莫
非一理氣造化也. 分而言之, 氣者, 天地鬼神造化玄妙之總名, 都是一氣也
(『海月神師法說』, 「天地理氣」).

235) 又曰, 化生天理, 運動天氣. 以理化生, 以氣動止, 則先理後氣, 亦是當然. 合
言鬼神氣運造化都是一氣也. 分言鬼神難形難測, 氣運剛健不息, 造化玄妙
無爲, 究其根本, 一氣而已. 明辨, 初宣氣, 理也, 成形後運動, 氣也, 氣則理
也, 何必分而二之. 氣者, 造化之元體根本也, 理者, 造化之玄妙也. 氣生理,

가 현실에서 이기불상리를 주장하면서도 세계의 근원을 논리적으로 따져 볼 때 리선기후가 되어야 한다는 관점과 흡사하다. 그러나 그것과 다른 점은 '기가 곧 리이고', '기가 리를 낳고 리가 기를 낳는다'는 말에서 드러난다. 주희성리학에서는 절대로 리와 기는 다른 사물로서 '기가 리이다'라고 하거나 '기가 리를 낳는다'는 생각을 애초부터 불가능하다. 곧 '기가 리를 낳는다'는 것은 물리적 법칙으로서 기의 조리를 일컫는 말로 보이지만, '리가 기를 낳는다'는 측면에서 볼 때 리는 형이상의 것으로 기의 리로 볼 수 없다. 그럼에도 불구하고 합해보거나 나누어 보아도 모두 기라고 한다.

그러니까 현실에서 사물이 운동하고 변화하는 실체는 이기이다. 그것은 현실적으로 분리할 수 없고 현상적으로 드러나기 때문에 기의 일이다. 이 때문에 현재 천도교 누리집에서도 모두 '이치기운'이라는 말로 옮겨서 소개하고 있다.[236] 그러나 어떻든 리를 기와 병행하여 언급했다는 점에서 리를 기처럼 실체화했다는 생각을 지울 수 없다.[237] 왜 그랬을까?

최시형이 한문을 몰랐다고 하더라도 그의 말에서 '이치기운'을 병용했다는 점을 충분히 상상할 수 있다. 그 때문에 교조인 최제우가 그렇게 하지 않는 것을 그가 굳이 이렇게 병용한 것은 특별한 의도

理生氣, 成天地之數, 化萬物之理, 以立天地大定數也(같은 책).

[236] 만약 '이치기운'을 언어적 습관에 따라 '이치의 기운'으로 볼 수도 있는데, 이렇게 되면 형이상의 이치가 힘을 갖는 것처럼 되어 서학의 천주와 같은 위상을 지니므로, 이렇게 해석하는 것은 지기가 신령이라는 본래의 취지에 어긋나고 되레 그리스도교 중세 신관과 유사하게 된다.

[237] 理潛於渾元一氣(『海月神師法說』,「天道와 儒佛仙」).

가 있었을 것이다. 우리는 여기서 『해월신사법설』의 첫 번째 편명이 「천지이기」이고 두 번째 편명이 「천지부모」라는 점에 주목할 필요가 있다.

앞서 보았듯이 최시형은 천지가 기의 덩어리로서 모든 만물을 낳는 모태로 보았다. 기의 덩어리이므로 최제우가 말한 지기의 덩어리로 환치해도 문제 될 것은 없다. 그래서 지기로 여기는 천주를 자연스럽게 천지로 바꿀 수 있었다.[238] 결국 마음 밖에 있는 부모를 섬기듯 천지를 섬겨야 한다는 논리로 전개한다.[239] 곧 천지가 만물의 부모라는 생각은 원래 유교 경전 가운데 하나인 『서경』에 있지만,[240] 여기서 지기와 연결해 섬겨야 하는 논리로 확장하였다.

그런데 천지를 부모라고 여기면서 리를 배제한 채 기만을 존재론적 최고 범주에 놓는다면 뭔가 어색했을 것이다. 전통적으로 하늘과 땅인 천지를 부모나 남녀나 음양 등 서로 짝을 이룬 것으로 표현하였는데, 그런 전통 때문에 민중의 상식적인 수준에서 천지를 말하면서 존재의 근거를 기 하나로 보아 설명하기에는 매우 어색한 문제가 뒤따른다. 앞서 심대윤이 만물의 발생에서 상배와 상합의 논리를 적용한 의도와 맞닿아 있는데, 민중에겐 이렇게 말해야 통하기 때문이다.

바로 여기서 그리스도교의 남성 중심 '하느님 아버지'와 달리 시천주의 대상이 아버지를 상징하는 하늘과 어머니를 상징하는 땅을 합하여 천지로 확장되었기 때문에, 이기라는 융합적 개념이 등장한 이유

---

238) 이것을 삼단논법으로도 해결할 수 있다. 곧 "①지기는 천주다. ②천지는 지기 (기의 덩어리)이다. ③그러므로 천주는 천지이다."라는 논리가 가능하다.

239) 같은 책, 「天地父母」 참조.

240) 惟天地萬物父母, 惟人萬物之靈(『書經』, 「泰誓上」).

가운데 하나가 아닐까 생각된다. 곧 사람이 태어나려면 서로 한 몸인 아비와 어미가 있어야 하듯이 그에 상응하는 천지 만물의 이기가 필요했다. 기만 말했더라면 당시 리의 철학이 강했던 조선의 학문적 풍토 속에서 조금이라도 글자를 아는 식자층이나 또 이들의 영향을 받았던 민중들에게 교세를 확장할 수 없었을 것이다.

이렇듯 태아에게 부모가 있듯이 천지 만물이 생겨나려면 그 부모로서 천지 이기의 조화가 있어야 한다.[241] 섬기는 원리에서 볼 때 부모는 한 몸이고 분리할 수 없어서 이기도 분리할 수 없었다. 이런 이기의 개념은 주희성리학과 같은 맥락이 아니라, 섬김의 대상으로서 천주와 등치 시킨 천지를 섬긴다는 종교적 입장에서 이기를 등장시켰다. 다시 말하면 모두 같은 대상이지만 이기는 철학의 입장에서, 천지는 구체적으로 드러나는 자연의 측면에서, 천주는 종교적 신의 관점에서 보는 사람의 수준과 입장에 따라 이해할 수 있도록 말한 장치임을 알 수 있다. 그러나 어떻든 기의 철학에서 볼 때 천지는 뭇 생명의 부모로서 일정한 법칙과 그 생명의 원천으로서 기를 지니고 있다고 보아야 한다.

사실 최제우에게 한울님은 일차적으로 인간의 내면에 내재한 거룩한 영으로서 '내유신령內有神靈'이었고, 그에게는 '시천주'가 어디까지나 인간을 설명하는 데 머물렀지 그것을 만물까지 적용하지는 않았던 것으로 보인다.[242] 그에 반하여 최시형은 거기서 더 나아가 천지 자체

---

241) 天地卽父母, 父母卽天地, 天地父母一體也. 父母之胞胎, 卽天地之胞胎. 今
人但知父母胞胎之理, 不知天地之胞胎之理氣也. … 萬物化生, 非天地理氣
造化而何也(『海月神師法說』, 「天地父母」).

242) 김용휘, 「해월 최시형의 자연관과 생명사상」, 앞의 글, 169쪽.

를 한울님으로 보고 그에 대한 공경의 방향으로 확대하였다.

그렇다면 '내유신령'이라고 할 때의 나의 내면에 있는 신령은 어떻게 볼 것인가? 여기서 최시형은 양명학의 논리와 유사하게 "심이 곧 하늘이며 하늘이 심으로서, 심 바깥에 하늘이 없고 하늘 바깥에 심이 없으니, 하늘과 심은 본래 두 물건이 아니다."[243]라고 하여, 내면에서 나와 인격적으로 분리된 두 주체, 곧 신령과 내가 대화하는 신비적인 것이 아니라, 일종의 자신의 본심에서 천주를 찾는다. 심에 대한 것은 맹자가 말했던 것과 유사한 어린아이의 마음인 적자지심赤子之心을 회복하여 간직할 것을 강조하고 있다.[244] 이렇게 '내유신령'은 이런 심에서 찾고, '외유기화外有氣化'는 '천지부모'를 섬기는 방향으로 전개되었음을 확인할 수 있다.

이처럼 최시형 때에 와서 교조 최제우의 사상이 심화·확대되는 것은 어쩌면 당연한 결과인지도 모른다. 그의 대에 와서 동학이 종교로서 체계화되고 확장성을 갖게 되었다는 학계의 평가에 근거하면, 민중들이 교조와 똑같은 방식으로 수련·체험할 수 없기 때문에, 그들이 믿고 따를 수 있는 보편적인 가르침과 간편한 수행법이 필요했을 것이다. 무엇보다 그런 가르침 속에 인간과 만물이 다 한울님을 모신 존재이자 하늘 그 자체라 본 것은 그 당시에서는 획기적인 생각으로 타 종교, 특히 당시 조선에 전파된 그리스도교가 도저히 흉내 낼 수 없었던 사상이다. 철학적으로 인간평등만이 아니라 만물평등까지 그

---

243) 心卽天, 天卽心, 心外無天, 天外無心, 天與心本無二物(『海月神師法說』, 「天地人·鬼神·陰陽」).

244) 盡心奉行, 以尋其本, 以達其本, 以達其源, 然復赤子之心, 的然卞天地之理, 則不患不到聖哲之域矣(같은 책, 「道訣」).

근거를 마련하였기 때문이다.

최시형이 이처럼 최제우의 지기 개념을 이어 확장하고, 리와 기를 융합해 사용하며 천지를 부모처럼 섬기고, 또 본심을 강조한 것은 전통적 요소의 한국적 특성화이며, 더욱이 천주와 이기를 같은 것으로 보는 점은 사상사적으로 볼 때 도교 전통에서 도·기·신을 하나로 보는 것과 일맥상통하다.

이런 그의 사상은 아마도 근대전환기 조선 사회의 전근대적 요소의 온존과 아울러 그리스도교의 남녀평등과 인류애 등에 대한 도전을 받아 신분해방과 인간평등을 넘어서 만물까지 사랑하는 생명사상을 드러낸 종교사상적 대응으로 보인다. 여기서 눈여겨보아야 할 점은 최시형이 "우리 도는 유학과 같고 불교와 같고 선도와도 같으나, 사실은 유학도 아니요 불교도 아니요 선도도 아니니라."[245]라고 하여, 우리철학의 방법론을 잘 보여주고 있다는 점이다. 바로 이런 방법은 전통사상의 재해석을 통한 한국적 특성화라 할 수 있는데, 이것은 또 그리스도교라는 외래종교의 도전에 대한 대응도 한 축을 이루고 있다. 이런 방법론은 결과적으로 생물의 진화 과정에서 보여주는 원리, 곧 원래의 것과 같지도 않으면서 그렇다고 다르지도 않은 불일불이不一不二의 중도中道[246]를 보여주는 사상의 진화를 잘 나타내고 있다고 하겠다.

---

245) 吾道, 似儒似佛似仙, 實則, 非儒非佛非仙也(같은 책, 「天道와 儒佛仙」).
246) 양형진, 2016, 「진화하는 세계에 나타나는 상입의 창발적인 연기 과정과 시공간적 연기 구조」, 『불교학보』 77, 동국대학교 불교문화연구원, 321쪽. 예컨대 시조새의 경우처럼 새와 공룡과 같지도 않으면서 동시에 그것들과 다르지도 않은 것과 같은 논리이다.

(3) 손병희의 삼재일기

의암義菴 손병희孫秉熙(1861~1922)는 동학의 제3대 교주이자 동학을 천도교로 개편한 중심 인물이며 독립운동가와 교육 활동가로서, 그의 사상은 동학운동과 계몽운동 그리고 독립운동 등의 사회적 실천과 분리해서 이해하기 어렵다.[247] 그는 서자로 태어나 20대에 이르러 방황할 즈음 숙부 손천민을 통해서 최시형을 만나 동학에 입교하고 그의 가르침을 따르고 활동하면서 훗날의 지도자가 되었다고 전한다.

흔히 제3대까지 동학 교주들의 사상을 한마디로 요약하여 최제우는 '시천주', 최시형은 '사인여천', 손병희는 '인내천'이라고 말하는데, 이 용어만 가지고 서로 간의 사상의 연관성과 성격을 단번에 파악하기 쉽지 않다. 쉽게 말해 시천주는 천주의 영이 인간의 몸 안에 내재해 있고 그것을 체험하는 것이 중요했다면, 최시형의 사인여천의 근거가 되는 인즉천人則天은 그 천주를 어떤 신비적인 영의 내재로만 보지 않고 인간의 마음 자체로 파악하고자 했으며, 손병희 또한 시천주를 천주의 영이 인간에 내재하는 것으로 보지 않고 인간 자체가 바로 천주로서의 하늘이라고 생각했는데[248] 그것이 인내천이라고 한다.

---

247) 갑오년(1894) 직후부터 1905년까지의 손병희의 행적과 천도교의 성격을 통해, 1860년에 성립을 본 동학과 1905년에 성립을 본 천도교를 동일 선상에 두어 이해하려는 견해는 수정되어야 한다(박맹수, 2014, 「동학계 종교운동의 역사적 전개와 사상의 시대적 변화-동학과 천도교를 중심으로-」, 『한국종교』 제37집, 원광대학교 종교문제연구소, 75쪽)는 주장도 있는데, 본서의 서술은 자연히 이런 견해를 수용한다. 기에 대한 변화의 모습을 탐구하기 때문이다.
248) 김영철, 2017, 「의암 손병희 사상의 철학적 조명」, 『동학학보』 제43호, 동학학회, 342쪽.

이런 진술은 얼핏 보면 동학이 천도교로 진행하면서 신관도 무신론으로 진행하였다는 뜻으로 오해할 수도 있다. 만약 신령으로서 신 개념을 거부했다면, 지기로서 천주는 사상적으로 생명을 다하고 기란 단순히 물리적인 것으로만 남는가? 아니면 계승하면서 다른 것으로 더 강조되었다는 의미인가? 그것도 아니면 초월적이고 인격적인 신을 섬기는 것이 아니라, 불교처럼 인간의 본마음 또는 본성을 깨달으면 인간 자체가 신의 경지에 오른다는 뜻일까?

사실 이런 질문의 답은 손병희의 종교철학을 이해하는 관건이다. 이 과정에서 기가 어떤 역할을 하며 또 어떤 위상에 처해있는지 밝히는 것이 기의 철학이 담당해야 할 몫이다. 더 나아가 그의 종교철학의 논리가 선배 교주의 그것과 또는 당시 시대정신이었던 문명개화와 어떤 관계에 놓였는지 밝히는 것도 우리철학의 방법론을 이해하는 관건이 될 수도 있다.

먼저 그의 기에 대한 관점부터 알아보자. 그는 세상에 존재하는 모든 것 다시 말해 천·지·인 삼재가 모두 하나의 기[249]라고 말한다. 여기서 말하는 기가 물리적인지 아니면 천·지·인 삼재에 깃든 신령으로서 천주를 말하는 것이지 확인하기는 어렵지만, 앞서 설명한 최시형의 가르침을 따른다면 논리상 양쪽 다 가능하다. 게다가 그는 인간이란 하늘의 큰 정신[250]의 범위 안에서 생성된 것이라고 본다.[251]

---

249) 是故天地人三才者, 都是一氣也(『義菴聖師法說』,「無體法經」,〈覺世眞經〉).
250) 앞의 각주에서 간단히 언급하였지만, 전통적으로 精神은 서양에서 물질과 대립하는 이데아나 영혼 같은 비물질적인 실체를 번역한 말이 아니라, 魂魄처럼 기와 연관되어 있다. 예컨대 『周易』「繫辭上」3장에서 말한 精氣와 鬼神의 주희 주석에서 陰精과 陽氣가 모여서 사물을 이룬 것이 神의 펼침이라는

전통적인 기의 개념에 생명성과 때로는 정신성을 포함해 있기 때문이기도 하고, 또 최제우가 지기를 천주로 여긴 가르침을 따라 기의 정신적인 측면이 강조된 것으로 볼 수도 있지만, 나름의 철학적 관점이 있을 것이다. 그래서 모든 존재가 기와 연결되어 있어서, 이것을 곧장 기철학의 기일원론과 같다고 규정한다면, 아직 섣부른 판단이다.

사실 그는 기가 물리적 현실을 구성하는 만물의 근원이라는 점을 확실히 견지하고 있지만,[252] 신령으로서 기를 말한 곳은 그리 많지 않다. 지기라는 용어는 『의암성사법설』에 겨우 3번 등장하는데, 모두 최제우의 가르침을 받든다는 의미로써 사용하였다. 신령으로서 지기를 계승하고는 있지만, 신령 자체에 강조점을 둔 것 같지는 않다. 이것이 앞서 인용한 연구에서 '천주를 어떤 신비적인 영의 내재'로 보지 않았다는 판단의 근거가 되었을 것이다. 그는 여전히 조화를 주재하는 것이 한울님이라 하고 하늘이 신이라는 말을 하고는 있지만, 사실 어떤 인격적인 것보다 장시간 끝도 없이 운행하는 하늘에 대한 의인화의 성격이 짙다.[253] 그래서 그는 일신을 숭배하는 종교를 세운다고

말로 풀이하여, 精과 神은 모두 기와 관련이 있다. 또 『淮南子』, 「精神訓」에서는 "是故精神者天之有也, 而骨骸者地之有也. … 夫精神者, 所受於天也, 而形體者所稟於地也."라고 하여 하늘의 기와 연관됨을 말하고 있다. 손병희가 여기서 말한 정신은 서양의 그것과 동일시하기는 어렵지만, 적어도 서양 종교를 의식하고 있는 점을 부정할 수는 없다.

251) 敎, 天大精神, 人, 此精神範圍內生成者(『義菴聖師法說』, 「大宗正義」).

252) 天開地闢, 乾坤定矣. 物理自然, 五行相生, 氣凝而熾盛, 萬物生焉.; 같은 책, 〈斥言虛誣章〉: 我亦稟氣而生, 寄寓斯世, 言語動靜, 用心處事, 莫非一氣之所使也.; 같은 책, 「三戰論」, 〈序論〉: 道本乎天, 洋洋乎宇宙者, 莫非一氣之所幹也(같은 책, 「明理傳」, 〈創世原因章〉).

253) 같은 책, 「其他」 참조.

말하면서도 하늘을 추상적인 큰 범위로 규정하고 있다.[254]

　이 점은 근대전환기 새로운 문물과 근대적 학문의 도전에 따른 그의 고민을 반영한 것이기도 하다. 그는 이미 많은 종교와 또 학문으로서 철학을 알고 있었고 그로부터 도전을 받고 있었기에, 다분히 주관적인 종래의 신앙적 체험만으로 종교의 보편성과 확장성을 유지하기 어려웠을 것이다. 그래서 신앙과 철학의 차별성을 인지했더라도, 철학의 도전에 따른 합리적 신앙을 위해서는 신에 대한 체험보다 종교철학적 논리가 필요했던 것으로 보인다.[255]

　그렇다면 신령으로서 기의 역할은 끝났는가? 이 점은 그리 간단한 문제가 아니며, 또한 그의 성性·심心의 이론과 연결되어 있어서 뒤에서 설명하겠다. 다만 여기서는 기 개념과 이기의 관계를 좀 더 살피고자 한다. 그의 기 개념에는 음양만이 아니라 오행이라는 범주를 여전히 사용하고 있다.[256] 이 점은 앞선 세대의 홍대용이나 최한기의 태도

---

254) 敎, 天大精神, 人, 此精神範圍內生成者. … 是多神時代最高面目. … 後天大氣轉輪以來, 思想一層進明, 一神崇拜敎門立, 天其抽象的大範圍. 是由舊時斑斑的小部分, 總其下風趣(같은 책, 「大宗正義」). 이 내용은 당시 一神敎(세계의 종교를 통합한 종교)를 강조하는 흐름과 관련이 있다. 趙素昻(1887~1958)도 一神敎를 주장하였는데, 손병희 또한 사상이 진보하면 多神敎(유교·불교·기독교·이슬람교 등을 함께 일컫는 말)가 하나로 합쳐지는 一神敎가 될 것이라 보았다.

255) 吾敎信仰哲學制度三區分, 人心傾向準的地定. 信仰, 人天粘着, 其身自由忘. 哲學, 性本來天身衆生相兩段分定, 性身久暫別, 性界榮譽三光同壽期, 身界利益百年一夢認, 大旨揚明. 制度, 天人合一的要點抽出, 性靈人正的肉身人正軌定, 新鮮面目一大素天國構成者. 白日天心當, 其光萬國(같은 책).; 大神師神機能, 哲學推究不得靈迹有, 深水急雨徒行衣巾不濕, 手摩心念人病愈(같은 책).

256) 人의 化生之初로 言하면 淳然한 陰陽理氣의 交應된 바이다(같은 책, 「衛生

와 다르다.

그런데 여기서 미묘한 변화가 일어나고 있다. 기라는 용어를 공기 空氣로 바꾸어 쓰고 있는 점이 발견된다. 먼저 그가 사용한 공기는 물리적인 연기와 같은 기체(air)로 사용한 모습도 볼 수 있지만,[257] 오늘날 우리가 사용하는 대기 가운데 기체의 대명사로만 사용한 것 같지는 않다. 여전히 만물의 근원으로써 최제우가 혼원한 일기라고 말할 때의 지기의 의미를 계승하고 있지만, 또 여기서도 미묘한 변화 가 일어나는데, 그 공기는 바로 천지의 기로서 마치 인간에게 정신과 같은 것으로 본다.[258]

결국 자연 상태의 공기와 인간의 정신은 같은 범주 안에 있다. 이것 이 앞서 '하늘의 큰 정신'을 언급했을 때 필자가 나름의 철학적 관점 이 있을 것이라고 말한 내용이다! 이 점은 용어만 달랐지 최한기가 그의 『신기통』에서 자연 상태의 기를 신기로, 인간 정신 현상의 주체 도 신기로 규정한 것과 별반 차이가 없다. 다만 기라는 점에서 둘은 같지만, 손병희가 신령으로서 지기를 계승한 것만 다른 점이다. 이 점은 기를 공기라는 용어로 바꾸어 사용하여 당시에 과학을 수용하면 서 근대 학문의 용어를 적용함으로써, 새로이 개칭한 천도교의 이미 지를 참신하게 보이려는 시도가 아닐까 의심된다. 자연히 그 공기라

保護章」); 天開地闢, 乾坤定矣. 物理自然, 五行相生, 氣凝而熾盛, 萬物生焉 (『義菴聖師法說』,「明理傳」,〈創世原因章〉).

257) 一生而逝去者, 物理之自然也. 以有歸無, 有何可考. 興比於目睹, 伐木燒爐, 則所生者, 卽一煙氣也, 輕彼靑煙, 與空氣合飛, 而但所餘者, 風前灰爐也(같 은 책,「明理傳」,〈斥言虛誣章〉).

258) 天地萬物의 開闢은 空氣로써 하고 人生萬事의 開闢은 精神으로써 하나니 汝의 精神이 곧 天地의 空氣니라(같은 책,「人與物開闢說」)

는 말이 서양에서 물리적 기체로만 사용한다는 맥락을 무시했다.

더 나아가 이런 연장선에서 이제 이 기 개념에 서양 과학에서 말하는 원자와 분자를 포함하고 있다.

> 원자는 공기 가운데 원소의 일종이니 서로 분리되어 존재하는 이치가 없는 것이고, 분자는 각각의 원자가 서로 합하여 생성한 것이니 수소와 수소가 서로 모이면 단체團體[259])이며, 수소와 산소가 서로 용납하여 모이면 복체複體[260])이니, 이것은 모두 천지 만물이 화생하는 기이다.[261]

이 인용문을 보면 공기를 기로 보아 기 개념의 외연이 원자나 분자로 확장되었음을 알 수 있고, 분자보다 원자가 더 근원적인 원소이다. '공기 가운데 원소의 일종'이라는 의미는 기에 다양한 종류가 있음을 전제하며, 다음 절에서 밝히겠지만 '산소'나 '수소'를 비롯하여 '공기', '원소' 등의 용어는 전통적 기 개념이 근대적 물질 개념으로 전환되어 기의 취산을 설명하는 매우 중요한 발언이다. 동시에 이런 물질이 결합하며 세계와 우주를 이룬 과학의 지식을 자신의 종교와 연결하려는 의도도 보이고, 또 앞서 공기를 정신으로 보았다는 점을 가지고 추론하면, 신령으로서 지기 개념은 우주 자연이 하나의 영체靈體라는 관점으로 구체화하고 있다. 이점은 뒤에서 더 논의하겠다.

---

259) 현대적 의미로 단원소로 이루어진 물질인 單體로 보인다.
260) 현대적 의미로 화합물을 말함.
261) 原子는 空氣中 原素之一種이니 無相離存在之理也요 分子는 各原子相合而生成者也니 水素與水素 相合則 團體也 水素與酸素相容相合則 複體也니 是는 皆天地 萬物化生之氣也니라(『義菴聖師法說』,「原子分子說」)

이처럼 기를 말했으니 전통적 학문 태도에 따라 반드시 등장하는 것이 리인데, 그는 리를 어떻게 설명하고 있을까? 그의 스승 최시형처럼 하나로 융합하여 이기로 사용하고 있을까? 이를 살펴보기 전에 그가 말한 하늘 곧 천을 어떤 의미로 사용했는지 먼저 알아볼 필요가 있다.

그는 천에 대해서 스스로 그러한 리와 스스로 그러한 기로 만물을 만드는 창조주[262]라고 정의하고 있다. 물론 이때의 천은 신앙적 입장에서 의인화된 것이지만, 자연과 만물에는 리와 기가 두 존재로서 등장한다. 그는 리와 기가 무엇인가라는 질문에 천지에 사뭇 차 있고 만물에 내외 없이 뻗어있는 리와 기가 각각 부분을 갖는데, 리가 모인 곳에 기가 리에 응하여 형상을 이루는 것도 있고, 형상을 이룬 곳에 리가 형상을 따라 더욱 드러나는 것도 있다고 대답한다.[263] 이것을 얼핏 보면 리와 기가 독립된 실체처럼 생각할 수 있다. 더구나 리와 기가 갖는 각 부분이 무엇인지 묻는 말에는 "사람과 금수와 초목과 곤충이 되는 이치와 기운이 각기 종류가 있어 서로 혼잡지 아니하여, 그 이치와 기운이 없어지지도 아니하며 생기지도 아니하여 항상 세상을 준비하느니라."[264]라고 대답하고 있다. 그러니까 리와 기를 각기 분리해서 말하면, 만물에도 그 사물의 고유란 리와 기가 불변한 것으로 갖추어져 있다고 말함으로써, 사물이 리와 기로써 불변하다는 일종의 형이상학적 관점을 유지하는 것처럼 보인다.

---

262) 같은 책, 「其他」, 〈玄機問答〉 참조.
263) 같은 책 참조.
264) 같은 책.

이기의 개념은 여기서 끝나지 않는다. 앞에서 잠시 보류했던 성과 심의 이론과 연결되어 있어서 성과 심의 관계에서 이기가 어떤 것인지 보다 분명하게 밝혀질 것 같다. 성과 심은 손병희의 종교철학에서 매우 중요한 부분이지만, 본서가 기의 철학을 다루므로 그것을 자세히 분석할 여유가 없어서 관련된 것만 간단히 언급하겠다.

> 성이 닫히면 모든 리와 모든 일의 원소가 되고, 성이 열리면 모든 리와 모든 일의 좋은 거울이 된다. 모든 리와 모든 일이 거울 속에 들어가 능히 운용하는 것을 심이라 말한다. 심은 곧 신이요, 신은 곧 기운이 이룬 것이다.[265]

이 인용문은 난해하면서도 손병희 종교철학의 핵심 내용 가운데 하나이다. 여기에 전통철학의 범주로 자주 사용하는 성·심·리·기·신이 등장하는데, 이것들이 전통의 그것과 같은지 다른지 또 상호간에 어떤 의미가 있는지 분석하는 것이 그의 철학을 이해하는 관건이 된다.

먼저 성이 닫히거나 열린다는 의미에 대해서는 심이 성으로 변한 것을 닫혔다고 말하고, 성이 심을 낳은 것을 열렸다고 정의한다.[266] 심이 성으로 변할 수도 있고 또 성이 심을 낳을 수도 있으니, 성이란 무형의 이치와 유형의 우주 그리고 인간의 길흉화복의 근원처로서 불생불멸하는 무한의 진리[267]로 이해될 수 있다. 달리 말하면 성은

---

265) 性闔, 則爲萬理萬事之原素, 性開, 則爲萬理萬事之良鏡. 萬理萬事入鏡中, 能運用曰心. 心卽神, 神卽氣運所致也(같은 책, 「無體法經」, 〈性心辨〉).

266) 是以, 心幻性曰闔, 性生心曰開, 性心雙修, 惟知道者能之(같은 책).

267) 오문환, 2006, 「의암 손병희의 성심관—『무체법경』을 중심으로—」, 『동학학보』

비고 고요한 우주의 본체이자 만물이 화생되어 나오는 생성의 근원, 이기가 혼융한 하나의 궁극적 실재 그리고 성령性靈으로 표시되듯이 영적 실재를 의미하기도 한다.268) 이기가 혼융되었다는 점에서 최시형이 이기를 융합하여 사용하는 것과 맥락을 같이 한다. 물론 여기서 성은 리, 심은 기라고 분리해 말하기도 하여 마치 주희성리학의 성과 심처럼 보이기도 하지만, 원칙적으로 리와 기가 분리되지 않음을 강조하고 있다.269)

또 모든 리와 일이 거울 곧 성 속에서 운용되는 것이 심이라고 하여, 성의 범주 안에서 현상적으로 운용하는 것을 심이라 규정하였고, 그 심은 기로써 신이란 기의 신임을 분명히 하였다. 이 점은 전통적으로 기의 신으로 본 것과 같은 맥락이고, 그래서 정신 또는 신이라고 말할 때는 기의 특수한 측면을 가리켰다.

이런 성심의 관계 속에서 그는 성·심·리·기·정精을 다시 색다르게 규정한다. 곧 성이란 천지 정령의 몸체로 보고, 심이란 들리는 것 같지만 보기 어려운 혼원한 허령으로, 기란 리의 정령이 크게 나타나는 수려한 모양으로, 리란 시작이 없는 것으로서 있는 것의 큰 덩어리로, 정이란 몸체의 지극한 영으로 보았다.270) 이렇게 비록 전통철학의

제10권 1호, 동학학회, 142쪽.

268) 김용휘, 2008, 「의암 손병희의 『無體法經』과 동학·천도교의 修煉」, 『동학연구』 25, 한국동학학회, 63쪽.

269) 然見性者不見氣, 見氣者不見性, 違道不已, 惜乎. 性, 理也, 性理空空寂寂, 無邊無量, 無動無靜之原素而已. 心, 氣也, 心氣圓圓充充, 浩浩潑潑, 動靜變化無時不中者, 所以於斯二者無一, 非性非心也(『義菴聖師法說』, 「無體法經」, 〈性心身三端〉).

270) 같은 책, 「覺世眞經」 참조.

용어로 표현하였지만, 그 내용을 보면 다분히 영적이고 종교적 성격을 띠고 있다. 그렇게 함으로써 교조와 스승의 가르침을 철학적으로 해석해 계승하고 있다고 하겠다.

손병희는 성을 진리 그 자체이자 나의 본래 모습으로 가정한다. 마치 성리학에서 천리가 인간의 본성이듯이 형식적으로는 그러하다. 이제 사람은 누구나 태어날 때 이 성을 갖고 태어났으니 이 성 속에 마음이 있게 되면 누구나 신이 된다. 그러므로 사람이 하늘이다(人乃天).[271] 이제 남은 일은 자신의 본성이 무엇인지 깨달아 알면 내 마음이 상제요 천지가 된다.[272] 내가 상제 곧 신과 하나가 되는 일은 본성을 깨닫는 일종의 심성에 대한 철학이 대신하게 되었다.

그가 영적 체험을 통해 신과 하나가 되는 방향을 비록 포기하지는 않았다 하더라도, 철학적 논증과 영적 깨달음을 통하여 신과 하나가 되는 길을 열어둠으로써, 당시 문명개화의 사회 풍토에서 일종의 미신으로 폄하될 수밖에 없었던 동학을 이런 종교철학의 건립과 함께 천도교로 바꾼 것은 근대전환기 타 종교에 일정하게 대응한 노력이라 할 수 있다. 이 점은 철학이 시대의 문제를 해결하려는 노력에서 나온다는 점을 극명하게 보여주는 대목이기도 하다.

주목해 보아야 할 점은 앞에서 줄곧 제기했던 문제로서 이전의 교주들이 명확히 드러내지 않았던 점, 곧 인격적이고 또 신령으로서 기를 말하면서도, 인간의 욕망을 비롯한 물리적 현상을 일으켜 악의 요

---

271) 오문환, 앞의 글, 2006, 128쪽.
272) 我心覺之, 上帝卽我心, 天地我心, 森羅萬相, 皆我心之一物也(『義菴聖師法說』, 「無體法經」, 〈神通考〉).

226

소가 되는 기에 대해서 뚜렷이 말하지 않았던 것을 손병희 때에 와서 말하고 있다는 점이다. 곧 선과 악이 기의 철학 내에서 구체적으로 어떻게 해서 생기는지 그의 말에서 살펴볼 수 있다.

이 점은 하늘이 공평한 마음으로 사람을 내었는데 지혜와 총명에 있어서 상등과 하등의 차별이 있는가에 대한 질문의 답에서 찾아볼 수 있다. 이 답은 비유로 표현되고 있다. 곧 하늘이 사람을 만들 때 입으로 물을 머금어 뿜는 것과 같아서 큰 물방울과 작은 물방울이 있는 것으로 설명하여[273] 선악이 나누어지는 것이 마치 품부된 기의 영향으로 보고 있는 것처럼 보인다.[274]

그는 여기서 더 나아가 성령性靈의 밝고 신령함을 근본으로 하여 발생한 마음이 어째서 정대하기 어렵냐는 질문에 대해 이렇게 말한다. 그것은 하늘이 선신과 악신에게 사람을 시험하게 하여 그 영향을 받는다고 한다. 그래서

> 하늘이 본래 사람의 자유를 허락한지라, 선악은 물론하고 사람이 행하는 대로 볼 뿐이나 선한 사람에게는 명예와 복록으로써 영화를 누리게 하고, 악한 사람에게는 죄악과 형벌로써 앙화殃禍를 받게 하느니, 이는 다 하늘의 시험으로 사람에게 닥치는 결과가 되는 것이다.[275]

---

273) 같은 책, 「其他」, 〈玄機問答〉.
274) 천지는 한 공기라. … 공기 속에 선하고 악하고 이롭고 해로운 종류가 각기 부분이 있으니, 그 부분에 대하여 능히 입으로 마시며 마음으로 마시기를 분간하여 각기 그 양을 채우는 것이 방법이니라(같은 책).
275) 같은 책.

'하늘이 본래 사람의 자유를 허락했다'라는 말은 그리스도교의 자유의지와 유사하다. 그러나 그리스도교의 그것은 애초에 전능한 하느님이 창조한 세상에 부조리라는 결함이 있다는 게 문제라는 생각, 곧 인간이 자신의 죄악에 상응하는 하느님의 형벌에 대해서 부당하다고 핑계 대지 못하게 만든 장치로서, 책임은 인간 자신에게 있다는 것을 가르치기 위해 만든 개념인데 반해, 손병희는 비록 표현이 그것과 유사해도 그의 사상 체계에서 볼 때 인간이 자유롭게 선택할 수 있는 의지가 있음을 밝힌 것에 지나지 않아 보인다. 물론 앞의 두 교주에게는 이런 견해를 찾을 수 없었다. 이 점은 손병희가 당시 상황에서 동학을 천도교로 개편하면서 서양 종교에 대응한 흔적으로 보인다.[276] 다시 말하면 하늘로부터 받은 본성에는 원래 선악이 없는데, 어떻게 사람이 그렇게 될 수 있는가에 대한 대답이었다.

여기서 악신의 영향이라는 비유로 설명하지만, 사실 그것은 육신에 관계되는 사정私情과 욕심 때문이다.[277] 결국 악 또는 불선이 생기는 것은 육신에서 오는 인간의 욕망 때문인데, 이 또한 기의 일이라 아니할 수 없었다.

그가 탁월하게 본 점은 선악이란 원래 어떤 실체로서 존재하지 않는다는 견해이다. 곧 하늘과 땅이 생긴 이래로 많은 중생의 움직임과 일체 선악이 다 사람마다 마음을 말미암는 것이며[278] 사람의 행위에

---

276) 그런 점에서 손병희의 일본 외유는 근대 문명의 섭취를 위한 것(박맹수, 앞의 글, 75쪽)이라는 점이 설득력이 있다.

277) 같은 책, 「其他」, 〈玄機問答〉 참조.

278) 夫天地有生以來, 億億衆生, 施爲運動, 一切善善惡惡, 皆是人人由心(같은 책, 「後經2」).

서 생기는 것으로 향하고 등지는 데서 일어나는 생각[279]이라고 본 일이 그것이다. 이 점은 매우 중요하다. 앞서 최한기에서도 보이지만 선악이란 윤리적 가치가 그 자체로 존재하는 것이 아니라 어떤 인격체가 판단하는 몫이기 때문이다. 선악이 형이상학적으로 정해져 있지 않고 마음으로 말미암는다는 견해는 근대전환기 이전에는 찾아보기 매우 어려운 관점이다.

정리하면 손병희는 앞선 두 교주의 사상을 계승하면서도 자신만의 독특한 성심性心의 철학을 구축하였다. 그 과정에서 최시형과 마찬가지로 기와 리와 영이 분리되지 않는 혼융한 영적인 본체를 구축하였다. 그것이 성의 개념이다. 가만히 보면 이 또한 우연의 일치인지는 모르겠으나 도교에서 도와 기와 신이 삼위일체로서 하나라고 하는 것과 닮았다. 손병희가 이런 도교를 공부했는지 확인할 수는 없지만, 신·기·리를 서로 분리된 것으로 볼 수 없는, 또는 그렇게 하나로 통일된 것으로 보아야만 세상이 조화롭게 하나가 되어야 한다는 염원의 표현인지도 모른다. 이런 성심사상을 표현한 그의 『무체법경無體法經』[280]을 두고 여전히 지기일원적인 실재관에 바탕을 두고 있다고 평가하기도 하지만,[281] 지기를 내세운 교조의 신관을 그 시대에 어울리는 자신만의 철학으로 재탄생시켰다고 평가할 수 있다.

---

279) 善惡, 施爲上發迹, 曰善曰惡, 向背的起想. 天理無始無終, 無淺無深, … 故曰無善無惡天, 天吾道起原(같은 책, 「천도태원경」).
280) 손병희가 저술한 천도교의 경전으로 1910년 2월 통도사 내원암에서 49일간의 수련을 마친 손병희가 발표하고, 梁漢黙이 대필하여 완성한 책으로 알려져 있다. 대체로 불교적 용어와 개념이 많이 들어 있다.
281) 김용휘, 「의암 손병희의 『無體法經』과 동학·천도교의 修煉」, 앞의 글, 88쪽.

우리는 여기서 손병희의 이런 사상이 유교 같기도 하고 또 불교 같기도 하지만, 최시형처럼 유교도 불교도 아닌 불일불이不一不二의 철학을 구축해내었음을 엿볼 수 있다. 진화하는 모든 생물도 그렇지만 사상의 운용과 변천도 그렇게 진화되고 있음을 확인해 주었다. 이것은 당시 근대전환기라는 공간에서 전통적 요소를 이어가면서도 외래종교나 사상의 도전에 대응하는 방법, 곧 전통의 한국적 특성화 또는 외래사상에 대한 대응으로서 방법론을 잘 보여주고 있다고 하겠다. 그러나 성性이라는 우주의 본체를 실체화함으로써 천주나 상제나 하느님처럼 증명하기가 쉽지 않을뿐더러 과학적 세계관과 합리성으로 무장한 현대의 지식인들을 설득하기가 여전히 어려워 보인다.

2) 강일순의 기운

증산甑山 강일순姜一淳(1871~1909)은 전라도 고부 사람으로 몰락 양반의 후예이자 농민 출신으로 증산교의 창시자이다. 1차 동학농민전쟁에는 참전하였으나 2차 때는 패전을 예언하여 동료들을 만류하고 농민군에 협력하지 않았으며 동학을 대체할 도를 찾았다. 1897년부터 전국을 3년 동안 유력遊歷한 뒤 김제 모악산 대원사에서 수도하던 중 깨달음을 얻어 후천개벽을 선포하고 지상선경이 도래한다고 가르쳤다.

그의 사후 증산교는 여러 교파로 갈라져 현재까지 이르고 교파 간 교리상의 차이가 다소 있으나 모두 그의 가르침을 따르고 있다. 따라서 본서에서 사용하는 증산교라는 말은 특정 교파를 지칭하지 않으며, 또 각 교파의 교리를 다루지도 않는다. 다만 증산교 관련 교파의 문헌을 중심으로 강일순의 말과 행적에서 그의 기에 대한 담론과 기의 철학에 포착되는 사항을 중심으로 서술하고자 한다.

강일순도 조선 사회가 전근대적인 모순이 가장 치열했던 근대전환기에 살았기 때문에 구질서에 대한 종말과 함께 민중 중심의 새로운 유토피아를 갈망하였다. 게다가 당시는 외부적으로는 일제의 침략과 함께 문명개화를 앞세워 서양 문물이 물밀 듯 들어오던 때였고, 그것을 대표하는 것이 문명의 이기로 알려진 서양 문물과 문명 국가의 종교로 인식되던 그리스도교였다. 국내의 상황은 동학과 의병 운동의 여파로 그가 살았던 지역은 시국이 어수선하였고 민중들의 삶 또한 고달팠다. 바로 이런 시대적 문제를 해결하고자 하는 사유가 그의 가르침 속에 녹아 있다. 민중사상과 관련된 문제는 본 총서시리즈의 『민족종교와 민의 철학』에서 다루기 때문에 여기서는 그의 기에 대한 담론만 설명하겠다.

증산교 관련 문헌을 읽다 보면 기 또는 기운이라는 말이 무수히 등장한다. 이 점은 기라는 용어가 1910년 이전에는 아직 서양 과학의 용어로 대체되기 전이라는 점을 반영하고 있다. 다시 말하면 그 문헌의 내용이 대부분 서울과 멀리 떨어진 전라도 지방 사람들의 언어로 이루어진, 곧 강일순 자신을 포함한 일반 민중의 말과 행적이 들어 있기 때문에, 이들에게 개화기 때의 서양식으로 번역된 언어가 아직 많이 침투되지 않았던 점을 반영하고 있다.

기와 관련하여 중요한 점 가운데 하나는 강일순 자신이 상제로 자처하기[282] 때문에 상제 곧 신God은 무엇으로 이루어져 있는가이다.

---

282) 『전경』, 「교운」 1:9.

이와 관련해 인간의 생사를 어떻게 보고 있으며, 사후의 인간은 어떻게 되는지, 또 자연은 무엇으로 이루어져 있으며 어떤 방식으로 운행하는지 기의 철학 입장에서 살펴볼 필요가 있다. 끝으로 지상에 탄강한 상제가 그의 권능으로서 사물을 부릴 때 무엇을 매개로 하는지도 중요한 탐구 대상이다.

먼저 강일순의 말에서 우리를 당혹하게 하는 점은 강일순 자신이 지상에 탄강한 하느님 곧 상제라 자처하고 있다는 점이다. 다음으로 인간의 문제는 영계의 문제와 밀접히 관련되어 있어서 지상의 혼란은 신명계의 혼란에서 비롯한다는 점과 또 신들은 인간의 역사에 간여하며 다신교적인 요소[283]를 지니고 있으면서도 절대적인 신을 강조하는 것도 그런 점이다.

인간 강일순 자신은 분명 육체라는 형체를 지녀서 기와 관련된 것임을 부정할 수 없지만, 탄강하기 전 원래 상제였다는 그는 도대체 무엇으로 이루어졌냐 하는 점은 매우 중요한 부분이다. 이와 관련해서 그는 수많은 신명 곧 영적 존재를 인정하고 있고, 심지어 타 종교의 지도자 가령 마테오 리치나 주희 같은 사람도 신격화하여 받아들이고 있다. 이 신명들이 도대체 무엇으로 이루어졌는가 하는 점도 상제의 존재 방식과 관련이 된다. 사실 이 신명들과 상제는 일종의 영적 존재로서 우리 인간과 다른 독특한 존재 방식이 있을 것이나, 상제와 그 신명들 사이에는 서로 다른 존재 방식을 지니고 있다고 생각하지는 않는다. 그렇지 않다면 상제가 이 땅에 탄강하기 전에 이들 신명이 모여서 상제께 하소연할[284] 수 없다. 그러니까 상제나 신명(신)들의

---

283) 같은 책, 「공사」 1:9.

존재 방식은 같다고 하겠다.

앞의 동학에서는 신 또는 신령이 무엇으로 이루어졌냐는 점을 분명히 하였기 때문에 당시 전래한 그리스도교의 신관과 근본적으로 다르다. 여기서 만약 상제 자신을 포함하여 이런 신명들이 비물질적인 영적 존재라면 이것은 질료를 갖지 않는다는 중세 그리스도교의 신과 존재 양상이 같다. 그렇게 되면 증산교는 신이 존재하는 방식에서 그리스도교의 그것과 별반 차이가 없다.

그런데도 정작 강일순 자신은 그 문제를 직접 거론하지 않았기 때문에 논리적으로 따져 보아야만 알 수 있다. 첫째로 그는 자신이 상제라고 자처하여 최제우처럼 인간인 '나'와 천주로서 '신령'이라는 두 주체를 설정할 필요가 전혀 없었기 때문에 상제의 존재 방식에 대해서 언급할 필요가 없었고, 전통의 방식대로 당연히 여겼을 가능성이 크다. 둘째로는 무속이나 민속의 전통을 따라 신들을 '신끼[神氣]' 곧 신의 기운을 가진 존재로 이해했을 가능성이 크다.

우선 첫 번째 문제와 관련해서 최제우가 말한 지기를 그는 신령으로 보지 않고, '지극한 천지 화복의 기운[285]'으로 규정했다. 그는 지기가 포함된 동학의 21자 주문을 자주 사용했기 때문에 그것을 최제우가 천주로 규정했음을 몰랐을 리 없었을 것이다. 그럼에도 불구하고 자신이 상제로 자처했으므로 또다시 인격적 지기를 말할 필요는 없었으나, 그 자신에 대해서 상제로서 인간에게 복록을 줄 수 있다고 한

---

284) 여러 신명이 모여 상제께 문제해결을 하소연한 내용은 『전경』, 「교운」 1:9 등에 보임.

285) 至曰天地禍福至요 氣曰天地禍福氣요(『도전』 7편 69:2).

것286)은 '모든 일에는 기운을 사용한다'는 그의 원칙에 비추어보면, 지기도 자신이 사용하는 기이므로 기를 사용한다는 입장에서 볼 때 그 자신도 기적인 존재라는 의미를 함축하고 있다. 동아시아 전통에서는 기란 서로 응하여 활동하기 때문이다. 그렇지 않다면 그리스도교처럼 기를 부리지 않고 '말씀'으로 하면 될 것이지만, 굳이 기를 부린다는 점은 이와 다르다는 점을 시사한다.

두 번째 문제와 관련해서 그가 "천지간에 가득 찬 것이 신이니 풀잎 하나라도 신이 떠나면 마르고 흙 바른 벽이라도 신이 떠나면 무너지고, 손톱 밑에 가시 하나 드는 것도 신이 들어서 되느니라. 신이 없는 곳이 없고, 신이 하지 않는 일이 없느니라."287)라고 말한 것을 보면, 신이란 만물을 지탱하는 힘이자 기운으로서 기임을 알 수 있다. 또 이와 유사하게 "천지에 신명이 가득 차 있으니 비록 풀잎 하나라도 신이 떠나면 마를 것이며 흙 바른 벽이라도 신이 옮겨가면 무너지느니라."288)라고 하여 신명이란 결국 신으로서 기적 존재임을 알 수 있다. 그 신명을 움직이는 상위의 존재가 상제이지만 모두 같은 부류이다. 그러니 상제도 기일 수밖에 없다. 만약 신을 기로 보지 않는다면 물리적 질료를 갖지 않는 그리스도교의 신인 순수정신과 같은 것이 되어 동아시아 전통에서 볼 때는 리도 기도 아닌 이상한 존재가 되어 버린다.

사실 신명이 기라는 관점은 귀신을 음양의 기로 보는 전통과 맥을

286) 『전경』, 「교법」 2:4.
287) 『도전』, 4편 62:4~6.
288) 『전경』, 「교법」 3:2.

같이 한다. 유교에서 말하는 신은 하늘이 세계 속에 드러내는 작용의 신비한 힘을 뜻하기도 하고, 인간이 제의를 통해 자신이 경험한 하늘의 모습을 신이라 표현하지만 때로는 종교적 신의 개념에 포함되기도 하는데, 아무튼 상제와 귀신을 동일한 차원에 두는 것은 일종의 무속적 사고이다.[289] 더 나아가 강일순이 말하는 신·신명·혼·영·귀 등도 인간 사후의 영체를 가리킨다고 하니,[290] 사상적으로 기를 떠나서 있을 수 있는 존재가 아니다.

바로 이 두 번째 문제에서 민속에서 흔히 영적인 존재로서 신이나 귀신으로 부르던 신명을 기로 본다면, 인간의 육체를 빌려 이 땅에 오기 전과 화천化天 뒤의 상제 자신도 기일 가능성이 있다. 더구나 "원황元皇의 정기正氣가 내 몸에 와서 합치소서."[291]라는 주문의 원황은 현원황제玄元皇帝로서 신격화된 노자를 가리킨다. 게다가 이외에 옥황상제를 비롯한 도교의 신을 주문에서 사용하는 것[292]은 물론이요, 강일순 스스로 옥황상제라 칭한 것[293]을 보면 도교의 신과 전혀 무관하지 않다. 이 밖에서 강일순은 도교적 신격을 자주 언급했는데, 태을천상원군太乙天上元君, 조왕竈王, 관왕關王, 육정육갑六丁六甲, 망량魍魎, 오방신장五方神將, 천상벽악사자天上霹惡使者, 괴질신장怪疾神將 등[294]이 대표적이다.

---

289) 정규훈, 2002, 「한국민족종교에 미친 유교의 영향」, 『동양철학연구』 29권, 동양철학연구회, 11~12쪽 참조.

290) 노길명, 1993, 「神과 人間의 怨恨을 抹消한다 -甑山教의 〈天地公事〉와 解冤相生-」, 조명기 외 33인 저, 『한국사상의 심층연구』, 우석, 429쪽.

291) 元皇正氣, 來合我身(『전경』, 「행록」 3:39).

292) 『도전』 5편 292:7~8 참조.

293) 같은 책, 2편 11:12.

앞장에서 말했듯이 도교의 신은 도·기·신으로서 하나이며, 그 존재적 특성을 말한다면 신령스러운 기이다. 이렇게 강일순이 도교에 등장하는 신의 이름을 활용했다면 도교적 신관과 전혀 무관하다고 할 수 없다.[295]

게다가 "기는 영을 가지고 있어서 허령하고 어둡지 않으며 많은 리를 갖추고 만사에 응한다."[296]라는 관련 경전의 말을 보면, 기가 신처럼 의지를 가진 것처럼 보인다. 원래 이 말은 주희가 『맹자집주』에서 심을 설명할 때 사용했던 말인데, 기가 사람의 마음처럼 이런 작용을 한다면, 적어도 기로 이루어진 신령도 더 나아가 상제 자신도 그럴 수 있다고 생각해 볼 수 있다. 그러니까 사람의 마음처럼 기도 그런 것이니 그 기는 어떤 것이겠는가? 기가 영을 가지고 있다는 말은 기가 신령이 될 수 있어, 적어도 죽은 물질적 질료만으로 규정할 수 없다. 그래서 기를 품고 있는 물건은 의지를 가진 것처럼 말하기도 한다.[297]

더 나아가 증산교 경전에 '일기혼돈간아형—氣混沌看我形'[298]이라

---

294) 김탁, 2006, 「증산교단사에 보이는 도교적 영향」, 『도교문화연구』 24, 한국도교문화학회, 258쪽.

295) 증산교와 도교의 관련성은 김낙필, 2002, 「증산사상과 도교」, 『도교문화연구』 16, 한국도교문화학회 ; 김탁, 앞의 글 ; 김귀만, 2016, 「강증산 사상에 나타난 仙道觀 연구」, 『선도문화』 21, 국제뇌교육종합대학원대학교 국학연구원 ; 고남식, 2016, 「姜甑山의 儒佛仙관과 神道사상—趙鼎山의 「无極道」와 관련하여—」, 『도교문화연구』 44, 한국도교문화학회 ; 신진식, 2018, 「증산계 신종교와 유교, 도교의 죽음관 비교」, 『한국철학논집』 58, 한국철학사연구회 등 다수가 있다.

296) 『도전』 8편 252.

297) 含氣之類, 咸願得其志(같은 책, 8편 60).

298) 『전경』, 「공사」 3:39.

는 말도 보인다. 증산도에서는 이것을 "천지에 가득한 한 기운은 혼돈 속에서 나의 모습을 보고"[299]라고 옮기고 있는데, 이때 주어는 일기 이다. 그렇다면 이 일기는 누구일까? 이렇게 해석하지 않고 "일기가 혼돈한 데서 나의 모습을 본다."라고 옮기면 여기에서 '나'는 최초의 존재자가 된다. 어떻게 보든 그 신적인 주체는 일기와 떼놓을 수 없다. 혼돈은 최초의 때를 표현하기 때문이다.

다음으로 인간의 사후 문제를 어떻게 보느냐에 따라 신이나 신명이 무엇으로 이루어져 있느냐 하는 문제가 더욱 선명해질 것 같다. 강일 순은 사후 문제에 대해서 기본적으로 전통과 마찬가지로 사람이 죽으 면 혼은 하늘에 올라가 신이 되고 백은 땅으로 돌아가 귀가 된다고 여겼다.[300]혼백은 전통적으로 인간의 양기와 음기로 여겨왔으며 하늘 과 땅의 기운이 합쳐진 것이다. 강일순은 그 혼이 영도 되고 선仙도 될 수 있다고 한다.[301] 영은 다른 말로 신명으로 보이는데, 죽은 사람 의 혼을 신명으로 말하는 것으로 보면 알 수 있다. 선이란 도교에서 말하는 신선이다. 전통적으로 혼기魂氣나 영기靈氣 등의 용어가 있는 것을 보면, 이 영이나 선도 기와 관련이 있음을 알 수 있다.

그런데 사람이 죽은 뒤 누구나 4대가 지난 뒤에 혼이 영도 되고 선이 된다는 말은 아닌 것 같다. 이것은 그가 "도를 닦은 자는 그 정혼 이 굳게 뭉치기에 죽어도 흩어지지 않고 천상에 오르려니와 그렇지 못한 자는 그 정혼이 희미하여 연기와 물거품이 삭듯 하리라."[302]라

---

299) 『도전』 4편 143:3.

300) 『전경』, 「교법」 1:50.

301) 같은 책.

302) 같은 책, 「교법」 2:22.

고 한 말에서 알 수 있듯이, 영이나 선은 정혼精魂이 굳게 뭉친 경우로서 도를 닦은 사람에게만 해당하는 것으로 보인다. 그래서 '굳게 뭉치기에 죽어도 흩어지지 않는 정혼'은 모인 기로 보인다. 이것은 분명히 도교의 전통이자 강일순이 한국도교의 전통과 관련이 있는 지점이다. 앞장에서 살펴보았듯이 그는 지역적으로나 외가 쪽으로 도교와 관련이 있다.

그러니까 그리스도교처럼 모든 사람의 영혼이 불멸하는 사후 세계를 인정하지 않고, 다만 도를 닦은 사람에 한해서 그것을 부분적으로 인정하는 듯이 보인다. 도를 닦는 여부에 따라 각자가 사후 세계에서 존재하는 수명이 다르다.[303] 비록 부분적으로 사후 세계를 인정해도 그 존재하는 것이 비물질적인 영혼이 아니며, 상제이든 신명이든 귀신이든 인간이 사후의 혼이든 모두 기와 관련이 있다.

이제 자연과 기의 관계를 살펴볼 차례인데, 자연에서 존재의 근원은 무엇일까? 이 점 또한 자연철학적 입장이 강일순의 관심을 끄는 대상이 아니어서 직접 말한 곳은 찾기 어려우므로, 그의 말에서 간접적으로 추론할 수밖에 없다. 이것은 또 상제와 자연물을 매개하는 것, 다시 말해 신의 권능을 무엇으로 행사하는지 그 매개물과도 관련이 있다.

그는 기본적으로 천지가 일기로부터 생성되었다는 관념을 받아들이는 듯하다. 앞서 인용했던 '일기혼돈간아형'의 일기가 혼돈하다는데서 알 수 있다. 일기가 혼돈 속에서 나의 모습을 보든 아니면 일기가 혼돈한 것에서 나의 모습을 보든, '혼돈'이라는 말 자체가 천지 만

---

303) 『도전』 9편 76:1~2.

물이 형성되기 이전의 원초의 상태를 말하기 때문에 일기와 혼돈은 깊은 연관성을 가지므로 만물이 일기로부터 생겨났다는 관점은 자연스럽다. 그리고 이 일기는 천지지기로도 표현할 수 있는데 만물은 차별 없이 이 기를 받아 생성되며 인간도 그 선악과 상관없이 천지지기를 받아 삶을 영위한다.[304] 그래서 모든 사물은 일기가 관통하고,[305] 천지의 대기는 생성하는 것에 힘쓰고, 음양의 바른 기는 자유롭게 화합한다고 여겼다.[306]

여기서 더 살펴보아야 할 점은 리와 기의 관계인데, 증산교의 각 교파에서는 다루고 있으나 강일순의 말에서 직접 그 관계를 찾아보기는 매우 어렵다. 다만 '이치'라는 말이 등장하는데 대개 사물의 법칙이나 원리로 표현된다.[307] 여기서 하늘이 이치라는 표현은 하늘의 일반적 원리인지 존재의 근원으로서 주자학의 태극과 같은 리인지 명확하지 않으나, 그것이 사람 마음에 갖추어져 있고 어기면 안 된다[308]고 하니, 아무래도 도덕적 원리로서 리를 말하는 것처럼 보인다. 더 나아가 그는 하늘이 이치이고 이치가 하늘이라는 파격적 발언도 마다하지 않는다.

---

304) 人生世間何滋味. 曰衣曰食, 衣食然後曰色也. 故至於衣食色之道, 各受天地之氣也, 惑世誣民者, 欺人取物者, 亦受天地之氣也(『전경』, 「교법」 3:47).
305) 『도전』 2편 57:3.
306) 같은 책, 7편 23.
307) 『전경』, 「교법」 3:34 ; 같은 책, 「교운」 1:30 ; 같은 책, 2:55 ; 같은 책, 2:56 ; 같은 책, 「예시」 1:3.
308) 『도전』 2편 90:1~2.

한 성도가 다시 여쭈기를 "해와 달이 차고 기우는 것은 자연의 이치가 아닙까?" 하니 "이치가 곧 하늘이요 하늘이 곧 이치이니, 그러므로 나는 사私를 쓰지 못하노라." 하시니라. 또 말씀하시기를 "나는 천지일월이니라." 하시고 "나는 천지로 몸을 삼고 일월로 눈을 삼느니라." 하시니라.[309]

이 말은 상제가 모든 것을 포괄하는 보편적 본체라는 뜻으로 이해된다. 더구나 '이치가 곧 하늘이요 하늘이 곧 이치'라는 말과 '나는 천지로 몸을 삼는다'는 말은 상제 = 하늘 = 리 = 기의 관계로 해석할 수 있다. 이것은 중국도교의 경우처럼 기·리·상제를 삼위일체로 보아도 문제가 될 것은 없어 보이는데, 이런 모습은 결국 궁극적 실재의 다면성이라고 설명할 수 있다.[310] 그러나 이 다면성은 종교적 입장으로는 설명할 수 있으나 철학적 입장에서는 무엇이 선차적인지 따져서 일원론이든 이원론이든 선택해야 할 문제로 여전히 남는다.

이렇게 보면 천지가 상제의 몸이므로 상제가 자연을 수족처럼 부리는 일은 당연하다. 강일순은 자신이 상제로서 천지공사天地公事[311]를 통하여 선천 세계의 상극인 우주의 운행 도수를 바꾸어 후천의 상생

---

309) 같은 책, 4편 111:10~15.

310) 김의성, 2015, 「대순사상의 형이상학적 특성에 관한 연구 – 궁극적 실재를 중심으로」, 『철학논집』 42, 서강대학교 철학연구소, 428~440쪽 참조. 이런 맥락에서 강일순은 이치를 無極과 太極과 皇極으로도 말하고 있다(『도전』 6편 1:1).

311) 그리스도교에서 예수가 인류를 위해 구원 사업을 펼친 것과 비교된다. 곧 선천세계의 부조리한 상극의 원리를 모든 인류가 상생의 원리로 평화롭게 살 수 있도록 바꾼 것을 말하는데, 여기에는 세부적인 몇 가지 공사로 더 나누어진다.

도수로 뜯어고쳤다고 자임하였다.312)

문제는 상제가 어떤 방식으로 자연을 부리는가이다. 그리스도교처럼 그냥 하느님 말씀 한마디로 천지를 창조하듯 그렇게 가능한가? 이 비물질적인 인격적 실체가 사물을 부린다는 것이 동아시아 전통에서 볼 때 매우 낯설고 어색하다. 그것을 의식했든 못했든 간에 강일순은 그런 방향을 택하지 않았다.313) 그는 말보다 기운 곧 기(힘)를 써서 신적인 권능을 행사하였는데, 관련 경전에 보이는 그 사례는 너무 많아 일일이 거론하기 힘들다. 그 가운데서 압권이 "상제님께서는 우주 내에 운행하는 기운을 걷어잡으시어 천리와 지의地義와 신도神道와 인사에 가장 합리적인 도수를 짜 놓으셨다."314)라는 표현이다. 천지와 자연은 물론 영계까지 기를 사용하였다는 의미이다. 달리 말하면 천지공사는 묵은 선천의 기운을 걷어내고 후천의 새 기운을 돌리는 일이다.315) 게다가 제사를 지낼 때 귀신은 진설한 제물을 먹어서가 아니라 기운으로 응감한다316)고까지 구체적으로 말한다.

결국 자연 현상과 신, 자연 원리와 신, 신과 신명을 매개하는 것은 모두 기였다. 그것뿐만 아니다. 인간의 일과 자연 현상을 매개하는 것도 기였으니, "한 사람의 품은 원한으로 능히 천지의 기운이 막힐 수 있느니라."317)라고까지 말한다. 신의 권능으로 기를 부리는 것도

---

312) 『전경』, 「예시」 1:6.
313) 강일순은 그리스도교 신약전서를 접한 일이 있다(『전경』, 「행록」 1:27). 그 때문에 그리스도교에서는 말씀으로 신적인 권능을 행사한다는 것을 알았을 것으로 보인다.
314) 『도전』 5편 435:7~8.
315) 같은 책, 3편 11.
316) 같은 책, 7편 71.

있지만, 인간이 기를 매개로 자연과 영향을 주고받는다는 점을 말하고 있다.

이제 그는 다양한 기를 말하고 있는데, 사물의 종류와 특성에 따라 온갖 기가 다 있다. 예컨대 약기운·생선기운·도적기운·기차기운·서양기운 등이 그것이다. 이렇듯 강일순은 기를 여러 의미로 쓰고 있어서 물리적인 힘과 에너지로서 기만이 아니라 만물의 시원, 신들의 존재, 신의 권능 행사, 생명력, 인간의 사후 문제 등으로 다양하게 쓰고 있다. 현상적으로 드러나는 모든 일은 기의 일이었다.

정리하면 강일순의 사상에서 이런 기의 철학 하나의 분야만 보더라도 그가 근대전환기 공간에서 어떤 해법을 찾았는지 알 수 있다. 전통적인 유불선 삼교 사상과 민속신앙을 자기식으로 계승하고 특성화시키면서 동시에 당시 전파된 그리스도교에 일정하게 대응한 흔적을 발견할 수 있다.[318] 여기서 상제라는 신의 인격적 요소가 강하게 드러나는데 이것은 과거 도교적 사유의 계승이면서 동시에 그리스도교에 대응한 점으로 보인다. 강일순 사상의 우리철학적 특징은 그리스도교의 도전에 그 신관을 따르지 않고 끝까지 우리전통을 재해석하여 발전시켰다는 점이다. 종교를 떠나 철학적으로만 볼 때 그 사유의 연원이 유불선이든 무속이든 아니면 민속신앙이든 또 그 무엇이든 이런 사상을 융합하여 더욱 보편화하였다고 할 수 있고, 그럼으로써 자신이 살았던 시대의 민중에게 놓인 문제를 주체적으로 해결하려고 했으

---

317) 『전경』, 「교법」 1:31. 그 밖에 같은 책, 「행록」 4:15에도 인간의 말 한마디가 천지에 영향을 끼친다는 사례가 보인다.

318) 강일순 사상에서 우리철학의 방법론적 특징에 대한 더 자세한 내용은 이종란, 「『전경』의 분석으로 살펴본 '우리철학'의 방법론」, 앞의 글을 참조 바람.

므로 그 또한 우리철학이라 할 수 있다. 다만 그의 이런 종교사상이 21세기에 얼마나 설득력이 있느냐 하는 점은 21세기형 우리철학으로서 결국 후학들의 재해석에 달린 문제이다.

3) 송규의 영기질론과 삼동윤리

(1) 영기질론

정산鼎山 송규宋奎(1900~1960)는 원불교 제2대 종법사이다. 그는 어렸을 때부터 가문의 전통에 따라 조부로부터 한학을 배우기 시작하여, 당시 영남의 거유였던 공산恭山 송준필宋浚弼(1869~1943)로부터 유학을 배웠다고 한다. 그 뒤 16살 때 증산교 계열의 신종교에 참여하면서 치성과 태을주 수행 등을 하기도 하였고, 선가 계열의 책도 보고 김제 모악산 대원사에 들어가 약 3개월간 심공을 쌓기도 하였다고 전한다.[319] 그러다가 18세 때 원불교 교조 소태산小太山 박중빈朴重彬(1891~1943)을 만나 제자가 되기로 하고, 그의 명을 받들어 당시 월명암月明庵에 있던 백학명白鶴鳴(1867~1929) 선사를 찾아 명안明眼이란 법명을 받고 상좌가 되었다고 한다.[320]

이런 일련의 구도 과정은 사상의 영향 관계만이 아니라 동시에 기의 철학과 관련된 그의 사상을 이해하는 중요한 단서가 된다. 흔히 정산 사상의 성격을 유불선만이 아니라 민족종교도 수용하여 인존사상·주체사상·개벽사상을 회통한 것[321]이라 지적하기도 하는데, 이

---

319) 장진영, 2014, 「정산 송규의 영·기·질(靈氣質) 사상과 심신치유」, 『원불교사상과 종교문화』 60집, 원광대학교 원불교사상연구원, 42쪽.
320) 같은 글, 43쪽.

평가의 적절성은 차치하고서라도 그의 사상은 이런 행적과 관련이 깊은 것은 사실이다.[322] 물론 개화기부터 물밀 듯 밀려오는 서양 종교와 과학사상, 문명개화 담론, 일제 강점기 때 풍미했던 마르크스주의, 그리고 광복 전후의 혼란과 6·25전쟁을 통해 극에 달한 냉전 체제의 경험도 송규 사상의 큰 배경과 문제의식을 이루는 토대가 되었음을 두말할 필요가 없겠다.

이로 보건대 그의 사상은 근대전환기와 현대를 잇는 매우 중요한 위치에 있다. 근대전환기의 특징도 있으면서 동시에 현대적 담론을 일정하게 함유하고 있기 때문이다. 바로 그 중심에는 우주와 세계의 본질을 영靈과 기氣와 질質로 보는 기의 철학이 있다. 또 중요한 까닭은 그가 기로서 설명하는 내용이 현대 물리학이나 생물학에서 이해하기 어려운 측면이 있기도[323] 하지만, 무엇보다 기의 철학을 현대철학으로 가져올 수 있는가 하는 문제의 중심에 있기 때문이다.

그렇다면 그의 영기질론을 과연 기의 철학으로 볼 수 있을까? 그 경우 근거는 또 무엇이며 종래의 기일원론적 기철학과 무슨 차이가 있을까? 여기서 더 나아가 그가 왜 굳이 기의 철학으로 종교철학을

---

321) 김승동, 1998, 「한국 근대사상사의 맥락에서 본 정산종사의 회통사상」, 『원불교사상』 22집, 원광대학교 원불교사상연구원, 103쪽.
322) 가령 "과거 시대에는 상극되는 伏魔의 도로써 세상일을 할 수도 있었으나, 미래 시대에는 상생하는 解魔의 도가 아니면 무슨 일이든지 이루지 못하나니, 이는 천지의 대운이 解冤相生의 시기에 이른 까닭이니라(『鼎山宗師法語』, 「法語」, 〈道運〉 12장)."라는 말은 증산교와 관련이 깊고, 또 자주 거론하는 '개벽'이나 '선천' 등은 동학과 증산교에서 자주 거론하는 용어였다.
323) 소광섭, 1994, 「氣와 에너지의 관계 고찰」, 『원불교사상과 종교문화』 17·18집, 원광대학교 원불교사상연구원, 662쪽.

세우려고 했는지 그 까닭은 또 무엇일까?

먼저 기의 철학이라 부를 수 있는 근거가 무엇인지 알아보자. 우주가 어떻게 구성되어 있는지 그는 이렇게 말한다.

우주만유가 영과 기와 질로써 구성이 되어 있나니, 영은 만유의 본체로서 영원불멸한 성품이며, 기는 만유의 생기로서 그 개체를 생동케 하는 힘이며, 질은 만유의 바탕으로서 그 형체를 이룸이니라.[324]

우주가 구성된 영과 기와 질은 동일한 범주에 속하는 것인데 역할에 따라 셋으로 나누어 부를까? 아니면 각기 다른 범주에 속하는 존재일까? 이 문제를 밝혀야 그의 기 철학적 성격이 드러난다.

사실 우주 만물이 기와 질로 이루어진 것은 기철학의 관점에서 볼 때 전혀 생소한 말이 아니다. 더구나 질은 기가 응결한 것이거나 기의 찌꺼기이기 때문에 존재의 측면에서는 기와 다른 범주의 것이 아니다. 그래서 기는 질의 근원이기도 하지만 생기나 활물로서 개체를 낳아 움직이게 하거나 생생하게 움직이게 하는 힘이 될 수 있고, 질은 형체를 이루는 질료 곧 만유의 바탕이 되니 현대 과학의 물질과 유사하다. 이 둘만 가지고 설명한다면 기철학의 세계관과 전혀 다르지 않다. 그의 기론을 자연철학의 관점에서만 보면 기가 불생불멸하고 무시무종하면서 단지 취산하는 것과 같이 우주도 성주괴공成住壞空하는 완전한 기철학이다.[325]

---

324) 『鼎山宗師法語』, 「法語」, 〈原理〉 13장.
325) 같은 책, 18장 참조.

그렇다면 영이란 무엇일까? 앞의 인용에서 '만유의 본체로서 영원 불멸한 성품'이라고 한다. 어쩌면 앞서 말한 손병희의 성령과 유사하다. 이런 정의는 영이 어떤 실체의 속성이 아니라 그 자체가 우주의 실체 가운데 하나로 규정한 것처럼 보인다.

그런데 민속에서는 영을 신령으로, 철학적으로는 영험한 것을 형용하는 말로 자주 쓴다. 가령 사람의 마음을 가리킬 때 허령하다는 용례가 그런 경우인데 모두 기의 영이다. 만약 그게 아니라면 그 영은 어떤 이법이나 원리를 신령스럽다고 표현한 말일까? 그것도 아니면 타종교의 신과 같은 존재일까? 만약 영이 그리스도교의 신과 같은 존재라면 하나의 실체로서 기와 독립적인 존재여야 한다. 세계를 창조한 신은 자신이 만든 창조물 속에 존재할 수 없기 때문이다. 게다가 이법이나 원리를 그렇게 표현했다고 해도 그것은 기와 독립된 실체이다. 과연 영은 기와 어떤 관계일까?

> 기가 영지靈知를 머금고 영지가 기를 머금은지라, 기가 곧 영지요 영지가 곧 기니, 형상 있는 것 형상 없는 것과 동물식물과 달리는 것 나는 것이 다 기의 부림이요 영의 나타남이라.[326]

이 인용에 따르면 영은 영지의 줄인 말로 보인다. 영·기·질이라는 세 글자 속에 함축되어 들어가면서 한 글자만 반영되었기 때문이다. 형체가 있든 없든 모든 만물에 영지가 들어 있는데, 중요한 사실은 영지가 기와 분리될 수 없다는 점이다. 영지라고 했으니 그 영은 기의 정신적인 면을 함유하고 있다.[327] 다시 말하면 우주 만물의 근원이

---

326) 같은 책, 14장.

법신불의 몸체고, 천변만화를 일으키는 기는 법신불의 작용이며, 허령하여 체용을 주재하는 것이 영지로서, 사람의 한 몸에 비유하자면 육체와 기운과 마음이 다 하나인 것과 같다.[328]

그러니까 우주 자체를 하나의 유기체처럼 하나의 몸으로 보고, 거기에 정신적 요소가 포함된 것 같은 뉘앙스를 남긴다. 이제 영이 기와 분리될 수 없으므로 영은 기이고 또 질은 기에서 파생된 것이니 전체를 종합하면 결국 기일원론처럼 보인다. 인간의 한 몸만 두고 볼 때는 확실히 그러하다.

이 점은 앞선 시기의 최한기를 비롯하여 전통적으로 기를 신기라고도 명명했던 것과 유사하다. 신기를 신(영)과 기로 분리한 것 같은 착각을 불러일으킬 것 같다. 더욱이 최제우의 지기나 최시형의 영기와도 같은 맥락으로 보인다. 그러나 분명한 것은 이 세 사람의 신기神氣·지기至氣·영기靈氣의 '神·至·靈'은 기의 지극한 한 측면이지 기와 분리된 어떤 실체가 아니다. 그러니까 기의 신·지·영이지 송규의 경우처럼 영원불멸하는 성품으로서 법신과 같은 실체 개념이 아니다.[329]

영과 기의 이러한 관계 곧 '영원불멸하는 성품'으로서 영은 아무리 어떤 내용을 갖지 않고 기와 분리되지 않는다고 해도, 이 또한 '만유의 본체'라고 정의하였으므로, 논리적으로 볼 때 앞서 설명한 최시형이 융합하여 사용한 이기와 또 손병희에 의하여 이기가 혼용한 하나

---

327) 같은 책, 15장 ; 같은 책, 11장 ; 『大宗經』, 「辨疑品」 1장 참조.
328) 『鼎山宗師法語』, 「法語」, 〈禮道〉 9장.
329) 같은 책, 〈機緣〉 16장 ; 같은 책, 〈禮道〉 3장 ; 같은 책, 9장.

의 궁극적 실재로서 제시된 성심性心 개념에 가깝다. 이처럼 전혀 다른 범주를 같은 것으로 보는 것은 사상사적으로 중국도교에서 도를 기로 보는 것과 다르지 않다.

송규 자신도 이렇게 범주가 다르지만 하나로 여겨도 문제가 없을 것으로 본 것 같다. 예컨대 옛날 유학자들이 말한 이발과 기발을 놓고 그는 "이와 기가 원래 하나이며, 경우에 따라 이발기승도 하고 기발이 승도 하는 것이니 선후를 논할 것이 아니라 이기합발理氣合發이라 함이 좋을 것이다."330)라고 말하는 것을 보면 알 수 있다. 결국 이 말은 퇴계 이황의 관점에 맥락이 닿아 있다. 그렇다면 성품으로서 영이 기와 논리적으로 다름에도 불구하고 왜 '기가 곧 영, 영이 곧 기'라고 했을까?

송규는 앞서 서두에서 소개한 대로 유불선과 신종교를 섭렵하였다. 그래서 각각의 종교에서 무엇이 문제인지 나름의 판단을 하고 있었다.

> 불교의 진수는 공인 바 그릇 들어가면 공망空妄에 떨어지며, 유교의 진수는 규모인 바 그릇 들어가면 국집局執하며, 도교의 진수는 무위자연인 바 그릇 들어가면 자유 방종에 흐르며, 과학의 진수는 분석 정확인 바 그릇 들어가면 유有에 사로 잡혀 물질에만 집착하나니, 이 네 가지 길에 그릇 들어가지 아니하고 모든 진수를 아울러 잘 활용하면 이른 바 원만한 법통을 이루며 원만한 인격이 되리라.331)

---

330) 『한울안한이치에』, 「법문과 일화」, 〈일원의 진리〉 1절. 율곡의 二而一의 논리도 두 실체를 하나로 보는 태도인데, 송규의 입장도 三而一의 형태를 보인다 (김성관, 2007, 「정산종사 心性靈氣論의 淵源(2)」, 『원불교사상과 종교문화』 35집, 원광대학교 원불교사상연구원, 114쪽).

331) 『鼎山宗師法語』, 「法語」, 〈原理〉 31장.

이 인용문은 그의 영기질론이 나올 수밖에 없는 까닭이 시사된 매우 의미 있는 발언이다. 그 때문에 영기질론이 어느 종교나 학파에 얽매이지 않는 이론처럼 보인다. 여기서 유교의 진수가 제도나 윤리 규범을 뜻하는데, 그것이 잘못되면 한곳에 집착하여 편향적일 수밖에 없음을 말하고 있다. 이것은 조선말 유교의 폐단을 에둘러 비판한 말로 보인다. 불교와 도교 또한 현실을 초월하거나 외면하여 공허하거나 자유 방종에 빠져 있음을 지적한 것 같다. 따라서 당시의 풍토에서 유교를 대표하는 리, 불교를 대표하는 공, 도교를 대표하는 무위자연의 한 방면에 치우칠 수 있는 논리를 완화하고 대신 셋을 회통시켜 그 역할을 영기질에서 찾고자 한 것으로 보인다.

여기서 특히 중요한 점은 유교의 리를 영으로 바꾸었다는 것은 필자만의 추측이 아니라 그의 제자가 직접 거론하고 있다는 점이다.

> 이중정李中正이 여쭈었다.
> "리理가 무엇입니까?"
> "리라고 하면 알기 어렵다. 영이라 하면 쉽지 않느냐, 우주에도 영이 있고 사람에게도 영이 있다. 우주의 영은 대령大靈이요, 사람의 영은 소령小靈이다."332)

이 인용은 모든 만물에 영이 깃들어 있다는 말과 함께 성리학의 리가 영으로 바뀌었음을 알 수 있는 결정적 단서이다. 송규는 퇴계 이황과 그의 후학들의 영향력이 강한 지역에서 태어났고 또 그런 성향의 스승으로부터 유학을 배웠지만, 거기서 만족하지 못하고 새로운 진리를 찾았는데 그 사유의 결과가 바로 이 영기질론이었다.

---

332) 『한울안한이치에』, 「법문과 일화」, 〈일원의 진리〉 87절.

여기서 리를 영으로 바꾼 까닭에는 유교가 잘못되면 한 곳에 치우치게 된다는 것 외에 종교적인 이유도 있었다. 곧 리를 영으로 바꾼 까닭은 주희성리학의 용어로서는 윤회와 같은 불교적 개념을 설명할수 없기 때문이라고 한다.[333] 사실 윤회의 주체가 범인들이 불멸한다고 믿는 개체의 영혼이라면 제법무아라는 교리에 위배되지만, 윤회하는 영이 우주적 영지의 하나로서 각자 인간에 기와 함께 깃들었던것이라면 또 달라진다. 기는 곧 성주괴공하는 것과 같이 취산하는 것이기 때문이다. 그 때문에 영이 기라고 말했는지는 알 수 없으나 영이기와 결합함으로써 그런 모순이 완화된 것만은 분명하다.

사실 리를 영으로 바꾸면 주희성리학의 리처럼 만물의 변화를 주재하는 역할도 해야 한다. 그는 그것을 불교의 일체유심조로 대체할 수있을 것으로 여긴 것 같다. 그래서 이 심이 만물에 들어 있어서 성주괴공과 바람·구름·비·이슬·서리·눈과 같이 유무의 변화가 일어난다고 하고, 이때의 심은 천심이지만 인간의 본심도 된다고 하였다.[334] 리의 역할을 천심에 둠으로써 원시유학과 같아지면서 동시에 리를 말하지 않아도 자연이 스스로 운행하는 논리를 확보할 수 있었다. 더구나 우주만상에 항상 주재하는 법신불의 영지도 존재한다고 봄으로써[335] 천심과 영지를 일치시키고 있다.

이제 영기질론은 종래의 리-기 관계를 영-기 관계로 바꾸었음을알 수 있다. 다시 말하면 이념적이고 정신적인 근거를 법신으로 일컬

333) 같은 책, 86절.
334) 같은 책, 67절.
335) 이중정, 1992, 「정산종사의 영·기·질론」, 『원불교사상과종교문화』 15, 원광대학교 원불교사상연구원, 534쪽.

어지는 영(심)에다 설정하고 싶었을 것이다. 물론 영의 구체적 내용을 명시하지 않았지만, 논리적으로 볼 때 인간의 행위에 따른 평가를 내리려면, 그에 따른 도덕적 기준이 있어야 하기 때문이다. 다만 종래의 리와 달리 침묵하는 하늘이 아니라 곧 우주 자연의 영을 만물의 본체이자 성품으로 보면서 더욱 생생하고 살아있는 외경을 불러일으키려고 했던 것 같다.[336) 더구나 이것은 그가 말한 유교의 국집과 도교의 방종, 그리고 과학이 유에 사로잡혀 물질에만 집착하는 폐단을 예방하는 길이라고 보았을 것이다.

그런데 이 정도면 종교로서 논리적 근거가 확보된 셈인데 왜 또 질을 등장시켰을까? 질을 기철학의 관점에서 볼 때는 기의 파생물이어서 더 말할 필요가 없음에도 불구하고 굳이 영기질 셋 가운데 하나로 나란히 넣은 것은 특별한 의도가 있어 보인다. 그것은 당시 불교와 도교를 두고 현실도피라고 판단했던 점을 지양하고자 한 목적으로 보인다. 더구나 질은 인간에 있어서 육체를 의미한다. 전통적으로 유불선 모두 육체는 지나친 욕망을 추구할 수 있어 그것은 극복해야 할 대상이다.

그렇다면 육체와 관련된 이 질을 굳이 영과 기와 같은 최고 범주로 상승시켰을까? 그 까닭 가운데 하나를 그가 스승으로 따랐던 교조 박중빈의 말337)에서 찾을 수 있다. 곧 영기질 사상의 등장이 삼교의 종지를 일관하고, 영육쌍전靈肉雙全과 이사병행理事並行을 위해서 나왔다고 해석할 수 있다. 특히 영육쌍전은 정신만이 아니라 사람의 육

---

336) 『大宗經』,「辨疑品」 1장 참조.
337) 같은 책,「敎義品」 1장.

체와 관련된 물질적 삶을 적극적으로 긍정하는 논리인데, 그래서 질을 영기와 함께 철학적 최고 범주로 올려놓고 그 위상을 한층 상승시켰던 것으로 보인다.

이를 좀 더 확대 해석하면 질의 강조는 과학의 포용을 의미한다.[338] 물론 과학 발달에 따른 지나친 물욕을 경계하고는 있지만, 인민의 삶을 윤택하게 하기 위해서는 반드시 필요한 일이다. 바로 여기서 우리는 과거 원불교가 간척 사업이나 저축 운동 등을 왜 펼쳤는지 이해할 수 있다. 더 나아가 영적인 것만 아니라 과학과 실용적인 것과 함께 들어 왔던 외래종교의 논리[339]에 대응하는 역할도 했다고 본다. 이사병행 또한 이론과 실천의 병행을 의미하기 때문이다.

정리하면 이 영기질론은 교조의 가르침을 따른 종교적 실천의 철학적 기초이며, 정신과 물질이 잘 융화된 세계를 지향하고 있음을 볼 수 있고, 또 한편 유불선사상을 창조적으로 융합하여 그와 비슷하면서도 다른 그만의 논리로서 기의 철학으로 이해할 수 있다.

(2) 삼동윤리

앞서 송규의 사상이 근대전환기와 현대를 잇는 매우 중요한 위치에 있다고 언급했는데, 이제 우리는 그의 기 철학적 특징을 가지고 어떻

---

338) 안으로 정신문명을 촉진하여 도학을 발전시키고 밖으로 물질문명을 촉진하여 과학을 발전시켜야 영육이 쌍전하고 내외가 겸전하여 결함 없는 세상이 되리라(같은 책, 31장).

339) 그리스도교 특히 한국개신교의 목회자들 가운데는 하느님이 주는 영육 양자의 축복을 강조한다. 그 근거가 되는 성서의 근거 가운데 하나가 "사랑하는 자여 네 영혼이 잘됨 같이 네가 범사에 잘되고 강건하기를 내가 간구하노라(『신약전서』,「요한3서」 1:2)."이다.

게 현대의 문제를 해결하려는 철학적 사유가 될 수 있는지 따져 볼 순서가 되었다. 아울러 그가 왜 굳이 기의 철학으로 현대의 종교철학을 세우려고 했는지 살필 것이다.

철학이란 현실의 문제를 해결하기 위한 사유 체계라는 하나의 정의가 유효하다면, 송규의 철학도 일제 강점기와 광복 전후 그리고 6·25라는 민족사적 대혼란의 시기에서 현대로 넘어오는 문제와 연관이 있을 것이라고 충분히 상상할 수 있다. 그러나 그의 삶을 통해 드러난 수많은 활동과 주장을 여기서는 다 다룰 수는 없다. 다만 기의 철학과 연관된 것만 언급하겠다.

그 가운데 하나가 이른바 삼동윤리三同倫理이다. 이것은 그가 근대 전환기를 거친 뒤 현대를 살면서 1961년에 제언하였다. 이 삼동윤리 속에 기의 철학이 현대의 문제를 해결하는 하나의 대안으로 등장한다. 삼동윤리는 세 가지로 되어 있다.

> 삼동윤리의 첫째 강령은 동원도리同源道理니, 곧 모든 종교와 교회가 그 근본은 다 같은 한 근원의 도리인 것을 알아서, 서로 대동 화합하자는 것이니라.340)

그 윤리의 첫째 강령으로 모든 종교가 같은 근원의 도리라는 것을 말하였다. 이 세상에는 종교가 많은데 각자 주장과 방편에 따라 가르침을 펼쳐 형식과 내용이 달리 표현되고 있으나, 그 근본을 추구해 보면 근원 되는 도리는 다 같이 일원一圓의 진리341)에 벗어남이 없다

---

340) 『鼎山宗師法語』, 「法語」, 〈道運〉 35장.
341) 일원상의 진리 또는 일원대도의 정신과 같은 뜻으로 원불교에서 우주의 근본

고 한다. 그래서 모든 종교는 크게 보면 본래 하나이니, 천하의 종교인들이 다 같이 이 관계를 깨달아 크게 화합할 때 세계의 모든 교회가 다 한 집안을 이루어 서로 넘나들고 융통하게 될 것이고 전망한다.[342]

이렇게 근원이 같으므로 종교끼리 서로 배척할 이유가 없이 포용할 수 있다. 이것이 요즘 식으로 말하면 종교 다원주의를 함의하고 있고, 또 대동과 화합의 연원을 따져보면 유교의 대동사상이나 불교의 화쟁사상까지 올라갈 수 있다. 그러나 다 같이 일원의 진리에 벗어남이 없다는 점에서 교조가 내세운 일원의 진리를 중심에 두고 있으며, 그것은 좀 더 철학적으로 심화한 영기질 사상과 연관되어 있을 것이라는 생각이 든다. 일원의 진리가 영성을 중시하는 모든 종교와 화합하고 과학과 물질을 포용할 수 있는 일종의 플랫폼인 셈이다.

이 점은 최한기가 그의 기학이 세계의 모든 학문과 종교를 아우르려고 했고, 강일순이 천지공사와 통일신단을 통해 세계의 종교를 하나로 하려고 했던 것과 같은 맥락으로 볼 수 있다. 송규가 세계적이라 자부한 데는 기존 종교가 그 취지와 방향은 좋으나 신화적 세계관과 이질적 문화의 배경을 갖고 또 어쩌면 현대 과학과 괴리되어 있는 것과 달리, 영기질 사상은 영성을 포함하면서도 되레 과학적 세계관과 같이 간다고 생각했기 때문일 것이다. 특히 우주의 성주괴공과 기를 연결하는 것[343]은 이런 숨은 의도를 짙게 풍긴다. 아무튼 이런 세계 지향적 경향은 대체로 근대전환기 학문과 종교의 특징 가운데 하

원리와 인간의 본질 등에 관한 궁극적 진리를 일컫는 말.

342) 『鼎山宗師法語』, 「法語」, 〈道運〉 35장 참조.

343) 같은 책, 〈原理〉 18장.

나이다.

기의 철학과 관련된 영기질 사상은 두 번째 강령에서 더욱 빛을 발한다.

> 삼동윤리의 둘째 강령은 동기연계同氣連契니, 곧 모든 인종과 생령이 근본은 다 같은 한 기운으로 연계된 동포인 것을 알아서, 서로 대동 화합하자는 것이니라.[344]

대동 화합의 근거가 한 기운으로 연계되었다는 데서 찾았다. 인간을 포함한 모든 존재는 한 기운으로 연결되어 있으므로 천지를 부모로 삼고 우주를 한 집으로 삼는 자리에서는 모든 사람이 다 같은 동포형제이다. 그러니 인류뿐만 아니라 동물과 곤충까지라도 본래 한 큰 기운으로 연결되어 있다고 한다. 그래서 천하의 사람들이 다 같이 이 관계를 깨달아 크게 화합할 때 세계의 모든 인종과 민족들이 다 한 가족을 이루어 서로 친선하고 화목하게 될 것이며, 모든 생물에게도 그 덕화가 두루 미치리라 전망한다. 그래서 이 정신으로써 세계의 인류를 평등으로 통일하는 데 앞장서야 할 것이라고 보았다.[345]

기의 철학에서는 인간만이 아니라 모든 만물이 하나의 기로 연결되어 있다는 점은 전혀 새로운 관점이 아니다. 만물은 일기의 취산 과정에 있기 때문이다. 굳이 장자나 장재의 사상까지 거슬러 가지 않더라도 이런 사유는 기론의 전통에서 볼 때도 면면히 흘러온 관점이다. 여기서 더 나아가 송규의 사상에 보이는 그 존재의 근거가 되는 것은

---

344) 같은 책, 〈道運〉 36장.
345) 같은 책 참조.

단순한 물리적인 기가 아니다. 그것은 만유의 본체로서 영이 함유된 기이다. 쉽게 말하면 만물은 자신을 이룬 질료적 바탕만이 아니라 우주의 영혼이 깃든 기를 갖추고 있음으로써 만물은 하나인 셈이다.

문제는 이러한 기 철학의 관점을 가지고 최한기처럼 세계로 향하고 있다는 점이다. 최한기는 아직 서구화가 본격화되기 이전에 기학의 세계화를 부르짖었다면, 송규는 영기질론으로 재해석한 일원의 진리를 가지고 세계로 나가려고 한다. 그러니까 그는 우리 사회가 이미 서구화되고, 또 과학의 발달이 상당한 수준에 도달하고 있을 즈음에 이런 기의 철학으로서 세계 인류와 만물이 하나가 되어야 한다고 주장했다.

그러나 이것은 하나의 선언일 뿐, 당시 남북 대결과 냉전 세계의 현실은 이 선언처럼 대동으로 화합하기에는 아직 일렀다. 세계는 고사하고 한 나라 안에서도 설득력을 확보하기가 쉽지 않았을 것이다. 그러기 위해서는 나름의 구체적 실천 방식이 있어야 한다. 그 가운데 하나가 세 번째 삼동윤리이다.

> 삼동윤리의 셋째 강령은 동척사업同拓事業이니 곧 모든 사업과 주장이 다 같이 세상을 개척하는 데에 힘이 되는 것을 알아서, 서로 대동 화합하자는 것이니라.[346]

당시 세계에는 이른바 두 가지 큰 세력[347]이 그 주의와 체제를 따로 세우고 여러 가지 사업을 각각 벌이고 있으며, 또한 중간에 선 세

---

346) 같은 책, 37장.
347) 속칭 냉전 시대의 '공산주의'와 '민주주의'로 일컬어지는 사회주의와 자본주의 체제를 말함.

력348)과 그 밖에 여러 사업가가 각각 자기의 전문 분야와 사업 범위에 따라 여러 가지 사업들을 이 세상에 벌이고 있다고 한다. 주장과 방식에는 차이가 있으나 근본 목적은 이 세상을 더 좋은 세상으로 개척하자는 데서 벗어나지 않는다. 따라서 모든 사업이 큰 줄기에서는 본래 동업이므로, 천하의 사업가들이 다 같이 이 관계를 깨달아 서로 이해하고 크게 화합하는 때에는 세계의 모든 사업이 다 한 살림을 이루어 서로 편달하고 병진하다가 마침내 중정中正의 길로 귀일하게 될 것349)이라고 한다.

이 내용은 냉전 체제의 사회 분위기 속에서 사회주의와 자본주의의 대립에서 어떤 실천적 선택을 해야 할지 고민한 부분이다. 당시 풍미했던 냉전 시대의 두 체제로서 사회주의와 자본주의의 문제를 에둘러 평가하면서, 각기 주장과 방식에는 차이가 있지만, 근본 목적은 이 세상을 더 좋은 세상으로 개척하자는 데 있다고 여겼다. 그래서 결국 큰 줄기에서는 모든 사업이 동업이라고 진단하고, 어떤 경제 체제이든 그것이 지향해야 할 바를 암시하는 대목이다. 이것은 오늘날 개인의 사적 소유만을 최고의 가치로 여기는 그릇된 자본주의적 입장과는 확실히 다르다. 동업이라는 점에서 생산의 목적이 사적 이익에 있기보다 공생이나 상생을 위한 일로 보인다.

동업이라고 본 것에는 바로 둘째 강령인 동기연계의 실천과 결부된다. 모든 만물이 기로써 하나인데 세계의 인류를 평등하게 만들려면 물질적 기반도 그렇게 되어야 함은 당연한 순서이다. 비록 체제에 따

---

348) 당시의 중립국 또는 제3세계를 말하는 것으로 보임.
349) 『鼎山宗師法語』, 「法語」, 〈道運〉 37장 참조.

른 생산양식의 차이는 있을지라도 결국 그 방향은 인류 전체를 위한 일이어야 함을 주장하고 있다. 바로 여기서 동척사업이 말하는 기 철학의 현대적 함의는 재화와 정보의 소통과 나눔이다. 그 나눔과 소통이 잘될수록 진정한 동업이 된다. 따라서 이런 삼동윤리가 갖는 철학적 함의는 아직도 끝나지 않았으며 우리 삶의 문제로서 현재 진행형이다. 바로 최한기의 공리公利, 심대윤이 충서를 통한 이익의 공유, 신채호가 인류를 이롭게 하므로 성인이라 칭한다고 하는 생각과 다르지 않다.

이렇듯 송규의 영기질론과 삼동윤리는 근대전환기를 벗어나면서 현대철학 및 과학과 연결되어 있다. 현대인들이 볼 때 설득력이 있어야 그 가치를 발휘할 수 있기 때문이다. 특히 종교적 차원에서 현대인들을 납득시켜야 할 점은 합리성과 과학성이다. 합리성은 철학이 대변한다면 과학성은 과학이 대변한다. 설령 종교가 철학적으로 정합성을 갖추었다고 하더라도, 과학적으로 근거가 없으면 현대인들은 황당하다고 여긴다. 비록 과학이 완벽하지 않더라도 그러하다.

이 때문에 정신 또는 진리를 상징하는 영과 과학의 대상인 물질의 대립을 극복하기 위해 그 사이에 기를 배치한 것으로 보인다. 이 점은 교조나 그가 수도 없이 정신과 물질, 동양과 서양, 과학과 종교 등의 이분법적 대립을 극복하고 둘을 아우르려는 사고의 흔적에서 발견할 수 있다.[350] 전통적으로 종교는 정신 곧 영적인 세계를, 과학은 물리적 세계만을 취급하여 왔다. 그러나 현대에서 종교가 과학의 성과물

---

350) 『鼎山宗師法語』, 「法語」, 〈道運〉 36장 ; 『大宗經』, 「敎義品」 30~31장 ; 『鼎山宗師法語』, 「世典」, 〈敎育〉.

을 외면하면서 영적인 세계만을 다룬다는 것은 과학에서 볼 때 미신으로 취급될 수밖에 없다. 종교가 설득력이 있으려면 그 신학에서 어떤 방식을 택하든 과학의 성과에 손을 잡지 않을 수 없게 되어 있다.

바로 여기서 그 다리를 놓은 것이 기의 철학으로 보인다. 쉽게 말해 기란 법신의 영지를 갖추어 만물의 영혼이라고 말할 수 있었으나 결코 신의 인격성을 강조하지 않았으며, 불생불멸하는 기가 취산 또는 성주괴공하면서 만물의 발생과 소멸하니 얼마나 그럴듯한가?

그러나 현대철학에서 해결해야 할 점으로 이것으로 끝나지 않는다. 이때 영이란 기의 속성이냐 아니면 기와 독립된 어떤 존재냐 하는 문제도 해결해야 한다. 과학적으로 물질의 어떤 단계부터 기라고 불러야 하는지, 그리고 생명 물질의 이전 단계의 물질에 생명성 또는 영이라 불릴 수 있는 정신성을 입증할 수 있느냐 하는 문제가 여전히 남는다. 결국 기 철학과 현대 과학의 관계 문제로 귀결된다. 이렇게 봤을 때 송규의 사상에서도 과학과 종교의 틈새는 여전히 남는다. 비록 영적 체험 또는 깊은 직관적 사유를 통해 우주의 본질이 영이라고 인식할 수는 있지만, 보편적으로 검증되지 않으면 사실로 받아들이지 않는 것이 과학이기 때문이다.

정리하면 송규의 영기질론과 삼동윤리는 기 철학의 논리로 설명하는 것이 적절하였다. 그는 근대전환기와 현대를 연결하는 시기에 활동하였고, 그의 사상에 그런 시대의 문제를 해결하고자 한 강력한 의지가 들어 있었다. 특히 전통의 유불선은 물론이요, 직전 시대의 한국신종교 사상에도 일정하게 맥락이 닿아 있지만, 이전의 사상을 계승하면서도 그 문제점을 극복하면서 그만의 독특한 사상을 창조해 내었다. 전통과 유사하면서도 다르게 근대전환기와 현대적 삶 속에서 한국적으로 특성화시켰다고 할 수 있다. 특히 기 철학의 입장에서 종교의 최고 범주를 기와 연결한 점은 종전의 신종교 전통을 따르면서도 동시에 현대과학의 세계관에 연결하려는 노력을 엿볼 수 있다.

3 서양 과학의 수용 논리와 기의 철학

1) 서양 과학 수용의 기 철학적 기초

(1) 기와 서양 과학의 물질 개념의 접근

현재 우리가 사용하고 있는 과학(science)이라는 용어는 근대전환기 서양으로부터 도입한 학문 분야의 이름이다. 그 범위를 좁히면 천문학·물리학·화학·생물학·지구과학 등의 자연과학이 그것이다. 그때부터 지금까지 우리의 자연과학은 기를 탐구하지 않는다. 물론 그 용어로서 공기空氣, 기압氣壓, 기체氣體 등을 사용하고는 있지만, 모두 영어의 air, atmospheric pressure, gas를 번역한 말로써 그 용어가 놓인 맥락은 전통과 전혀 다르다. 그렇다면 전통에서 사용하던 기는 도대체 어디로 갔을까? 물론 한의학이나 유사 학문과 예술 등에서는 아직도 기를 다루고는 있지만, 적어도 자연과학의 영역에서는 그렇지 못하기 때문이다.

그것을 밝히기 전에 먼저 현대의 우리는 기에 대한 접근을 두 가지 방식으로 나누어 생각해 보았으면 좋겠다. 하나는 지금까지 전통의 각 분야에서 사용한 기에 대한 설명인데, 문제는 여기에 현대 과학의 물질처럼 합의했거나 통일된 연구 방법으로서 기를 관찰하거나 측정하는 도구가 거의 없다는 점이다. 대부분 해당 세계관과 영역에서 정의한 개념에 따라 기를 말하고 있을 뿐이다. 또 하나는 17세기의 과학 혁명 이후 서양 과학의 물질처럼 기가 실제로 무엇인지 밝히려는 문제인데, 이것은 자연과학의 방법을 통하여 동일한 개념과 일정한 관찰을 통하여 알아보는 것이다. 비록 기의 외연이 너무 넓기는 해도 어쩌면 이것은 현대의 물리학자들이 물질의 최소 단위를 찾는 방식처럼 대상을 좁혀서 접근해야 될 것 같다.

이렇게 필자는 기에 접근하는 방식으로 철학적 개념의 문제와 과학적 사실의 문제로 분리해 보자고 제안해 왔다.[351] 바로 여기서 살피고자 하는 내용은 기에 대한 어떤 철학적 개념의 문제가 아니라, 또 서구의 자연과학을 본격적으로 받아들이기 이전에 성립한 논리의 동어반복이 아니라, 실제로 기가 무엇인지 사유했던 노력과 그 결과이다. 다시 말하면 서양에서 자연 관찰의 방법과 결과물로서 제시된 내용을 가지고, 기가 어떤 것인지 또 어떤 성질을 가졌는지 근대전환기에 사유하는 과정을 살핀다. 덧붙여 서양 과학을 수용하면서 서양의 물질을 어떻게 기와 관계 지었는지 살피려고 한다. 그럼으로써 전통의 기가 과학의 영역을 떠나 어디로 사라졌는지 아니면 어떻게 흡수·통합 또는 배제되었는지, 그것도 아니면 더 세분화되면서 용어가 바뀌었는지 이해할 수 있을 것이다.

기와 물질 개념을 비교해 비판하거나 접근한 과정과 노력이 있었던 것은 일찍이 동아시아에 전파한 서학과 무관하지 않다. 앞장에서 살펴본 대로 중세 말기와 르네상스 시기의 서양 과학을 접하면서 이러한 노력이 시작되었다. 이 시기를 대표하는 과학의 이론은 제2장에서

---

351) 이종란, 『기란 무엇인가』, 앞의 책, 291쪽.

소개한 대로 4원소설과 지원설 그리고 지구 중심의 천동설 등이다. 그리고 19세기에 이르면 조금이나마 근대적 과학 지식이 소개되기도 하였다. 이 서양 과학에 크게 반응한 학자들 가운데에는 홍대용을 비롯한 실학자들 그리고 근대전환기 이규경과 최한기 등이 있다.

먼저 4원소설에서 말하는 물질과 전통의 기 개념 사이에는 서로 유사점과 차이점이 존재한다. 유사한 점은 흙·물·공기·불로 대표하는 4원소에 대한 아리스토텔레스의 원래 생각은 불생불멸하면서 단지 형태만 바꾸어가며 물건을 생성했다가 물건이 붕괴되면 다시 4원소로 되돌아가는 것이었다. 마치 기가 불생불멸하고 취산하는 과정과 흡사하다. 더구나 공기와 불은 기에 해당하며, 흙·물·불은 전통의 오행에 있는 요소이다. 다만 중세 그리스도교가 그것을 받아들이면서 하느님이 최초에 그것을 창조했다고 수정하였다.

그 차이점은 4원소는 물이나 흙처럼 연장을 갖는 죽은 질료에 불과하지만[352] 기는 전통적으로 생기로서 생명적 요소 때로는 신기로서 어떤 정신적 특징도 있다고 보았다. 이런 사유의 근원에는 기는 스스로 운동하는 내재적 운동성을 갖는 활물임에 반하여 4원소는 스스로 운동하지 못하고 외부의 작용을 기다려 운동하는 물질이기 때문이다. 곧 아리스토텔레스는 지구상에서 4원소는 흙-물-공기-불의 순서로 위치에 따라 정해진 장소가 있고 그 무게에 따른 본원적 성질을

---

352) 죽은 질료에 불과하다는 것은 사물을 형상과 질료의 두 요소의 결합으로 보는 아리스토텔레스의 철학 자체에서 연원하지만, 중세 때에 사물의 형상은 하느님의 머릿속에 있는 것으로 보았기 때문에, 천지의 창조는 질료의 창조에 불과했으니 질료는 생명 없는 죽은 물질이 된다. 영혼에 대한 육체 또한 본질에서 그러하다.

갖는데, 이들 원소가 외부의 강제력에 의하여 본래의 장소를 이탈한 뒤 그 자리로 되돌아가는 과정에서 온갖 자연 현상이 생긴다고 여긴다.[353] 전통적 서양의 물질관은 대체로 여기서 근원한다.

또 4원소에는 무거운 흙과 물은 아래로 내려가고 가벼운 공기와 불은 위로 올라가는 것과 또 제각기 냉열건습이라는 성질을 전제하지만, 기는 자연과 인간의 모든 현상을 일으키는 성질을 포함할 수 있어 그런 것에만 한정하지 않는다. 마지못해 그 성질을 추상화시켜 단지 '활물' 또는 '활동운화' 등으로 표현하였다.

그리고 전통의 기 개념에서 볼 때 4원소의 흙과 물은 기가 엉겨서 된 질에 해당하지만, 4원소에서는 동아시아의 기를 원소 가운데 하나인 공기라고 여겼다.[354] 바로 여기서 동서 모두 상대의 '공기'와 '氣'에 대한 오해가 존재한다. 서학에서는 동아시아의 기를 원소 가운데 하나인 공기(기체)로 오해하여 그것이 만물을 생성할 수 없다고 여긴 반면, 근대전환기 기철학에서는 서학의 공기를 기로 여겨, 기를 흙이나 물과 같은 원소와 동일한 층위에 놓을 수 없다고 여겼다. 둘 다 모두 한자 '氣'로 표기한 데서 생긴 해프닝이었다.

사실 정확히 말하면 공기는 기 가운데 하나로서 기의 부분 집합에 해당한다. 우리의 전통에서는 기가 4원소보다 더 근원적인 존재이므로 그것을 기의 범주 안에 포섭할 수 있었다. 앞장에서 살펴보았듯이

---

353) 알폰소 바뇨니 저, 이종란 옮김, 2012, 『공제격치』, 한길사, 104~109쪽 ; 같은 책, 121~124쪽 참조.

354) 未知氣四行之一, 而同之于鬼神及靈魂, 亦不足怪. 若知氣爲一行, 則不難說 其體用矣. 且夫氣者, 和水火土三行, 而爲萬物之形者也(利瑪竇, 『天主實 義』 上卷, 「第四篇」).

이규경은 4원소를 거부하지 않고 기의 범주 안에 넣고 있는데, 그는 우주가 생성되고 유지되고 붕괴하고 소멸하며 성주괴공하는 것과 인간이 태어나고 자라나고 죽고 소멸하는 이치는 하나로써 물과 불뿐이라고 한다.[355] 이 물과 불은 4원소에 있는 것으로서 기로 수용하였다. 그는 '사행은 체이고 오행은 작용'이라고 하였으니 4원소도 그에게는 사물의 형질로서 결국 기의 범주 속에 들어있다. 이렇게 4원소를 기의 범주 안에 넣어 서양의 물질과 동아시의 기 개념의 접근을 시도하여, 4원소는 연장을 지닌 형질이고 오행은 그 물질이 작용하는 서로 다른 성질로 보아야 한다는 생각으로 해석된다. 그도 그럴 것이 4원소는 원래 죽은 질료일 뿐이고, 기는 내재적 운동성을 갖고 있기 때문이다. 더구나 기철학의 내부에서 볼 때 형질이 운동하는 근거는 기에 있기 때문이기도 하다.

그는 여기서 더 나아가 형이상의 학문은 갑자기 깨달아 알기가 어려우나 서학의 형이하 용법은 거의 배울 수 있다고 보고, 기를 이용하는 방법은 기를 감소시키고 늘어나게 하고 밀고 당기며 토해내고 빨아들이며 돌게 하고 구르게 하는 데 달려있다고 여겨서, 과학 기술로 기를 다루는 기관을 만들 수 있다고 여겼다.[356] 그러니까 전통의 기와 서양 과학을 접목하는 데 아무런 장애물 없이 일치시키고 있다. 그것은 전통의 기와 서양의 물질 개념에 분명한 차이가 있음에도 불구하

---

355) 天之成住壞空，　人之生養死沒，　其理一水火而已矣(『五洲衍文長箋散稿』, 「天人一理辨證說」).

356) 其形上之學, 猝難悟得, 形下之用, 則庶可學焉, 而我人蒙不覺悟, 可勝歎哉. 用氣之道, 惟在於消息槖籥, 吐納轉輪, 爲其第一機關(같은 책, 「用氣辨證說」).

고, 서양의 물질을 기가 응취한 형질과 같은 것으로 여긴다면, 기의 범주에 포섭시킬 수 있기 때문이다.

그런데 전통의 기와 서학의 물질 개념을 매개하는 내용 가운데 하나는 4원소의 성질로서 냉열건습이 있다. 이 냉열건습은 주로 기상현상을 설명할 때 유효했는데, 최한기는 한열건습이라는 용어로 기의 정으로 변용한다.357) 여기서 더 분석해 보면 한열은 온도와 관계되고 건습은 습도와 관계되는데, 사실 지구의 대기 운동은 주로 이 두 요소에 의하여 일어나며, 그 때문에 습열기濕熱氣가 대기 운동과 지구의 생성을 주도한다고 인식하였다.358) 앞서 이규경이 물과 불에 모든 요소를 환원시키는 것과 맥락이 통한다. 이렇다면 적어도 기상 운동을 주도하는 요인으로서 온도와 습도가 그 가운데 하나라는 점은 현대 과학과 일치하며, 그것을 기의 성질로 규정한 것은 서구적 물질 개념과 어느 정도 가까이 접근하고 있다고 하겠다.

더욱이 서학에서 마테오 리치가 오행 가운데 목과 금은 원소가 될 수 없다고 비판한 이래로, 홍대용을 비롯한 일부 학자들은 음양오행 자체를 극복하면서 음양이 실체가 아니라 지상에서 태양열의 많고 적음에 따라 생기는 것으로 이해하였다. 그래서 지구에서 일어나는 기상 현상을 더는 음양오행으로 설명하지 않는 점도 과학에 접근한 사례이다.

---

357) 氣, 以活動運化之性, 寒熱乾濕之情, 橐鑰升降陶鑄萬物(『運化測驗』 卷1, 「氣之數」). 이 한열건습을 오로지 서학에서 받아들였다고 말하기에는 무리가 있다. 전통적으로 六氣에 이 네 가지 요소가 있기 때문이다. 다만 그렇게 보는 데는 4원소의 영향이 큰 것만은 사실이다.

358) 같은 책, 「濕熱氣生水土」 참조.

최한기 또한 그러한데, 여기서 그는 더 나아가 원소의 종류를 4가지나 다섯 가지로 한정할 수 없고, 기는 온갖 물건과 짝이 되는데 가령 물에서는 물의 기가, 흙에서는 흙의 기, 불에서는 불의 기가 된다고 하여, 물건의 종류에 따라 모두 기라는 말을 쓸 수 있는데, 근본은 하나이지만 물건에 따라 나누어지면 만 가지가 있다고 생각하였다.359) 이 점은 매우 중요하다. '근본이 하나(또는 같다)'라는 말은 특정한 물질의 성질을 갖는 분자나 원자보다 더 작은 미립자 단계의 물질에 적용할 수 있고,360) '만 가지가 있다'라는 말은 4원소를 넘어서서 근대에 서양 과학에서 밝혀낸 모든 물질의 원소를 포함한 다양한 원자와 분자 단계의 물질도 기라는 개념으로 포섭할 수도 있다는 발언이다. 다시 말하면 수소나 산소 등의 물질도 기의 종류 가운데 하나로 보자는 생각과 통한다. 그는 실제로 수소는 경기輕氣, 산소를 양기養氣로 표현하기도 했는데, 훗날 『한성순보』에서도 그대로 쓰고 있다.361)

이런 관점을 따른다면 근대전환기 이후로 전통적 기는 자연스럽게

---

359) 氣之爲物, 聚散宇內, 偶之物則爲物氣, 在水則爲水氣, 在土則爲土氣, 在火則爲火氣, 不偶之于物, 則是運化氣也. 豈可以氣分界限於水土火也. 擧其本則一氣, 於分殊則萬有也(같은 책, 卷2, 「五行四行」). 만물은 소립자·원자·분자들의 결합 방식에 따라 다양하게 생성되므로 이 논리는 상당히 타당하다.

360) 특정한 물질의 성질을 띠지 않은 더 작은 미립자의 발견, 더 나아가 아인슈타인에 의해 질량을 가진 물질은 에너지로 바뀔 수 있다고 함으로써 물질을 어떤 특정한 종류에 한정하는 것은 의미가 없어져 버렸다.

361) 『漢城旬報』, 1884년 6월 4일자, 「論炭氣」. 최한기를 비롯한 『漢城旬報』에서 이렇게 원소의 이름을 기라는 용어로 소개한 것은 중국인 화학자 徐壽(1818~1884)의 용어법과 관련이 있다. 『박물신편』을 통해 조선에 알려졌다.

여러 물질에 따라 양기나 경기처럼 분화되고 있었다. 특히『한성순보』를 보면 전보를 설명하면서 "오직 한 기만이 아무리 먼 거리라도 미치어 갈 수 있는 것이 있으니 전電, 바로 그것이 기이다."362)라고 하였고, 지구의 대기를 천기天氣 또는 공중미기空中微氣라 하였으며, 수소와 산소로서 경기와 양기는 물론 탄소(炭氣)와 질소(淡氣)·일산화탄소(炭養)·이산화탄소(炭養二)도 소개하고 있다.363) 그리고 "지구와 새로 발견한 두 별을 합하면 행성이 벌써 8개가 되었으니 오행을 어디에 해당시키겠는가?"364)라고 하여 오행설을 비판하고 있다. 더나아가 "이 우주 간에 오행상생五行相生의 무리가 아무리 그 수를 헤아릴 수 없다 해도 천지간의 기학으로 논해본다면, 햇빛이 불의 원인이 되었다면 바다가 물의 근원이라 할 수 있다."365)라고 하여, 결국 최한기가 인식한 대로 기상 현상이 온도와 습도에 의해서 일어난다는 견해를 밝혔는데, 여기서 중요한 것은 자연과학을 기학으로 인식했다는 점이다. 그러니까 아직 서양의 근대 과학이 본격적으로 정착되기 이전에 과학 탐구는 기에 관한 탐구로 여기고 있었음을 분명히 알 수 있다. 물론 이러한 인식은『한성순보』가 중국의 자료를 많이 인용했기 때문이기도 하지만, 그런 내용을 공감하지 않았다면 애초에 그 내용을 소개할 필요가 없었을 것이다.

그런데 서양 과학에는 물질 그 자체만이 아니라 물질의 상호작용 현상과 관련된 물리적 운동의 방식과 법칙도 매우 중요하게 여긴다.

---

362) 같은 신문, 1884년 1월18일자.
363) 같은 신문, 1884년 6월 4일자.
364) 같은 신문, 1884년 5월 5일자.
365) 같은 신문, 1884년 4월 16일자.

만약 기철학자들이 기 그 자체에만 관심을 가졌다면 과학의 수용에 일정한 한계가 있을 수밖에 없었을 테지만, 기의 개념에도 물리적 관계에서 등장하는 '힘'으로 사용되는 경우도 발견할 수 있다. 더구나 전통적인 '기운'에는 에너지나 힘의 의미가 이미 포함되어 있기도 하다.

여기서 현상을 보다 진전된 과학적 방법으로 설명하려면 자연 현상에 대한 기존의 지식과 차별성이 있어야 하는데, 이 또한 기의 개념을 구체적인 것으로 이끈다. 그런 생각을 하게 만든 원인 가운데 하나는 서학의 지원설과 천체 운동에 대한 설명이 그것이다. 홍대용은 서학의 지원설을 믿었고 그래서 둥근 지구의 아래쪽에 사는 사람이 우주로 추락할 것이라는 당시 다수 사대부의 우려가 잘못되었다는 것을 입증하기 위해 지전설을 주장하였다. 곧 상하지세上下之勢라는 지구의 중력이 생기는 원인을 설명하기 위해 지구가 자전하면서 기가 지상으로 쏠리는 힘 때문이라고 보았다.366) 이러한 지상에서의 기의 쏠림 곧 힘을 중력과 같은 의미로 보았음을 뜻한다.

최한기 또한 우주에서 행성이 운동하는 것은 기가 실어서 운행한다고 여겼다.367) 이것을 현대식으로 해석하면 행성이 멀리 도망가지 않는 것은 각자의 궤도를 따라 운행하는 힘 때문인데, 바로 그 힘이자 중력을 기로 이해했다고 할 수 있다. 그는 뉴턴I.Newton(1642~1727)의 중력설도 알고 있었다. 뉴턴은 만유인력의 법칙을 수식으로 나타내었지만, 그것이 생기는 원인을 알지 못했는데, 최한기는 그 점이 불만이

---

366) 이종란, 2017, 『의산문답』, 한설연, 121~142쪽 참조.
367) 月天之氣, 可載運月體, 日天之氣, 可載運日體, 火木土經星天之氣, 可載運化木土經星之體. 如舶運於海, 人行於陸, 不可換易其輕重淸濁之氣數(『運化測驗』卷1,「氣之層包」).

었고 그에 대한 나름의 해법이 행성 간의 기의 바퀴가 영향을 미쳐 그렇다는 기륜설氣輪說을 제시하였다.[368] 실상이 어떤지는 차치하고서라도 기로서 자연 현상에 따른 법칙이 생기는 원인을 따졌다는 점에서 기와 서양 과학이 만나고 있다고 하겠다.

이제 무엇보다 실증적으로 서양 과학의 물질 개념에 기가 근접한 매개체는 공기였다. 곧 공기를 통해 기의 형질을 파악할 수 있었다는 점이다. 여기에는 최한기가 비록 직접 실험하지 않고 서양 과학의 실험과 관찰의 결과물을 활용해 추론했다는 한계는 있지만, 그래도 그의 기 개념은 서양의 물질 개념에 접근하고 있다. 그 구체적 사례를 공기총이나 공기압축기, 그리고 증기기관 등에서 찾았다. 당시는 공기를 기의 일종으로 알았기 때문에 공기가 기의 모델이었다. 곧 기를 압축시키는 정도에 따라 힘이 달라지므로 그에 따른 기수[369] 곧 법칙이 있다고 보았고, 특히 공기압축기의 경우 피스톤으로 공기를 아무리 압축시켜도 더는 공기가 압축되지 않은 비율이 있음을 안 뒤에 기에 형질이 있다고 확신했다. 더 나아가 증기기관을 설명하면서 기는 형질이 있어서 엄청난 힘을 발휘할 수 있다고 보았다.[370]

바로 거기서 기는 형질을 갖고 있다고 확신하는데, 이 형질이 곧 오늘날 과학에서 말하는 물질과 유사한 말이다. 그래서 모든 기는 형질을 가졌다고 일반화하는 데 이르는데, 이런 맥락에서 유형지기有形

---

368) 『星氣運化』, 序 ; 같은 책, 권10, 「氣輪攝動」 참조.
369) 氣數는 전통적으로 四時의 변화나 해와 달의 운동과 같은 주기적 변화를 설명할 때 쓰이는 용어였다. 최한기는 그의 저작에서 전통에서 더 나아가 법칙과 유사한 개념으로 사용하였다.
370) 『運化測驗』 卷1, 「用器驗試」 참조.

之氣는 물질이라는 말과 크게 다르지 않다. 동시에 기는 이제 여러 가지 도구로 관찰하고 측정할 수 있다고 판단하게 된다. 이것은 기를 서양의 물질과 같은 것으로 보아야만 가능한 일이다. 여기서 그는 기가 형질을 지녔다는 점을 여섯 가지 근거를 들어 주장하였는데, 물 위에 빈 주발을 거꾸로 넣었을 때 물이 들어가지 않는다는 점, 동쪽과 서쪽에 창이 있는 방에 한쪽 문을 여닫을 때 다른 쪽 문이 움직이는 점, 70치의 실린더에 69치까지만 공기를 압축할 수 있다는 점, 옥형거 玉衡車[371]로 물을 퍼 올릴 때 물이 기를 따라 올라온다는 점, 공기총에서 기가 힘을 쏟아낸다는 점, 그리고 온도계가 냉기와 열기에 따라 도수가 올라갔다 내려갔다는 점이 그것이다.[372]

그는 그 결과를 가지고 철학적으로 기 개념을 정의하는 것을 마다하지 않았는데, 곧 존재하는 기는 형체를 가지고 있지 형체가 없는 기는 없다고 단언하여 유형지기라 불렀다.[373] 대체로 기에 형체가 없다는 전통의 관례를 무시해 버리고 그렇게 이름 붙였는데, 그 근거가 기(공기)를 물질처럼 인식하게 만든 서양 과학의 영향이다. 그럼으로써 기의 형질·색깔·소리·수·성정·활동 등을 파악할 수 있다고 확신하고 그에 대한 논의를 진행하였는데, 이것들은 근대 과학에서 다루는 물질에 대한 탐구 내용과 방법이 크게 다르지 않다.

---

371) 물을 퍼 올리는 일종의 펌프로 그의 『陸海法』에 도해가 실려 있다.
372) 『人政』 卷10, 「氣之形質」 참조.
373) 然從其一天範圍之內, 而聚之散之. 所謂散之, 在一氣形之內, 所謂聚之, 亦在氣形之內, 則散非永散而消滅, 聚非永聚而不變. 至於將聚, 有將聚之形, 將散, 有將散之形. 天地間, 惟有有形之氣, 頓無無形之氣也(『運化測驗』 卷1, 「氣之形」).

그 밖에 최한기가 서양 과학의 성과나 이론을 기로 설명하는 사례는 무수히 많다. 가령 빛의 굴절에 따른 대기 이론, 기상학 이론, 빛의 혼합, 소리의 발생 원리와 전달 과정, 발화 이론, 동기상응同氣相應, 각종 지구과학 이론 등이 있지만[374] 이 정도 논의로 그치겠다. 물론 이런 이론은 최한기만이 온전히 접한 것은 아니다. 부분적으로는 서학을 접한 실학자들의 글에서도 보인다. 다만 그가 전면적으로 이런 이론들을 다룰 뿐만 아니라 자신의 철학적 관점과 기준에 따라 변용하여 종합·정리하였다는 데 그 차별성이 있다.

여기서 우리는 최한기 등이 서양 과학의 수용에 따라 기의 개념 자체가 변모되고 있음을 알 수 있는데, 그 가운데 가령 음양과 오행설을 극복한 것, 기의 외연이 확장된 것, 공기를 모델로 기에 형질이 있다고 믿는 것, 행성 간의 중력을 기의 힘으로 설명한 것 등이 그것인데, 전통의 관점에서 볼 때 기 개념에 변화가 일어나고 있으며 그것을 새롭게 사용하고 있다는 점을 알 수 있다.

동시에 이것은 그가 당시의 서양 과학을 불안전하게 이해하고 오해했거나 왜곡했을 가능성도 있다. 그는 과학자가 아니었기 때문에 제한된 서학서를 통해 서양 과학을 기철학자의 눈으로 읽고 해석했기 때문이다.[375] 비록 그러하나 그는 당시 진보적이라 여기던 지식을 수용할 태세를 갖추고 있었기 때문에 서양 과학을 어떤 방식으로든 이해하는 것이 급선무였고, 그것을 그의 기 철학으로 재구성하고자 하

---

374) 최한기 저, 이종란 역, 2014, 『운화측험』, 한길사, 80쪽 참조.
375) 전용훈, 「19세기 조선 지식인의 서양 과학 읽기-최한기의 기학과 서양 과학-」, 『역사비평』 81, 역사문제연구소, 2007, 274~275 참조.

였다. 과학의 관점이 아니라 철학에서 볼 때는 당연한 수순이다. 인간은 그 누구를 막론하고 사상이 형성된 지식의 장을 벗어날 수 없기 때문이다.

이상의 설명에서 서양 과학을 수용하면서 기와 연관 지어 변용하였으나, 훗날 그것을 본격적으로 수용할 때 일본식 번역어로 바뀌면서 서양의 이런 물질이 기와 무관한 것처럼, 과학이 기를 다루는 학문이 아닌 것처럼 되어버렸다. 그 과정을 조금이나마 살펴보자.

우선 갑신정변 뒤 발간된『한성주보』를 살펴보면, 사범학교라 할 수 있는 특설중등학교에서 가르치는 교과목을 엿볼 수 있는데, 그 교과에는 수신修身·법교法敎·국어國語·국문國文·사전史典·지리地理·산술算術·격물格物·기계器械·박물博物·부기簿記·화학化學·도서학圖書學 등이 있으며, 또 중등학교의 교과는 고어古語·사전史典·박물博物·궁리窮理·도량度量376) 등이 있다. 여기서 과학과 관련된 과목은 '격물'과 '화학'과 '궁리' 등으로 보이는데 아직 '과학'이라는 말은 등장하지 않았음을 알 수 있다.

사실 전통적 용어가 일본식 번역어로 대체되는 데는 일본이 조선에 적극적으로 영향을 미친 갑오개혁 이후가 되며, 그 한 해 뒤인 1895년은 공교롭게도 유길준兪吉濬(1856~1914)이 일본식 번역어의 영향을 크게 받아 근대식 언어로 서술한 『서유견문西遊見聞』을 발간한 때이기도 하다.377) 더욱이 20세기를 넘어서면서 서양 문명의 소개는 청의

---

376)『漢城周報』, 1886년 8월 16일자.
377) 유길준은 1881년 신사유람단의 일원으로 일본에 건너가 후쿠자와 유기치[福澤諭吉]가 운영하는 게이오주쿠[慶應義塾]에서 공부하였고 뒷날 미국에도 유학한다.『西遊見聞』은 후쿠자와 유기치의『西洋事情』과의 유사성을 고려

무술정변 이후로 일본에 망명한 중국 지식인들의 영향도 컸다. 그래서 자연스럽게 서양 문명과 관련된 번역어는 중국식에서 일본식으로 변해갔다.

아무튼 전통의 기가 이렇게 일본식 표기로 넘어가는 사례는 손병희의 글에서도 보이는 바와 같이, 그는 서양 과학의 영향으로 어떻게 해서든 교조의 지기를 좀 더 합리적으로 설명할 방식을 모색했던 것 같고, 그래서 전통적으로 사용하던 기를 공기로 바꾸어 쓰고 있다. 동시에 그가 사용한 공기는 물리적인 연기와 같은 기체(air)로 사용한 모습도 볼 수 있다.[378] 잘 알다시피 공기는 현재 지구 대기를 가리키는 말로써 전통에서는 이른 시기부터 몽기라는 말을 썼고,[379] 서학도 동아시아 전통을 따라 몽기라 불렀다. 이처럼 손병희가 사용한 공기는 이중적 의미를 지닌다. 물리적 공기이면서 여전히 만물의 근원으로서 최제우가 혼원한 일기라고 말할 때 지기의 의미와 같다. 그래서 공기를 천지의 기이자 인간의 정신으로 보아,[380] 비록 이름은 공기이지만 기라는 점에서 손병희가 신령으로서 지기를 계승하였다. 바로 여기서 공기라는 말 속에 전통적 기 개념과 근대 과학의 물질 개념이 혼재되어 있음을 알 수 있다. 손병희는 동학운동 좌절 후 일본에 망명한 적이 있었으므로 일본식 용어를 받아들였을 것이다. 철학이라는

해 볼 때, 일본식 번역어가 거기에 침투한 것은 자연스러운 일이다.

378) 一生而逝去者, 物理之自然也. 以有歸無, 有何可考. 興比於目睹, 伐木燒爐, 則所生者, 卽一煙氣也, 輕彼靑煙, 與空氣合飛, 而但所餘者, 風前灰燼也 (『義菴聖師法說』, 「明理傳」, 〈斥言虛誣章〉).

379) 『漢書』, 「京房傳」에 보임.

380) 天地萬物의 開闢은 空氣로써 하고 人生萬事의 開闢은 精神으로써 하나니 汝의 精神이 곧 天地의 空氣니라(『義菴聖師法說』, 「人與物開闢說」)

말도 그 가운데 하나인데 『의암성사법설』에 4회 등장한다. 일본인들은 과학에서 말하는 기체 곧 영어의 air를 공기로 번역했으므로, 손병희가 사용한 공기라는 말 속에는 전통적 기 개념과 서양 과학의 물질 개념이 이렇게 혼재하고 있다.

또 손병희의 기 개념에는 분자나 원자 개념도 들어있다. 그는 "원자는 공기 가운데 원소의 일종이니 서로 분리되어 존재하는 이치가 없는 것이고, 분자는 각각의 원자가 서로 합하여 생성한 것이니 수소와 수소가 서로 모이면 단체이며, 수소와 산소가 서로 용납하여 모이면 복체니, 이것은 모두 천지 만물이 화생하는 기이다."381)라고 하여, 채 반세기도 지나지 않아 『한성순보』에서 말하던 경기輕氣나 양기養氣 등의 말은 사라지고 수소나 산소라는 말을 쓰고 있을 뿐만 아니라, '공기 가운데 원소의 일종'이라는 표현에서 보면 기 개념의 외연이 원자나 분자로 확장되었음을 알 수 있다. 바로 여기서 '산소'나 '수소'를 비롯하여 '공기', '원소', '분자', '원자' 등의 용어를 거론한 것은 전통적 기 개념이 근대적 물질 개념으로 바뀌어 분화되어 가는 연결고리를 보여주는 매우 소중한 발언이다. 물론 과학 용어를 종교에 적용한 것은 당시 큰 파급력을 지닌 과학을 통해 기로 표현된 물질을 포함한 우주 자체가 하나의 영체라는 관점으로 구체화하여 종교의 위상을 높이려는 의도였을 것이다.

전통의 기에 대한 용어가 일본식으로 바뀌는 데는 앞서 소개한 유길준의 『서유견문』 속에서도 발견할 수 있다. 이 책에서는 서양의 문

---

381) 原子는 空氣中 原素之一種이니 無相離存在之理也요 分子는 各原子相合而生成者也니 水素與水素 相合則 團體也 水素與酸素相容相合則 複體也니是는 皆天地 萬物化生之氣也니라(같은 책, 「原子分子說」)

물은 물론 자연과학까지 소개하고 있다. 그래서 지금 우리가 쓰고 있는 말과 동일한 말이 많은데, 가령 산소와 탄소는 물론이고 공기·원소·압력·분석 등의 과학 용어를 거침없이 사용하고 있다.

그는 이제 지구의 대기를 말하면서 기라는 말보다 공기라는 말을 사용하고 있다. 그런데 이상한 것은 경기나 탄기라는 말을 쓰는 대신 산소와 탄소를 말하면서도 질소만을 담소淡素라고 부르고 있다[382]는 점이다. 『한성순보』에서는 질소를 분명히 담기淡氣라고 불렀는데, 그는 '氣' 대신에 '素'자만 붙였고, 질소窒素라는 용어를 아직 사용하지 않았다는 점이다. 그리고 전기에 대해서도 공기 중에 있는 하나의 기라고 소개하고 있다.[383] 그러니까 전통의 용어를 서양 과학의 용어로 바꾸어 표기하면서도, 아직 서구식 번역어로 정착되지 않았거나 접하지 못했거나 물질에 대한 지식이 애매한 대상에는 여전히 기라는 잔재를 남기고 있다고 하겠다.

그가 말한 학문의 이름도 현대와 같은 것도 있지만 다른 것도 있다. 가령 농학·의학·정치학·법률학(법학)·화학·철학·광물학·식물학·동물학·천문학·지리학·언어학·기계학·종교학 등은 지금 우리가 사용하는 것과 다르지 않은데, 글의 내용으로 보면 격물학格物學은 물리학, 병학兵學은 군사학, 인신학人身學은 인체학, 산학算學은 수학, 박고학博古學은 고고학을 의미하고 있다.[384] 또 뉴턴을 소개하면서 그의 학문을 궁리학窮理學이라고 했는데,[385] 이 또한 물리학을 이렇게

---

382) 兪吉濬, 1969, 『西遊見聞』, 景仁文化社, 7쪽.
383) 같은 책, 9쪽.
384) 같은 책, 347~357쪽.
385) 같은 책, 331쪽. 당시는 窮理學은 格致學, 또 性理學은 물리학이나 자연학과

말한 것으로 보인다. 특히 화학의 설명에서 모든 물건은 70여 종의 원소가 혼합하여 이루어져 있기 때문에 사물이 소멸하는 것은 형체를 바꾸는 것에 불과하다고 한다.[386] 만약 그가 기철학에 조예가 깊었더라면 이것을 기의 취산 개념으로 설명했을지도 모른다.

이제 박은식朴殷植(1859~1925)은 『왕양명실기』에서 비로소 '과학'[387]이라는 말을 사용하면서 중국 학자 량치차오(1873~1929, 梁啓超)의 말을 인용하여 과학을 강조하고 있다.[388] 사실 '과학'이라는 말은 일본 메이지 초기부터 'science'의 번역어로 쓰였고, 박은식이 '과학'이라는 용어를 받아들인 것은 량치차오의 영향으로 보이는데, 그는 무술정변 직후 일본으로 망명하여 중국인들을 계몽하기 위해 수많은 근대 서구 사상을 번역하여 알렸고, 조선말 애국계몽기 우리에게도 그의 글이 많이 전해졌으므로, 박은식과 신채호申采浩(1880~1936)·장지연張志淵(1864~1921) 등이 신문이나 잡지 등의 언론을 통해 널리 유포시켰다. 이후 일제 강점기를 통해 본격적으로 일본식 번역어가 정착된 것으로 보인다.

그 때문에 당시 이들이 사용했던 용어에는 이전에 중국인으로부터 들어온 것과 함께 일본식의 용어가 혼재한다. 기나 질이라는 말 대신

함께 철학과 혼용하였다. 그것은 철학의 종합 학문적 성격 때문이었다. 『西遊見聞』에도 그런 모습이 보이는데, 탈레스의 경우는 생물학자로, 소크라테스와 플라톤은 도덕학자, 아리스토텔레스는 窮理學者로 소개하고 있다(같은 책, 329쪽).

386) 같은 책, 350쪽.
387) 朴殷植, 1975, 『朴殷植全書』 中, 『王陽明實記』, 단국대학교 동양학연구소, 119쪽 참조.
388) 같은 책, 145쪽 참조.

물질이라는 용어 사용은 물론 생존경쟁이나 우승열패·원소·진보·발달 같은 과학적·사회적 용어를 거침없이 쓰고 있다.[389] 물론 당시 쓰는 말이 모두 이런 식으로 바뀌었다는 말은 아니다. 분야에 따라서는 여전히 전통의 용어를 함께 사용하기도 한다. 가령 이황의 성리학을 계승하면서도 서양철학을 소개하며 비판한 이인재李寅梓(1870~1929)는 전통학문의 용어를 그대로 사용하면서도 근대 과학의 용어를 거침없이 사용하고 있다. 원소·분자·원자·고체·기체·액체 등의 용어가 그것이며 원소가 70여 종에 이른다고 소개하고 있다.[390] 그러나 그의 저술에서 기와 이러한 물질의 관계를 연관 지어 탐구한 흔적은 찾아보기 힘들다.

정리하면 서학을 수용한 초기에는 기철학자들을 중심으로 서양 과학의 결과를 기의 개념으로 받아들였음을 확인할 수 있다. 그리고 그 과정에서 전통의 기와 서양의 물질 개념의 교집합을 통해서 둘 사이의 공통점을 찾았음을 알 수 있었다. 이렇게 과학의 탐구 과정과 결과를 기라는 용어로 정착시키려 애썼으나, 훗날 일본식 과학 용어와 근대 학문으로서 과학 수용이 대세가 됨에 따라 자연히 기에 대한 담론은 과학에 자리를 양보할 수밖에 없었다. 이것은 근대전환기 과학 탐구의 주도권이 우리에게 없었을 뿐만 아니라 오로지 서양의 것을 받아들이는, 그것도 일본식 번역어를 통해 흡수하는 데만 몰입했기 때문이다. 그러니까 기가 완전히 사라진 것이 아니라 과학의 대상이자

---

389) 같은 책, 下, 「物質改良論」, 35~39쪽 ; 같은 책, 「孰能救五國者며孰能活吾衆者오實業家가가是로다」, 35~37쪽 참조.

390) 李寅梓, 1980, 『省窩集』 卷4, 「雜著」, 〈古代希臘哲學攷辨〉, 아세아문화사, 274쪽 참조.

방법에 대한 용어법을 일본식 번역어로 대체하였다.

여기서 또 하나 간과할 수 없는 것은 과학의 탐구 대상이 점차 세분됨으로써 생긴 지식을 종래의 개념으로 다 아우를 수 없어서 이전의 용어가 폐기되는 예도 있다. 그 대표적인 사례가 서양의 4원소이다. 19세기가 되면 4원소설은 과학에서 완전히 쓸모없는 이론이 되어버렸다. 기의 운명도 마찬가지였다. 가령 곡기라고 할 때 곡물이 가진 에너지로 말할 수 있으나 그 곡기가 각종 영양소와 열량으로 분석되기 때문에, 이제는 그 곡기가 여전히 문학의 대상은 될지언정 과학의 그것이 되지 못하는 것도 바로 이런 맥락이다. 달리 말하면 실험과 용어법이 더욱 정밀해짐으로써 그런 명칭을 필요로 하지 않았기 때문이다.391)

어쩌면 근대전환기 기의 철학자들이 기를 밝히려고 노력했던 점은 그 이후 지금까지 과학 분야에서 여전히 이어가고 있다고 하겠다. 다만 기라고 의식하지 못하고 그 용어를 쓰지 않을 뿐이다. 다시 말하면 근대 이후 자연과학이 이규경이나 최한기가 의도한 대로 기를 밝혔고 또 밝히고 있음에도 불구하고, 우리는 그 점을 놓치고 인정하지 않고 있는지 모르겠다. 결국 대상 자체는 크게 바뀌지 않았으나 더 세분되고, 또 탐구하는 주체로서 전통과 다른 세계관을 지닌 근대 과학자의 손에 탐구의 주도권이 넘어갔기 때문에, 결국 기를 다루지 않는다는 착시 현상이 생기고 말았다.

---

391) 조셉 니담 저, 이석호 외 역, 1988, 『중국의 과학과 문명 II』, 을유문화사, 29
쪽. 기라는 말이 너무 포괄적이고 다양해서, 엄밀성을 요구하는 과학에서는
적절한 용어가 될 수 없었을 것이다.

⑵ 서양 과학 수용의 인식론적 토대

과학은 경험할 수 있는 대상만을 다룬다. 따라서 과학적 세계는 경험할 수 있는 세계에 머무르며,[392] 경험 불가능한 형이상학적인 세계는 원칙적으로 배제된다. 근대전환기 기철학이 서양 과학을 제대로 수용하려면 적어도 경험할 수 있는 세계를 다루어야 했다. 더나아가 경험적 세계를 어떤 방식으로 인식하느냐, 다시 말하면 직접적인 감각 경험만이 아니라 그것을 추상하여 이론적 지식으로 나아가려면 일정한 인식 방법이 요구되었다.

사실 경험은 그 자체만으로 완벽한 인식 방법이 아니다. 경험적 지식은 언제나 오류의 가능성을 가지고 있고, 귀납적 통계에 따른 반복된 검증을 거쳐야 한다. 그럼에도 불구하고 새로운 예외적 사실의 등장으로 말미암아 기존의 이론이 타격을 받기도 하는데, 과학적 이론은 이렇게 기존의 이론에 타격을 주는 반증 가능성이 클수록 좋은 이론이 되므로, 그것이 없으면 과학적 지식이라 할 수도 없다. 반증에 대해서 언제나 열려 있기 때문이다. 더구나 과학 혁명에 따른 패러다임의 변화도 수용해야 한다. 이렇듯 과학적이라고 하더라도 지식은 언제나 인식의 진보에 따라 변할 수밖에 없다는 점을 받아들여야 할 것 같다.

이런 과학적 인식 방식에 대한 통찰이나 이론 없이 근대전환기 서양 과학을 온전히 받아들인다는 것은 있을 수 없는 일이며, 설령 이런 인식론적 토대 없이 서양 과학을 받아들이려는 동도서기류와 같은

---

392) 윤석경·이상용, 1998,「과학철학의 변천」,『사회과학논총』9, 충남대학교 사회과학연구소, 189쪽.

노력이 있었지만, 그것은 어설픈 문명의 조합에 지나지 않기 때문에 성공을 보장하기도 어려웠다. 필연적으로 균형 감각을 잃고 한쪽 논리에 지배당하게 되어 있다. 한쪽 논리가 지배한다는 의미는 근대전환기부터 서양 과학을 맹목적으로 추종한 현상도 그 하나이며, 또 하나는 전근대사회에서 전통의 논리가 너무 강해 서양 과학이 발붙일 여지가 적었던 것도 그런 맥락이라고 이해할 수 있다.

앞서 살펴보았듯이 근대전환기 기의 철학을 탐구한다고 해서 누구나 이렇게 과학에 관심을 가졌을까? 모두 그런 것 같지는 않다. 과학의 대상이 경험적 세계이기 때문에 경험을 초월하는 종교적 세계는 과학적으로 인식할 수 없다. 물론 과학적 세계관을 종교적 세계관과 일치시키는 경우는 예외가 되겠지만, 그런 경우는 흔하지 않다.

그 때문에 최제우나 그의 후계자들, 그리고 강일순도 과학 자체를 거부하지는 않았으나, 보편적으로 경험하기 어려운 그 특유의 종교적 세계관으로 말미암아 서양 과학을 수용하기도 어려웠지만 그런 담론 자체도 전개할 수 없었다. 심대윤의 경우는 비록 유교적 합리성을 견지하고 있으나 그리스도교에 대한 대안으로서 과학적 방법으로 경험하거나 포착할 수 없는 귀신이나 신의 세계를 인정하기 때문에, 더구나 그의 학문적 경향이 경학에 집중되어 있어서 과학적인 것에 그다지 심혈을 기울인 것 같지는 않다. 다만 송규의 종교적 세계관은 특유의 불교적 세계관과 관련이 있어서 어느 정도 과학의 결과물을 종교적 세계관과 일치시키려는 노력을 엿볼 수 있다.

이규경의 경우는 과학에 관해서 관심이 꽤 많아서 과학을 기론에 흡수시켜 이해해보려는 노력이 강하다. 그러나 그 또한 박물학에 집중한 나머지 과학 수용의 인식론적 토대 구축에 소홀할 수밖에 없었다. 단지 서양 과학의 씨앗 또는 단초를 전통에서 애써 찾으려는 모습을 보임으로써 자연히 서양 과학이 지녔던 방법론적 특징을 찾는 데 소홀할 수밖에 없었다.

최한기의 경우는 이와 확실히 다르다. 그는 서양 과학을 수용하면서도 동시에 4원소설과 검증 불가능한 그리스도교 신학과 결합한 형이상학적 요소를 비판하기도 하는데, 그것은 바로 서양 과학을 수용하는 나름의 인식론적 토대를 구축했음을 반증한다. 따라서 여기서는 이러한 과학적 탐구 방법과 유사한 최한기의 인식 논리를 중심으로 설명하겠다.

먼저 이 점을 이해하기 위해서는 앞서 말한 과학의 대상이 경험할 수 있는 세계이고, 과학적 세계는 경험할 수 있는 세계에 머무른다는 입장을 상기할 필요가 있다. 최한기는 한역서학서를 통해서 아리스토텔레스의 철학과 결합한 중세 신학의 내용을 나름대로 이해하고 있었고, 그것을 비판적으로 수용하였다.[393]

그런데 그는 여기서 그리스도교의 신과 아리스토텔레스의 형상, 동시에 주희성리학에서 말하는 리와 태극이 경험적 세계에 있지 않다는 점을 간파하고 있었다. 종교적 신을 무형지신에, 철학적 리나 형상을 무형지리라는 범주 속에 넣고, 탐구할 수 있는 영역이 아니라고 취급하였다.[394] 물론 종교에서 말하는 귀신이나 영혼불멸, 사후 세계, 그리고 인간의 인식 범위를 넘어선 먼 우주의 일 등도 당시로써는 탐구

---

393) 이에 관한 더 자세한 내용은 이종란, 「기독교철학에 대한 최한기의 비판적 수용」, 앞의 글을 참조 바람.
394) 『氣學』, 「序」 참조.

할 수 없는 영역으로 인식했다.

여기서 더 나아가 그는 자연적 사실과 인간의 관념을 분리해 보자는 생각도 하게 되는데, 그것을 상징적으로 표현한 말이 유행지리와 추측지리이다.395) 그래서 주희성리학의 리나 태극이 바로 이 추측지리라고 못 박는다. 자연적 사실은 과학적 방법으로 검증이 가능하지만, 인간의 관념은 그럴 수도 있고 그렇지 못할 수도 있기 때문이다. 이런 태도는 서양의 논리실증주의자들이 문장과 명제는 오직 경험적으로 증명될 때만 의미가 있다고 보고, 비과학적 요소가 있는 형이상학적이며 무의미한 언어는 탐구 대상에서 배제하려고 한 것과 유사하다.

이렇듯 그의 탐구 대상은 과학의 대상처럼 원칙적으로 경험적 세계 안에 놓여있어, 인간의 감각 기관과 그 역할을 매우 중요시한다. 그의 『신기통』의 내용은 대부분 인식 주체인 신기를 가지고 대상을 경험하는 인식 과정에 거의 할애하여, 감각 기관마다 고유한 인식 방법을 통해 일일이 설명하였다. 감각 기관에 대해서도 오감을 따르지 않고 구규九竅나 제규제촉諸竅諸觸까지 확장한다.

이러한 인식의 과정이 경험이지만, 여기에는 감각을 통한 직접 경험만이 아니라 타인의 경험을 수용하는 간접 경험까지 포함하고 있다. 앞서 살핀 대로 그는 인간의 의식에 본래 어떤 앎도 존재하지 않는다는 이른바 영혼의 백지설을 받아들였고, 앎은 반드시 경험에서 출발한다는 태도를 취하고 있다.396)

---

395) 自然者, 天地流行之理也, 當然者, 人心推測之理也. 學者, 以自然爲標準, 以當然爲功夫. 自然者, 屬乎天, 非人力之所能增減. 當然者, 屬乎人, 可將此而做功夫也(『推測錄』 卷2, 「自然當然」).

396) 神氣者, 知覺之根基也. 知覺者, 神氣之經驗也. 不可以神氣謂知覺也, 又不

하지만 잘 알다시피 경험한 내용이 언제나 진리일 수 없다. 이것은 어쩔 수 없는 귀납법의 한계로서 한정된 수의 경험적 증명만으로 정당화된다고 볼 수 없기 때문이다. 그도 이런 문제점을 인지하고 있었고, 그래서 나온 대안이 경험의 누적과 경험 내용의 공유였다.[397] 또 하나 대안으로서 진리로 확증할 수 있다는 신념은 인류의 인식이 진보한다는 관점인데,[398] 사실 인류의 과학적 문명은 처음엔 초라하기 그지없는 데서 출발하였으나, 인식의 진보에 따라 오늘날에 상황에 이르렀다. 이로 보건대 인류 인식의 진보에 대한 신념은 이런 귀납법의 한계를 극복하는 하나의 방법이 될 수 있을 것이라 여긴 것 같다.

이렇게만 보면 최한기의 인식론을 감각적으로 경험한 것만이 진리라는 극단적인 경험주의에 가두어둘 여지가 있다. 하지만 그는 여기서 더 나아가 인간 지성의 추론하는 능력과 유사한 추측의 기능이 경험을 토대로 발달한다고 주장한다.[399] 그것은 그가 더욱 진전된 인식의 대상으로 삼고 있는 유행지리나 운화지리를 파악하기 위해서는 이런 이성적 사유의 과정이 필요하기 때문이다. 물론 대상으로서 그

可以知覺謂神氣也. 無經驗則徒有神氣而已, 有經驗則神氣自有知覺耳(『神氣通』 卷1, 「經驗乃知覺」).

397) 古昔之人情物理, 爲今世人情物理之經驗. ;『神氣通』 卷1, 「古今人經驗不等」: 古人之辛苦費力而通者, 我乃接於耳目, 有不費力而卽通(같은 책, 「經驗難欺」).

398) 盖古人微發其端而未及究竟者, 後人將積累之閱歷, 追明其未盡, 漸次得通, 以成光明之道(같은 책, 「古今人經驗不等」).

399) 人生之初, 惟有靈明之心, 而能見事物. 見聞積漸而推測生焉. 推測生而能知覺事物(『推測錄』 卷1, 「不可以知自許」). ; 心之本體, 譬如純澹之井泉, … 純澹者井泉之本色也, 添色者井泉之經驗也. 添色雖泯, 純澹之中, 經驗自在, 至于積累, 推測自生(『推測錄』 卷1, 「本體純澹」).

것들이 아리스토텔레스처럼 사물의 형상이 아니라 기의 조리로서 법칙이나 속성에 불과할지라도 그러하다.[400) 이점은 앞서 설명했듯이 감각 경험의 역할은 각혼에서, 추론은 영혼이 맡는다는 서학의 영향을 받아, 경험과 추측이 본질적으로 다른 단계의 인식 과정이라고 여겼다.

따라서 추측은 경험한 내용을 대상으로 하지만, 그것을 통해 인식하고자 하는 대상은 감각적 경험을 초월하고 그것과 질적으로 다른 이론적 법칙이다. 곧 일종의 전제라 할 수 있는 '추推'의 대상과 판단이라 할 수 있는 '측測'의 대상은 서로 질적으로 다른 것을 포함한다. 추측의 항목에 '추기측리推氣測理', '추정측성推情測性'에 포함된 내용을 보면, 기와 정 그리고 리와 성[401)의 차이에서 보이는 것처럼 전자에서 후자를 파악하기 위해서는 이성적이고 추상적이며 논리적인 사고도 필요하기 때문이다. 이런 의미에서 추측의 과정은 이론을 구축하기 위한 일종의 가설 설정과 유사하다. 그 가설에 해당되는 것이 추측지리이다.

---

400) 여기서 아리스토텔레스의 인식 방법과 달라진다. 그것은 본질상 둘 사이에 인식하고자 하는 대상의 차이에서 비롯하는 것으로 아리스토텔레스에게는 사물의 형이상학적 형상이지만, 최한기의 경우는 사물의 속성이나 법칙이다. 전자는 사물 속에 존재하는 불변하는 이데아이지만 후자는 사물에 의존하여 사물의 변화에 따르는 규칙성일 뿐이다. 그래서 전자는 검증할 수 없으나 후자는 누적된 검증이 필요하다. 이런 형상을 추론하는 서학의 이성은 비록 잠재태라 할지라도 영혼의 능력으로 本具한 것이지만, 유행지리를 추론하는 최한기의 추측 능력은 경험을 토대로 발달하는 기능이다.

401) 여기서 오해를 하지 말아야 할 것은 그가 사용한 理와 氣, 性과 情이라는 용어는 동일하지만 개념은 성리학의 그것과 다르다는 점이다. 리와 성은 기의 그것으로 기의 조리나 성질로서 자연법칙에 해당하는 流行之理와 관련된다.

그런데 과학에서 가설은 그 자체만으로 완결된 진리가 아니어서 반드시 검증되어야 한다. 최한기도 이 추측의 과정 뒤에는 검증이 필요함을 누누이 역설하였다.[402] 앞서 밝힌 바와 같이 그 검증을 그는 증험이라 불렀다. 서학에 소개되어 최한기가 참고하고 일부 수용한 아리스토텔레스의 인식론에는 이런 검증의 과정이 없다. 그는 사물의 형이상학적 본질로서 형상을 전제했기 때문에 능동지성으로 추상을 거쳐 파악하기만 하면 된다. 그러나 추측을 통한 지식은 형상이 아니므로 진리로 확증할 수 없어서 검증의 축적 과정이 필요하다[403]. 이것은 어쩌면 논리적 경험주의자들이 증명의 개념을 '점증적으로 확정이 증가하는 것'으로 대체시키고, 일반적인 문장들은 연속적인 경험적 검증의 축적에 따라 진리로 확정될 수 있다고 주장하는 것[404]과 유사하다.

이렇게 증험의 누적을 통하여 확증된 것이 경험적 세계에서 탐구된 사물의 속성이자 법칙으로서 유행지리이다. 속성이자 법칙이기 때문에 엄밀히 말하면 사실 이런 지식은 절대 불변의 진리라고 말하기는 어렵고 잠정적이다. 왜냐하면 해당 사물의 속성이나 법칙이라고 할지라도 관찰자나 탐구자가 보고자 하는 범위 안의 일이기 때문이다. 만약 탐구자의 관심에서 포착되지 못한 사태나 사물의 속성은 그대로

---

402) 凡通有三等, 先事而有範圍之通, 踐事而有漸進之通, 後事而有證驗之通, 豈可以範圍之通, 自滿自足, 而不顧證驗之通, 自有悅樂哉(『神氣通』 卷1, 「通有始中終」).; 雖謂通之, 而無所證驗, 不可其通也(『神氣通』 卷1, 「通有相應」).

403) 方今運化之氣, 賴古人之多言發明, 累試證驗, 至於將器械而試之用之, 果是有形質之理, 有造化之物(『人政』 卷8, 「無言有言」).

404) 윤석경·이상용, 앞의 글, 194쪽.

방치되거나 훗날 다른 탐구자의 관심에 포착되어 이론 자체가 바뀔 수도 있기 때문이다. 과학 탐구는 늘 이런 과정을 통해 진행됐다.

만약 과학을 수용하는 차원에서 인식론적 토대를 구축하려면 이렇게 반증을 통해 이론이 수정되거나 바뀌는 것, 더 나아가 과학 혁명을 통해 이론의 체계 자체가 뒤바뀌는 사태도 수용할 수 있어야 한다. 여기서 지식의 절대성은 그 존립 기반을 상실하고 만다. 최한기는 과학적 진리의 이런 운명을 역사적 경험을 통해 간파한 것 같다. 그래서 그는 이런 지식이나 이론이 뒤바뀔 가능성을 열어두었는데, 그것은 적어도 과학이나 기술에 관한 한 인류 문명이 진보한다는 그의 관점에서 찾아볼 수 있다.[405]

자, 이렇게 봤을 때 그의 이론에서 경험은 관찰이라 할 수 있고, 그 경험 자료를 추측하여 이론을 추론해 내는 과정은 가설 설정이라 할 수 있으며, 그 추측지리를 증험하는 것은 가설을 검증하는 과학의 탐구 방법에 적용할 수 있어서, 이렇게 서양 과학을 수용하는 나름의 인식론적 토대를 마련하였다고 할 수 있다. 더 나아가 경험을 통한 귀납적 방법이 갖는 지식의 오류 가능성을 인지하여, 누적된 경험과 연속되는 경험적 검증으로 그것을 대체하려는 것, 그리고 문명이 진보한다는 그의 발언에서 반증의 가능성과 지식의 패러다임 전환 가능성의 시사 등도 바로 이런 과학적 인식의 특징을 잘 반영하고 있다고 하겠다.

이로써 근대전환기 서양 과학을 수용할 수 있는 인식론적 토대는 어느 정도 마련되었다고 할 수 있다. 비록 서학의 영향을 받았지만,

---

405) 『神氣通』 卷1, 「天下敎法就天人而質正」 참조.

동아시아 전통에서 그런 논리의 연원406)을 밝혔을 뿐만 아니라, 전통적 용어와 개념을 가지고 주체적으로 설명하였다. 불행하게도 그의 학문은 후대에 계승되지 못하였다. 자연히 이런 인식론적 토대는 잊히고, 대신 동도서기류와 같은 문명의 어설픈 조합에 지나지 않는 서양 과학이나 문명의 수용 담론이 그 자리를 차지하여, 그만큼 과학의 주체적 수용은 뒤로 밀리게 되고 타율적 수용과 모방의 양상을 띠게 되었다.

2) 서양 과학 수용 담론

(1) 동도서기와 서학중국원류설

근대전환기 서학이나 서양 문물을 수용하는 담론은 주장하는 사람마다 비슷하면서도 결을 달리한다. 이것을 모두 싸잡아 동도서기론으로 보아서는 안 될 것 같다. 물론 겉으로 볼 때는 대부분 전통의 윤리 또는 법도를 유지하면서 서양의 과학과 기술을 받아들이는 논리여서 그렇게 규정하는 것에는 일면 타당성이 없는 것은 아니나, 그렇게만 규정하면 그 논리로 포착할 수 없는 부분이 분명히 있어서 엄밀성이 떨어질 수밖에 없다. 가령 현대의 우리도 필요할 때 전통문화를 계승하면서 동시에 서양 문물을 수용하는데, 이 경우 굳이 동도서기의 논리를 적용할 필요가 없는 것과 같다. 그 기준이 합리성 또는 실용성에 기초하기 때문에 전통을 따르거나 폐기하는 것도 가능하다. 폐기된

---

406) 通과 推測과 證驗의 의미를 『周易』이나 『四書』 등의 동아시아 전적에서 찾아 연원을 밝힌 것이 그 사례 가운데 하나이다. 앞의 제4장 1-3) 참조.

전통이 얼마나 많은지 보라. 근대전환기 이와 같은 사상이 있다면 그
것을 동도서기라고만 규정할 수 있을까?

　동도서기라는 용어를 최초로 사용한 사람은 신기선申箕善(1851~
1809)으로 알려져 있다. 그것은 그가 수신사 수행원으로 일본에 다녀
왔던 안종수安宗洙(1859~1896)가 서양의 농법을 참고하여 편집한『농정
신편農政新編』의「서문」에서 사용한 말이다. 그는 여기서『주역』의 도
기道器론407)을 사용하여 동도서기, 곧 동아시아의 윤리 도덕에 해당
하는 도와 서양의 과학과 기술에 해당하는 기의 결합을 주장하였는
데, 그 글의 시대적 맥락과 문맥상의 강조점을 고려해볼 때 주장의
핵심은 '서기의 수용'에 있었다. 또 이 동도서기론은 초기 개화파라
할 수 있는 박규수朴珪壽(1807~1877)·김윤식金允植(1835~1922)의 주장과
일치하며, 당시 개화론을 동도서기로 개념화 한 사람은 그가 처음일
뿐만 아니라 유일한 사람이었다.408) 물론 그가 이렇게 개념화하였지
만, 동도서기에 대한 논의는 근대전환기에 꾸준히 전개되었다.409)

　여기서 신기선의 말을 구체적으로 살펴보면, 그는 서법의 도입에
반대하는 자들을 향해 도와 기가 분리될 수 있음을 모른다고 지적하
면서, 도란 만고불변의 것으로 삼강·오상·효제·충신과 같은 요순과
주공의 법도이고, 기란 때를 따라 바꿀 수 있어 고정될 수 없는 것으

---

407) 形而上者, 謂之道, 形而下者, 謂之器(『周易』,「繫辭上」12章).

408) 김문용, 1993,「신기선 평전」,『시대와철학』4권1호, 한국철학사상연구회, 271
　　쪽 참조.

409) 이때 관료 학자 등이 동도서기에 대한 담론을 이어갔는데 더 자세한 논의는
　　권오영, 1990,「동도서기론의 구조와 그 전개」,『한국사 시민강좌』7, 일조각
　　을 참조 바람.

로 예악·형정과 복식·기용器用이 그것이라 보아, 이는 요순과 삼대에도 손익한 것이라고 여겼다. 그래서 이 동도서기의 논리를 『서경』의 정덕·이용·후생에 적용하여 정덕을 도, 이용과 후생을 기의 길로 보았다.[410) 이것을 보면 도란 주로 윤리와 도덕에 해당하고 기란 제도나 기술 분야에 적용된다.

사실 『주역』에서 말하는 원래의 도는 감각을 초월한 원리나 이법을 뜻하고, 기는 감각할 수 있는 사물이나 현상적으로 드러나는 사건 또는 일을 뜻하는데, 그 전통에 따라 북송의 정호程顥(1032~1085)는 기역도器亦道, 도역기道亦器의 사상을 펼쳤고, 주희성리학에 이르면 도는 리에, 기器는 기氣의 범주에 넣어 이기가 서로 분리될 수 없지만 서로 섞이지도 않는다는 이기불상리와 이기불상잡의 논리를 제출하였으며, 조선조 율곡 이이도 불상리의 관점을 강조하여 이기지묘理氣之妙를 주장하였다.

이런 전통이 있음에도 불구하고 그가 굳이 이렇게 도와 기를 분리할 수 있다고 여긴 것은 동서의 윤리와 과학을 결합할 수 있다는 확신에서 나왔다. 문제는 이렇게 볼 때 양쪽의 이질적인 것을 결합했을 때, 동아시아의 도는 절대 불변의 것으로 한 치의 양보도 할 수 없는 것이 되고 만다. 설령 거기에 어떤 불합리하거나 시대에 맞지 않는 것이 발견되더라도 건드리면 안 된다. 다시 말하면 불변적인 동도를 우위에 두고 가변적인 서기를 결합시키고 있다는 점이다. 그러니까 얼핏 보면 양자의 균등한 결합처럼 보이지만 동도가 우위를 점유하고 있고, 훗날 이 동도와 서기의 외연을 두고 서로 갈등할 수밖에 없는

---

410) 『農政新編』, 序 참조.

여지를 남겨 두었다.

이런 동도서기론이 등장하기 이전에 이와 유사한 주장에는 이규경의 서학중국원류설이 이미 있었다. 그는 각종 경험을 저장하고 갈무리하는 박물학 곧 명물도수의 학에 관심이 많았기 때문에 서양 과학을 수용하는 일은 어쩌면 당연한 일이어서, 동서의 장점을 들어 그것이 결합할 가능성을 말하였다.[411] 앞서 설명했듯이 그는 명말청초 방이지의 학문적 경향을 따랐으므로 서양은 과학에, 중국은 철학에 강점이 있는 것으로 인식했는데, 이로 보면 서양의 형이하의 기器를 받아들여야 한다는 논리로 읽힌다.

그래서 그는 형이상의 학문은 갑자기 깨달아 알기가 어려우나 형이하의 용법은 거의 배울 수 있는데도, 우리나라 사람들은 몽매하여 깨닫지 못하니 이루 한탄스럽다고 한다. "기를 이용하는 방법은 오직 기를 줄어들거나 늘어나게 하고, 풀무질하여 일 시키고, 토해내거나 빨아들이고, 돌게 하거나 구르게 하는 것이 그 제일 기관이 되는 데 달려 있다."[412]고 한다. 그러니까 서양 과학도 결국의 전통에 있는 기의 일인데 배울 수 있다는 주장이다.

그는 이러한 서양의 과학과 기술이 모두 전통에 있는 기를 밝힌 것이라 분명히 말하고 있다. 다시 말하면 서양 과학이 우리와 이질적인 것이 아니라 기를 밝힌 일이라는 점에서는 앞서 설명했던 최한기의 견해와 동일하다. 그의 논리에 따르면 현대에 우리가 사용하는 문

---

411) 中原則專主理氣性命之學, 故與天同化, 此形上之道也. 西乾則專治窮理測量之教, 故與神爭能, 此形下之器也(『五洲衍文長箋散稿』, 「用氣辨證說」).

412) 其形上之學, 猝難悟得, 形下之用, 則庶可學焉, 而我人蒙不覺悟, 可勝歎哉. 用氣之道, 惟在於消息橐籥, 吐納轉輪, 爲其第一機關(같은 책).

명의 이기도 결국 기를 빌려서 사용하는 것이라는 주장을 확인할 수 있다.413)

그런데 그는 이렇게 기를 빌려서 서양 과학이나 기술의 원형적 사례를 중국의 도교사상에서 찾았다. 가령 곡식을 먹지 않을 수도 있고 육체를 벗어날 수 있고 불을 없앨 수 있으며 물을 거꾸로 흐르게 할 수 있고 화살도 반대로 날아가게 하고 호랑이도 굴복시킬 수 있고 용도 부릴 수 있으며 병도 고칠 수 있는 따위가 그것이다.414) 이 점은 달리 말하면 서양 과학의 내용의 원류나 원형이 중국에 있었다는 의미가 된다.

더구나 앞서 살펴보았듯이 그는 4원소도 송대 소옹이 말했다고 하여 그것이 원래 중국에 있었다고 주장하기에 이른다.415) 사실 4원소설은 그리 간단한 것이 아니다. 그것은 지원설에 바탕을 두고 지구 중심의 천체론까지 아우르며, 지구 내의 모든 현상을 설명하는 이론으로 적어도 서양에서 2천 년 가까이 사용했던 학설이다. 설령 소옹이

---

413) 天地間凝聚爲形者, 蘊發爲光者, 竅激爲聲者, 莫非氣也. 借用凝聚蘊發竅激之氣, 則水自陞, 火自生, 物自鳴, 車自行, 砲自放, 筒自語. 此特說其小, 則其大者從可類推也(같은 책).

414) 抱朴子所云, 人在氣中, 氣在人中, 天地萬物, 須氣以生. 夫善行氣者, 內以養身, 外以却惡. 用氣之法, 葛稚川已解說之, 而無人行其道也. 若行之, 則天地間日月之精五行之妙四時之和藏府之液, 俱是氣也, 借其日月五行四時藏府之氣, 則穀可辟, 形可蛻, 火可滅, 水可逆, 矢可反, 虎可伏, 龍可御, 病可醫. 此只論其略, 則其詳可以會通矣(같은 책).

415) 愚不佞雖未知五行. 然五行乃天地之大用, 非此, 萬物不成, 天地亦熄矣. 吳氏强作此論, 欲正俗所謂五行, 然誠過矣. 夫西人之四元行, 釋氏之四行, 乃卽其體而言, 匪特釋氏西人只言四行, 邵夫子嘗言水火土石, 而略金木矣. 然則四爲體, 五爲用也(같은 책, 「五行四行辨證說」).

지나가면서 언급했다고 하더라도 서양과 같은 체계를 갖춘 이론은 아니며 동일 선상에서 논의할 수 없다. 어쨌든 이런 생각은 이규경이 방이지의 견해를 따른 것으로서 보통 서학중국원류설[416]이라 부르고, 또 방이지 이후의 청대에 서학을 수용하는 논리 가운데 하나가 되기도 했다.

지금까지 설명한 이 설과 동도서기론을 비교하면 공통점과 차이점이 분명히 존재한다. 공통점은 서양 과학을 수용하면서도 동도 우위적인 발상이다. 그 차이점은 서학중국원류설이 말 그대로 서양 과학의 원류가 중국에 이미 있었다는 점으로 서기西器가 서양 것이라는 동도서기와는 인식의 차이가 있다. 이규경은 과학만이 아니라 서양의 역법이나 음악 등도 그 원류가 중국에 있었다고 봄으로써, 우리의 전통에 해가 된다고 여긴 그리스도교를 제외한 것은 대부분 수용할 수 있다는 길을 논리적으로 터놓은 셈이다.

여기서 또 하나 주목할 사례는 1886년 10월 『한성주보』의 「광학교廣學校」라는 글이 이규경의 이 서학중국원류설과 같다는 점이다. 물론 내용은 학교를 세워 가르치는 교과에 화학·중학重學·광학·기학汽學 등이 있는데, 이 학문의 원류에 해당하는 사례를 중국의 고적에서 찾아내면서 말하는 논리가 그것이라는 점이다.[417] 서학이 본래 중국의 학문에서 나왔다는 것이 바로 서학중국원류설과 같다는 점이다. 이규

---

416) 같은 책, 「西洋通中國辨證說」 참조. 이때의 '서학'은 과학과 기술 등에 한정하며 종교는 배제한다.

417) 誰謂西學可廢哉. 又況西學者, 非僅西人之學也, 名爲西學, 則儒者以非類爲恥. 知其本出於中國之學, 則儒者當以不知爲恥(『漢城周報』, 1886년 10월 11일자, 「廣學校」).

경 사후 20년 뒤에도 여전히 이런 논리가 유효했다.

이것은 갑신정변 후 개화에 대한 시국의 퇴행적 분위기와 관련이 있다. 그래도 개화는 포기할 수 없어 이런 논리가 필요했었다. 이 『한성주보』의 발간은 개화파의 한 사람이자 박문국 총재였던 김윤식이 주도하였다. 이 기사가 나온 1886년 그해 유학 생활을 했던 유길준도 귀국하라는 명을 받고 들어와 구금당하였다. 그는 구금 생활 속에서도 『서유견문』을 집필하였는데, 그 책에서 또 이와 유사한 논지를 펼치는데, 우연의 일치라고만 볼 수 없는 사상적 연관성을 짙게 풍긴다.

(2) 후인고법윤색설과 서학천국모방설

앞의 서학중국원류설과 유사하면서도 결을 달리하는 서학 수용론에는 후인고법윤색설後人古法潤色說과 서학천국모방설西學天國模倣說이 있다. 전자는 개화운동가인 유길준의 『서유견문』에 보이고, 후자는 증산교 교조 강일순의 말에 보인다.

유길준은 외조부의 소개로 박규수를 만나 개화사상을 접하게 되고 동시에 김옥균·서광범·홍영식·김윤식 등 개화운동가들과 교유하였다. 그는 1881년 신사유람단의 일원으로 일본에 건너가 후쿠자와 유키치[福澤諭吉]가 운영하는 게이오주쿠[慶應義塾]에 입학하여 개화사상을 두루 섭렵하다가 임오군란으로 잠시 귀국한 후 다시 외교 사절 민영익의 수행원으로 미국으로 건너갔고, 거기 남아 국비 유학생으로 덤머 아카데미Dummer Academy에서 공부하였다.

2년 뒤 갑신정변이 일어나자 명을 받고 돌아왔는데, 귀국하자마자 개화당으로 지명 당해 구금되었고, 그 연금 당한 시기에 쓴 책이 바로 『서유견문』이다. 그도 실은 개화를 주장하는 인물이었지만, 갑신정변 이후에는 입지가 축소될 수밖에 없었다. 그러니까 서양 문물을 무작정 수용하자고 할 수 없었고 나름의 논리가 필요했던 것으로 보이는데, 그것이 바로 이 후인고법윤색설이다.

그는 문명의 이기가 가지고 있는 신기하고 신묘한 이치는 옛날에는 존재하지 않았다가 지금에 와서야 비로소 존재한 것이 아니므로, 그 근본은 고금의 차이가 없다고 하였다. 다만 옛날 사람들은 깊은 연구에 전력을 다하지 못했으나 오늘날 사람들은 깊이 연구하여 그 이치를 터득했기에 가능했다고 한다.[418] 그래서 그는 다음과 같이 말한다.

> 이렇게 생각해 보면 오늘날의 재주나 학식이 옛날 사람들에 비하여 월등한 듯하지만, 실상은 옛날 사람들이 창안해 낸 것을 윤색했을 따름이다.[419]

'오늘날의 재주나 학식'이 상징하는 문명의 이기는 알고 보면 옛날 사람들이 창안했고, 그것을 후인이 윤색해 냈다는 설이 바로 그것이다. 그 사례로 기선과 옛날의 배, 기차와 옛날의 수레를 대비시켰고, 우리나라의 고려자기와 거북선과 금속활자도 세계적으로 유명한 것인데, 후배들이 선배들의 옛 법을 윤색하고 발전시키지 않은 탓으로 조선말 당시와 같은 처지에 놓이게 되었다고 한탄하였다.[420]

그러니까 서양 문명의 수용은 당연하다는 논리가 포함되어 있다. 왜냐하면 그런 것들도 그 원류는 우리의 옛것에도 다 있기 때문이다.

---

418) 兪吉濬 著, 金泰俊 譯, 1982, 『西遊見聞』, 博英社, 121쪽 참조.
419) 같은 책.
420) 같은 책, 121~122쪽 참조.

우리는 여기서 그가 과연 동도서기론자인지 좀 더 살펴보아야 할 것 같다. 그러기 위해서는 그의 개화에 관한 생각을 들여다보아야 한다.

그는 개화가 남의 장기를 취하는 것뿐만 아니라 자기의 훌륭하고 아름다운 것을 보전하여 지키는 데서도 있다고 보고, 남의 장기를 취하는 것도 자기의 훌륭하고 아름다운 것을 더하기 위한 것이므로, 남의 재주를 취하더라도 실상 있게 이용하기만 하면 자기의 재주가 된다[421]고 하여, 주체적인 개화의 중요성을 역설하였다. 이 주체적인 개화는 그가 달리 '허상개화'에 반대되는 '실상개화'라 칭하면서 사물의 이치와 근본을 깊이 연구하며 이해하여 그 나라의 처지와 형편에 합당케 하는 것[422]이라고 하였다.

이러한 인식의 이면에는 그가 당시 유행하던 사회진화론을 받아들였기 때문에 신기선의 동도서기론, 이규경의 서학중국원류설과 결을 달리한다. 이제 민족과 인종이 서로 경쟁하여 재주와 능력이 우수한 민족이 생존하고 열등한 민족이 도태되는 상황에 도기의 외연을 고정해 볼 명분은 약해질 수밖에 없다. 다만 당시 시국에서 어쩔 수 없이 후인고법윤색설을 말하여 동도서기류가 되었지만, 그의 본심은 개화의 개념에서 볼 수 있듯이 남의 장점이라면 나의 장점을 보충하기 위하여 전적으로 수용할 자세가 되어 있었다. 그 장점에는 굳이 과학만이 아니라 형이상의 도에 해당하는 윤리나 예법도 포함될 수 있다. 『서유견문』 각 항목에서 소개하는 내용을 보라.

서학천국모방설은 강일순이 득도하여 자신의 가르침을 펼치기 전

---

421) 같은 책, 118쪽 참조.
422) 같은 책, 117쪽 참조.

3년 동안 전국을 유력하면서 개항 후부터 도입한 서구의 신문물을 보다 가까이 접한 경험을 토대로 주장한 설이다. 가령 그가 천지공사[423]와 가르침을 통해 건설하고자 한 이상 세계로서 지상선경의 모습에도 서양의 과학 문명이 일정하게 투영되어 있다. 곧 지상선경은 병들어 괴롭고 죽어서 장사 되는 것을 면하여 불로불사하며 빈부의 차별이 없고, 마음대로 왕래하고 하늘이 낮아서 오르고 내리는 것이 뜻대로 되며, 지혜가 밝아져 과거와 현재와 미래와 시방세계에 통달하고, 세상에 수水·화火·풍風의 삼재가 없어져서 상서祥瑞가 무르녹는 모습[424]이 그것이다. 또 그 모습에는 이것 외에 더 있는데 인간 체형의 변화, 교통의 발달, 풍부한 음식과 옷, 운거雲車(비행기)의 이용, 집마다 등대燈臺의 소유, 화통 없는 기차 등이 그것이다.

이처럼 그가 말한 지상선경의 모습 가운데는 근대전환기 전래한 서양의 문물과 함께 도교적 내용이 첨가되어 당시의 그것보다 더욱 진전된 모습을 보인다. 그리고 그가 말한 지상선경의 일부 모습은 물질적인 면에서만 볼 때는 현대인들이 대부분 누리고 있다.

아무튼 그는 이러한 신문물을 배척하지 않았고 적극적으로 인정한 것으로 보이며, 그 때문에 그가 서양의 문물과 기계는 천국의 것을 본뜬 것[425]이라고 말한 것이 바로 서학천국모방설로 본 근거이다. 이렇게 당시 일부 사대부 도학자들과 달리 서양의 문물을 긍정한 것

---

423) 강일순의 일종의 우주적 질서를 개벽하는 종교 행위이다. 이것은 여러 가지 상징물을 가지고 의식을 거행했는데, 부조리한 선천의 질서를 후천의 개벽된 세상으로 바꾸는 행위로 본다.

424) 『전경』, 「예시」 1:80 참조.

425) 같은 책, 「공사」 1:35 ; 같은 책, 「교운」 1:9 ; 『도전』 2편 30:7.

을 보면, 그것이 민중들을 위해 좋은 것이 될 수 있다는 판단이 작용했던 것 같다. 이처럼 그의 지상선경 모습에는 서양 근대 문물을 수용하고 있기 때문에, 민중의 입장이 반영된 그의 이상 세계는 종교적 차원을 떠나서 사회사상의 측면에서 볼 때 대안적 근대화론이라고 규정한 바 있다.[426] 그리고 앞서 살펴보았듯이 그의 사상이 기의 철학과 관련이 있는 점은 또 이런 문명의 이기를 받아들이는 토대가 되었을 것이다.

그렇다면 어떻게 해서 서양의 과학 기술이 천국의 것을 모방했다는 말인가? 또 그 과정은 어떠한가? 물론 이것은 종교적 표현이기는 하지만 그에 대한 근거가 없는 것은 아니다. 잘 알다시피 16세기 말부터 동아시아에 예수회 선교사가 들어와 활동했는데, 그 최초의 인물이 마테오 리치이다.

증산교에서 마테오 리치의 위상은 그를 서도西道의 종장宗長으로 세울 정도로 각별하다. 그 이유는 구천상제인 증산이 마테오 리치를 동아시아에 보내 지상천국을 세우려고 했으나, 오랫동안 뿌리를 박은 유교의 폐습으로 쉽사리 개혁할 수 없어 그 뜻을 이루지 못하였는데, 다만 마테오 리치가 천상과 지하의 경계를 개방하여 각자의 지역을 굳게 지켜 서로 넘나들지 못하던 신명을 서로 왕래케 하고, 그가 사후에 동양의 문명신文明神을 거느리고 서양에 가서 문운文運을 열었고, 이로부터 지하신은 천상의 모든 묘법을 본받아 인간 세상에 그것을 베풀었기 때문이라고 한다. 그래서 서양의 모든 문물은 천국의 모형

---

426) 이종란, 2017, 「강증산 사상의 철학적 특징-민중의 입장이 반영된 이상세계 건립과 관련하여-」, 『인문학연구』, 조선대학교 인문학연구소, 192쪽.

을 본뜬 것이라 하였다.[427] 그러니까 서양이 저렇게 과학과 기술이 발전한 것은 마테오 리치가 동양의 문명신을 거느리고 서양에 가서 문운을 열어주었기 때문에 가능하였다고 보았다.

여기서 천국이 어딘지는 구체적으로 말하지 않았지만 '동양의 문명신'을 마테오 리치가 거느리고 갔다는 말을 추리하면, 아마도 동아시아 전통을 존숭하여 서양 문명 특히 그리스도교에 대응해서 한 발언으로 보인다. 이로 보건대 서학천국모방설은 동도서기론보다 유길준의 후인고법윤색설에 가깝다고 하겠다. 어떻든 이 서학천국모방설도 서양 과학과 기술의 수용론 가운데 하나라고 볼 수 있다. 강일순 자신이 천주로 자처하였고 또 서양 문명이 그 천국의 것을 모방했다고 보므로, 그것을 수용하는 것은 너무나 지당한 일이기 때문이다.

(3) 동서취사론과 우승열패의 자강론

앞서 유길준이 '남의 장점을 취하는 것도 자기의 장점을 더하기 위한 것'이라는 말은 논리상 동도서기를 뛰어넘는 발언이다. 설령 그가 남의 장점을 과학으로 보고 우리의 장점을 윤리 도덕으로 보았을지라도, 논리상 남의 장점에는 과학 기술만 있는 것은 아니기 때문이다. 그렇기 때문에 동서의 문명에서 각자의 장점을 취하는 것은 매우 중요하다. 동도는 윤리와 도덕으로 서기는 과학과 기술이라는 외연을 고정할 필요가 없고 고정해도 안 되기 때문이다. 물론 당시 사람들 가운데는 장점을 고정했기 때문에 동도서기론이 가능했다.

이렇듯 서로의 장점의 외연을 유연하게 적용하고, 또 동서의 경험

---

427) 『전경』, 「교운」 1:9 참조.

이 같지 않기 때문에, 또 그 경험마저도 점차 밝혀진 것과 밝지 못한 차이가 있어서 동서의 장점을 취하자는 논의가 일찍부터 있었다. 그 가운데 하나가 최한기가 주장한 동서취사론東西取捨論이다. 동서취사론이 나오게 된 배경에는 동서 문명의 차이 때문이다. 그의 기철학에서 경험을 그토록 강조한 데는 바로 그런 까닭이 있었고, 변통과 운화의 승순을 강조한 것도 그런 맥락을 갖는다. 그렇다면 구체적으로 어떤 이유로 동서의 취사가 필요한가?

> 해양에 선박이 두루 다니고 서적이 번역되어 본 것과 들은 것이 전달됨에 따라, 좋은 법제나 문명의 이기나 양호한 토산품 등이 참으로 우리보다 낫다면, 나라를 위한 도리로서 마땅히 취하여 써야 한다.428)

외국의 것 가운데 우리보다 나은 것을 취하자는 말로서 문명의 이기만이 아니라 토산품 더 나아가 법제까지 포함시켰다. 여기서 법제는 법률과 제도로 볼 수도 있지만, 그 법의 외연은 확장될 수 있다. 다만 풍속과 예교는 지역적 특성과 관습이 있으므로 비록 우리보다 나은 것이 있다 하더라도 갑자기 변경할 수 없고, 더구나 비합리적인 종교에 대해서는 수용할 수 없다429)고 한다. 그러나 여기서 서양의 교법이나 예법이 우리보다 낫다는 가능성을 배제하지 않기 때문에 동도서기론자들과는 약간의 결을 달리하지만, 현실적으로 동도서기

---

428) 海舶周遊, 書籍互譯, 耳目傳達, 法制之善, 器用之利, 土産之良, 苟有勝我者, 爲邦之道, 固宜取用(『推測錄』 卷6, 「東西取捨」).

429) 至於風俗禮敎, 自有風氣之攸宜, 薰陶之習染, 縱有勝我者, 不可以猝變, 況以隱晦掩光明, 神怪撼誠正哉(같은 책).

와 같은 태도를 취할 수밖에 없는 것으로 보인다. 문화가 갑자기 바뀜으로써 생기는 혼란을 미연에 방지해보자는 의도가 있었을 것이다. 그 점은 오늘날 우리도 취하고 있는 태도처럼 문명 차원에서 전통문화의 존중으로 이해해야 한다.

그래서 당시 현실로 보아 유교에서는 윤리 도덕을 취하나 귀신과 재앙과 복에 관한 설을 버리며, 서학에서는 과학과 기술을 취하나 그리스도교의 기이하고 허망한 화복설을 버리면 되지만, 그 나머지의 복식·음식·그릇·토산품·언어·예절 등의 제도와 문화는 동서가 하나로 통일시킬 수 없다고 여겼다.[430] 이처럼 표면상으로는 동도서기처럼 보이나 논리의 방향은 그렇지 않다. 남의 장점을 취하자고 했기 때문이다.

> 최후의 승리와 패배는 풍속이나 예교에 달린 것이 아니라, 오직 실용에 힘쓰는 자들은 이기고 허문을 숭상하는 자들은 패하는 데 달려 있다. 남에게서 취하여 이익으로 삼는 자들은 이기고, 남을 비방하며 고루한 것을 지키는 자들은 패한다.[431]

국제사회에서 승리(勝)와 패배(絀), 달리 말하면 국가끼리의 우승열패의 개념을 가지고 남의 장점을 취하여 실용에 힘쓰자는 주장이다. 우승열패의 생존경쟁 현장에서는 실리가 먼저 고려되므로, 여기에는

---

430) 儒道中取倫綱仁義, 辨鬼神災祥, 西法中取歷算氣說, 祛怪誕禍福. … 其餘服食器用, 出自土宜, 言語禮節, 乃制度文飾, 不可歸一(『神氣通』卷1,「天下敎法就天人而質正」).

431) 畢竟勝絀, 不在於風俗禮敎, 惟在於務實用者勝, 尙虛文者絀. 取於人而爲利者勝, 非諸人而守陋者絀(『推測錄』卷6,「東西取捨」).

예교나 풍속 더 나아가 이념이 그다지 중요한 요인이 아니다. 그가 허문이라 칭한 것이 무언인지 구체적으로 말하지는 않았지만, 아마도 당시의 학문이나 예법 또는 문학 등 당시 제도나 관습을 지배했던 학문일 것이다. 이런 논리라면 마치 오늘날 국제 관계처럼 동도 가운데 실용적이지 못한 것은 일차적인 고려의 대상이 못 된다.

이 같은 논리는 훗날 등장할 사회진화론과 흡사하다. 그의 사후 불과 십 년도 못 되어 유길준이 이것을 받아들였고, 또 얼마 후 동아시아에 보편화 되었다. 이렇듯 최한기가 생물진화론이나 그 뒤의 사회진화론이 등장하기 이전에 이런 생각을 가졌다는 점은 매우 놀라운 혜안이다. 이미 서양 제국주의 침략을 예리하게 보고 있으며, 그 대책을 내부의 주체적인 역량에 달려 있음을 간파하고 있다. 이는 당시의 혼란한 시대적 위기감에서 나온 것이고, 동시대 최제우가 동학을 창도하고 심대윤이 복리를 주장한 것도 이런 시대상과 관련이 있겠다.

사실 다윈Darwin(1809~1882)이 『종의 기원』을 발표한 것이 1859년이고, 중국인 옌푸(1851~1921, 嚴復)가 헉슬리Huxley(1825~1895)의 『진화와 윤리』를 『천연론天演論』이란 이름으로 번역하여 진화론을 소개한 것은 20세기(1898년 간행)가 되어서 가능했고, 이 영향으로 조선에서는 자강론을 주장하게 되는데, 최한기가 아편전쟁이 발발하기 전의 1836년 즈음에 이렇게 주장한 시대 인식은 탁월하다고 하겠다. 그러니까 이런 우승열패라는 일종의 진화론적 사고의 지평에는 불변의 고정적인 동도가 설 자리는 없다. 비록 그가 문화적 혼란을 원치 않아서 현실적으로 유교적 전통문화를 유지하려고 했어도 그러하다.

문제는 수용의 태도이다. 그는 서양에서 익힌 것이 모두 우리의 쓰임이 될 것이므로, 설령 우리가 저들에게 미치지 못하는 것은 주객의 형세로서 그 부족한 것을 보상할 수 있으니, 진퇴 시키고 조종하는 것이 오직 우리에게 달려 있을 뿐[432]이라고 함으로써, 문명의 취사선택에 있어서 주체적인 태도를 강조하고 있다. 이렇게 그가 근본적으로 동도서기론자가 될 수 없는 데는 그의 학문의 태도와 관련이 있다. 앞장에서 살펴본 대로 그는 서양의 과학만이 아니라 철학이나 신학의 장점을 받아들여 자신의 기 철학으로 변용시켰다. 철학은 윤리 도덕의 근거도 밝히기 때문에 이런 태도는 동도서기를 훨씬 넘어선다. 말 그대로 동서에서 장단점을 취사하였기 때문이다. 다만 현실적 예법과 제도에서는 여러 가지 부작용이 따르므로 문화적 충격을 완화하기 위해서 동도서기와 유사한 태도를 보일 수밖에 없었고, 그래서 유학이 단지 당시 타 학문보다 정치 사회적으로 현실적이고 유용했기 때문에 다른 대안이 없는 상태에서 여전히 주류로 고려했을 뿐이다.[433]

끝으로 서양 과학 수용 논리로서 우승열패의 자강론은 근대전환기 계몽운동가들이 주로 신문이나 잡지 등의 언론을 통해 주장한 논리이다. 앞서 말했던 사회진화론은 제국주의가 약소 민족이나 국가를 침략하는 데 사용하였던 사상이었고, 그 핵심은 다윈의 생물진화론을 국가나 민족 단위에 적용하여 인간 사회의 생존경쟁에 따른 우승열패를 강조하였다. 그러니까 우수한 인종이나 민족이 성취한 문명국가가 그렇지 못한 열등한 야만의 국가나 민족을 지배하는 것이 당연하다는

---

432) 西洋所習, 皆爲我用, 而縱或不逮之端, 主客之勢, 可以償其闕, 進退操縱, 惟在於我矣(같은 책).

433) 김윤경·홍정근·이종란·김현우, 2018,「근대전환기 한국 유교의 성찰과 전망 -우리철학 총서 집필내용을 중심으로-」,『인문학연구』56, 조선대학교 인문학연구원, 154쪽.

논리로 활용하였다. 일제도 그것을 모방하여 조선을 침략하였고, 또 그 논리를 가지고 일본을 중심으로 아시아 민족이 뭉쳐 동양의 평화를 유지하여 서양에 대항하자는 논리를 펼쳤다.

그런데 애국계몽기의 지식인들은 일본과 중국으로부터 이 사상을 받아들였지만, 그것을 역이용하여 되레 나라의 독립을 위한 자강 이론으로 변용하였다. 자강은 원래『주역』「건괘·대상전」에 '스스로 강건하여 그치지 않는다(自彊不息)'라는 말에서 온 말로서, 당시 제국주의에 대항하기 위해 민족 스스로 강하게 되어야 한다는 논리로 활용하였다. 민족 스스로 강하게 되려면, 앞의 유길준과 최한기와 마찬가지로 남의 장점을 취하여야 한다. 그래서 민지民智를 계발하고, 덕과 체력을 기르려는 교육과 식산흥업殖産興業의 산업을 장려할 수밖에 없었다. 자강을 위해서는 필수적으로 최소한 서양의 장점이라고 여기던 과학 기술을 적극적으로 수용하려는 모습을 발견할 수 있다.

이제 동도와 서기의 구분은 희미해져 갔다. 일반 백성들은 물론 지식인 중에서도 일부는 그리스도교로 개종하였고, 신식 학문과 예법을 추종하기도 하였다. 더구나 서양이 저렇게 부강하게 된 배후에는 그리스도교가 있었다는 인식이 지배적이었다. 다시 말하면 서양의 과학 기술과 종교를 분리해서 생각하지 못했기 때문에, 지식인들 가운데 일부는 순수한 신앙적 목적보다 이러한 서구의 장점을 취득하기 위해 그리스도교에 입교하였고, 비록 입교하지는 않았지만, 전통의 유교를 개혁하여 그리스도교처럼 만들어야 한다는 생각을 하게 되어 유교 개혁이나 유교구신을 주장하기도 하였다. 당연히 그리스도교의 영향 아래 민족종교로서 한국신종교가 생기기도 하였다.

어떻든 자강을 통해 독립하기 위해서는 종교나 사회 각 분야에서 이른바 앞선 서양 문명을 수용하는 것은 시대 담론의 화두가 되어버렸고, 그 첨병이 과학이었다. 그래서 박은식도 자강을 실현하기 위해서는 하루속히 서양의 과학을 배워야 한다고 하였으며, 국가 간의 경쟁에서 강자가 이기고 약자가 지는 것은 이 과학에 기초한 산업 발전의 우열에서 결정되는 것이라고 주장하였다. 그 증거 사례로 전선과 우편 제도 등을 들었다.[434] 여기서 박은식이 서양의 중요한 과학 기술로 언급한 분야는 농학·무학武學·의학·광학礦學·화학·격치학格致學·공예학·측산測算·회도繪圖·천문·지리·광전光電·성중聲重·기기汽機 등이다.[435] 특히 그는 인류의 사업이 경쟁을 말미암아 발달한다고 여겨 과학 기술을 그토록 강조하였다.[436] 물론 그가 신지식으로 강조한 서양의 학문은 과학만은 아니다. 여기에는 철학·교육학·정치학·상학·경제학·법률학·지지학·종교학 등이 있다.[437] 이렇듯 사회진화론의 수용을 통한 자강을 위해서는 우수하다고 인정되는 서양 학문의 모든 영역을 망라하고 있어 동도서기와 같은 논리는 그 힘을 잃고 말았다.

그런데 서양 문명을 무작정 수용하는 태도에 대한 반성도 일어나게 된다. 타인의 장점을 받아들이는 것도 중요하지만, 나의 장점을 망각해서는 안 된다는 관점이다. 곧 그 나라의 고유한 역사나 문화의 장점인 국수國粹를 보전해야 한다는 생각이 싹트게 되었다. 비록 우승열패의 생존경쟁의 시대라고는 하지만, 자신의 장점마저 버리게 되면 되

---

434) 朴殷植, 앞의 책, 下, 「물질개량론」, 38쪽.
435) 같은 책, 中, 「흥학설」, 400쪽 참조.
436) 같은 책, 下, 「人의 事業은 競爭으로 由ᄒ야 發達홈」, 65쪽 참조.
437) 신용하, 1986, 『박은식의 사회사상 연구』, 서울대학교출판부, 53쪽.

레 열등해질 수 있다는 우려가 작용했는지 모른다. 지나친 수용에 대한 반성으로 보인다.

신채호는 국수에 대해 정의하기를 그 나라에 역사적으로 전래하는 풍속·습관·법률·제도 등의 정신이 그것이라고 하였다. 그 가운데 나쁘거나 추한 것을 부득이하게 파괴하는 영향으로 파괴만을 능사로 알아서는 안 된다고 지적하였다.[438] 곧 자국의 풍속·언어·관습·역사·종교·정치·풍토·기후 등의 온갖 것에서 그 특유한 아름다움을 뽑아 이름 지은 것이 국수이다.[439] 그래서 당시 각국의 위인들을 소개하여 그들을 닮아 우리나라를 중흥케 하자고 주장하는 것은 청년 자신의 명예심을 고취하는 것이지 국가에 대한 애정을 기르는 것이 아니고, 광산을 개발하고 군사를 기르며 무기를 제작하는 내용으로 애국정신을 고취하고자 하나 이것은 외래 문명을 숭배하여 수입하는 일이라 보았으며, 루소의 민약론이나 다윈의 진화론을 들어 자유와 평등을 찾고 경쟁을 잘하여 도태되지 말자고 하는 생각으로 애국하자는 말은 사회의 불평등에 대한 파괴성을 격발케 하는 수단은 되겠지만, 애국에 대한 애정을 기르는 것이 아니라 보았다.[440]

이런 주장의 의도를 보면 외국의 것을 수용하는 그 자체를 반대하는 것은 아니지만, 무리한 서구화에 대한 반성[441]과 아울러 수용의

---

438) 申采浩, 앞의 책, 別集, 「國粹保全說」, 116쪽 참조.

439) 같은 책, 下, 「新教育(情育)과 愛國」, 133쪽.

440) 같은 책, 132쪽 참조.

441) 국수 보존에 대한 논의는 일본에서 먼저 시작하였는데, 무리한 서구화주의에 대한 반성에서 출발하였다(가루베 다다시·가타오카 류 엮음, 고희탁·박홍규·송완점 옮김, 2010, 『교양으로 읽는 일본 사상사』, 논형, 228~231쪽. 참조). 신채호가 이러한 흐름에 영향을 받았는지 좀 더 확인이 필요하다.

주체성을 강조한 말이라고 보면 되겠다. 이것은 앞서 유길준이 지적했던 개화의 노예가 되지 말고 개화의 주인이 되며, 허명개화를 하지 말고 실상개화를 하고, 개화의 죄인이나 원수 더 나아가 개화의 병신이 되어서는 안 된다고 말한 것과 같은 맥락이다.[442] 바로 최한기가 "서양에서 익힌 것이 모두 우리의 쓰임이 될 것이니, 설령 저들에게 미치지 못하는 것은 주객의 형세로서 그 부족한 것을 보충할 수 있으니, 진퇴시키고 조종하는 것이 오직 우리에게 달려 있을 뿐이다."[443] 라고 하여, 서구 문물 수용에 있어서 주체성을 강조한 것과 같은 맥락으로 이해할 수 있다.

이상에서 살펴보았듯이 근대전환기 서학 또는 서양 문명의 수용론은 비슷하지만 결을 달리하고 있음을 알 수 있다. 처음엔 주로 과학기술의 수용론에서 점차 그 범위와 외연이 확장되었음을 알 수 있고, 사회진화론을 수용하여 자강론을 전개할 즈음에는 선진 문명이라 하여 서양의 모방이 가속화되었다. 그 과정에서 자신의 고유한 아름다움을 버리는 우를 범해서는 안 된다는 반성과 주체적 태도도 등장하였다.

이런 내용은 근대전환기를 살았던 지식인들의 고민을 반영하고 있고, 외래의 것을 맹목적으로 추종하지 않으면서 자신의 장점을 발휘해 가려는 노력으로 보인다. 물론 수용론 마다 약간의 차이와 특징을 보이지만, 그 또한 그 시대정신과 문제해결의 방식과 관계가 있겠다.

---

442) 兪吉濬 著, 1982, 金泰俊 譯, 『西遊見聞』, 博英社, 115~120쪽 참조.
443) 西洋所習, 皆爲我用, 而縱或不逮之端, 主客之勢, 可以償其闕, 進退操縱, 惟在於我矣(『推測錄』 卷6, 「東西取捨」).

동도에 비중을 두면 전통의 계승을 강조한 것이고, 서기에 방점을 두면 외래 문물의 수용이 우세하게 된다. 그러나 모두 자신들의 문제해결을 위해 주체적 역량을 견지하고 있는 데서 알 수 있듯이, 전통과 외래 문물의 주체적 계승과 수용이라는 모습에서 근대전환기 우리철학의 방법론을 잘 보여주고 있다고 말하고 싶다.

제5장
우리철학으로서 기의 철학

1 우리철학과 현대 과학

1) 근대전환기 기의 철학과 우리철학

앞서 제1장에서 우리철학의 의미와 기준 및 그 연구 방법론을 제시하고, 그에 따라 지금까지 기의 철학을 서술하였다. 이제 근대전환기 기의 철학이 거기에 얼마나 또 어떻게 부합하고 있는지 지금까지 설명한 내용을 종합할 때가 되었다. 이 기준에 근거해 우리철학의 방법론으로서 제시한 각 모델에 해당하는 근대전환기 기의 철학을 종합하여, 인물별 사상의 성격만 간단히 정리하면 대체로 〈표3〉과 같다.

이것은 전통사상을 어떻게 계승·발전시키는지 또 외래사상에 어떻게 대응하거나 수용 또는 변용시키는지 잘 보여주고 있다. 원래 이 기준은 현대를 중심으로 한 것이지만, 근대전환기 기의 철학에도 그대로 적용할 수 있었다. 다만 그 시대적 상황에 맞지 않는 두 번째 기준의 '우리말로 말해야 한다'는 것은 제외하고, 또 '현대적 삶과 관련된 문제'는 근대전환기 당시의 삶과 관련된 문제로 바꾸어 적용하였다. 해당되는 철학의 성격 또는 경향성에 따라 대강 세 단계로 구분하였다.

〈표 3〉 모델별 근대전환기 기의 철학 양상

모델명	모델별 특징	철학자			종교사상가				
		이규경	심대윤	최한기	최제우	최시형	손병희	강일순	송규
필수 모델	한국인의 삶과 문화에 기초한 시대인식과 문제의식	◉	●	●	●	●	●	●	●
모델 ①	전통사상을 발전적으로 계승하기	●	◉	◉	◉	◉	◉	◉	◉
모델 ②	전통사상의 재해석을 통하여 창의적으로 특성화하기	○	●	●	●	●	●	●	●
모델 ③	외래사상을 한국적으로 수용하거나 포용하기	◉	○	●	○	○	◉	◉	◉
모델 ④	외래사상에 대응하면서 한국적으로 변용하기	◉	○	●	○	◉	◉	○	◉
성격 또는 경향성		● : 강함 ◉ : 보통 ○ : 약함							

이상과 같이 근대전환기 기 철학의 주요 논리나 주장은 우리철학을 이루는 방법인 모든 모델에 골고루 반영되어 있어서 근대전환기형 우리철학이라 말할 수 있다.[1] 이것은 다소 거칠지만, 근대전환기 서양의 과학과 종교의 도전에 따른 반응의 양상과 강도에 따라 다양하게 드러난 기 철학의 스펙트럼이다.

---

1) 앞의 제1장에서 〈필수모델〉과 어느 하나의 모델만 조합을 이루면 모두 우리철학이라고 규정한 바 있다.

먼저 하나같이 〈필수모델〉에 강한 성격을 보인 것은 너무나 당연하다 하겠다. 철학자들이 모두 재야학자라는 점은 신분과 앎의 괴리에서 오는 시대의 문제에 민감할 수밖에 없었고, 또 한국신종교도 민족과 민중의 입장에서 시대의 부조리를 극복하고 새로운 유토피아를 꿈꾸었기 때문이기도 하다.

전체적으로 기의 철학이라는 영역에서 살펴보면 〈모델①〉은 모두가 전통사상을 계승하고 있는데, 특히 이규경의 경우는 자신의 독창적인 견해보다는 이전 학자들의 견해를 존중하고 따르고 소개하는 데서 드러나며, 심대윤의 『주역』의 우주 발생 논리, 최한기의 기철학의 기본 개념, 신종교가 신과 기의 관련성 계승이 그것이다.

또 기의 철학 대부분이 〈모델②〉에 강한 성격을 보인 것은 그만큼 철학의 창의성과 독창성이 발휘되었다는 점을 의미한다. 이 또한 해당 인물이 제도권 학자가 아니라 모두 재야학자나 종교인이라는 점에서 학맥에 얽매이지 않아 자유로운 사고가 가능했기 때문에 전통사상의 창의적 재해석이 가능했던 것으로 보인다. 심대윤의 『주역』적 사고에 바탕을 둔 세계 발생의 기론과 격물설을 충서와 관련시킨 점, 인간 본성의 하나로 이익 추구의 긍정과 귀신설의 심화가 그것이며, 최한기의 전통의 신기 개념의 확장과 인식 논리의 심화, 신종교의 신관과 실천에 관련한 심성론의 재규정 등이 그것이다.

〈모델③〉은 주로 서양 과학의 수용과 관계되는데, 최한기가 으뜸이고 이규경이 그 뒤를 따르며, 20세기가 되면 손병희를 비롯한 강일순·송규 등의 종교인들도 어쩔 수 없이 일부 서양 과학이나 문물을 수용하였음을 말해주고 있다.

그리고 〈모델④〉는 서양의 과학이나 종교·철학에 대응하면서 그것을 변용하여 한국화한 것을 말한다. 가령 서학을 받아들이되 최한기가 그것을 자신의 철학에 녹여 인식 이론을 전개하고 운화기 개념을 새롭게 제시한 것, 이규경이 4원소를 오행과 융합하여 보려는 것, 손병희와 송규가 과학을 받아들여 자신의 철학에 녹인 것 등이 그 점이다. 반면에 심대윤·최제우·강일순 등은 서학에 강한 비판과 대응 의식을 보이면서 전통사상을 특성화하였지만, 적어도 기의 철학 범주에서는 그것을 변용한 점을 발견하기 어렵다.[2]

　이렇게 봤을 때 대체로 전통을 계승해도 원형 그대로가 아니라 그 것들을 발전·심화시키거나 특성화하였고, 외래사상이나 문물을 무비판적으로 수용하는 것이 아니라, 그것들을 합리적 논리로 비판하여 받아들이거나 변용하여 기 철학의 세계관에 발전적으로 재배치했다는 점을 알 수 있다. 외래사상을 배척할 때도 그 대안으로서 전통사상을 재해석하고 독창적으로 제시하였지, 오로지 전통사상을 교조적으로 동어 반복하여 배척의 무기로 활용하지는 않았다. 종합적으로 이런 점들이 우리철학의 방법론에 부합한다고 하겠다.

　서양 과학의 수용 논리를 살펴봐도 모델별 특색이 드러난다. 서학중국원류설과 후인고법윤색설은 과학을 받아들이되 그 원형이 원래 전통에 있었다는 점에서, 또 동도서기는 계승과 수용을 구분해 적용한다는 점에서 대체로 〈모델①〉과 〈모델③〉이 조합을 이룬 성격이 강하며, 서학천국모방설은 전통을 특성화시킨 바탕 위에서 과학을 수

---

2) 최제우와 강일순이 천주(상제)의 지기의 인격성을 말하고, 심대윤이 귀신이나 신을 강조한 것이 그리스도교의 인격신의 변용이라 주장할 수 있지만, 그보다는 대응적 성격이 강하다. 그 까닭은 유교 경전에 보이는 원시 종교 또는 도교나 민간신앙에 있는 신 개념을 모델로 발전시켰기 때문이다.

용하므로 〈모델②〉와 〈모델③〉의 조합, 우승열패의 자강론은 서양 문물을 전적으로 수용하는 편에서 〈모델③〉의 성격이 강하고, 동서취사설은 서양 문물을 비판적으로 수용하거나 변용하므로 〈모델④〉의 성격이 짙다. 물론 모두 〈필수모델〉과 관련이 깊음을 당연한 일이다.

지금까지 논의한 인물별 사상의 특징에 따라 서양 문명의 도전에 따른 기 철학 내부의 인물별 구체적 철학의 수용과 변용 또는 대응의 논리, 그에 따라 전통사상을 계승·재해석(특성화)하고 극복한 내용을 좀 더 구체적으로 정리하면 아래 〈표 4〉와 같다.

〈표 4〉 서양 문명의 도전에 따른 수용·변용과 대응 및 전통의 계승·극복 내용

구분	내용 또는 논리	근대전환기 기 철학의 논리
서양문명	만물은 無에서 有로 신이 창조한 것	一氣聚散에 따른 만물의 生滅, 기의 自然流行·運化, 기 자체의 不生不滅. 太極의 氣가 분화(심)로 대응
	비물질적이며 물리적 현실 세계를 초월한 神으로서 천주	기의 神(이), 기의 德·能力과 運化氣(최), 至氣(제), 靈氣와 천지 그 자체 또는 心(시), 인간(손), 天地神明·上帝(심·강), 靈氣(송)로 대응
	인격신	배척. 기와 연관된 인격신으로서 천주·상제로 대응(제·강). 우주의 본질과 인간 내면의 심성으로 대응(시·손·송)
	사후 개인의 영혼불멸	배척. 기의 神·鬼神(심), 魂魄(심·강), 靈·仙(강), 보편적 神氣의 불멸(최)로 대응
	사후 신의 심판과 형벌	배척. 전통적 魂魄, 神明 개념 등으로 대응(심·강)
	비물질적 인간의 영혼	明德(이), 氣와 魂魄(심·강)으로 대응. 神氣로 대응 및 변용(최)
	生魂·覺魂·靈魂의 三魂說	만물에 깃든 神氣로 일원화하여 대응(최)
	물질과 정신의 이원성	정신을 기로 봄으로써 일원화. 生氣로서 서양의 물질과 차별

서양문명	영혼의 감각·사유 능력	神氣의 形質通[經驗]과 推測通[推測] 능력으로 변용(최)
	영혼의 백지(竹簡)설	神氣의 純澹說로 변용(최)
	형이상학적 形相	기의 理로서 사물의 법칙인 條理[流行之理]로 대응(최)
	실체와 속성	성리학의 理를 推測之理로 보는 데 영향(최)
	추론된 인의예지	도덕적 가치는 推測之理라는 데 영향(최)
	물질	공기를 매개로 변용(최·손). 수용(이·강·송)
	인간의 자유의지와 선악	운화의 승순으로 대응(최). 자유롭게 선택하는 의지로 변용(손)
	4원소	기로 대응하고 寒熱乾濕을 기의 情으로 변용(최). 오행은 體 4원소는 作用이라 보아 기의 범주로 수용(이)
	선교사들의 오행 비판	무시. 五行을 用으로 대응(이). 음양과 오행설 극복에 영향(최)
	과학 기술	과학은 기를 사용하는 것이며 西學中國源流說(이), 西學天國模倣說(강)로 수용. 東西取捨論로 합리적인 것만 수용, 證驗의 방법으로 변용(최). 20세기 근대 과학 수용(손·송)
	지원설	수용. 천원지방설 폐기에 영향
	지구의 공전과 자전	수용. 근대 과학 수용의 계기(최·손·송)
	행성 간 중력	氣輪說로 변용함(최)
	운동의 원인자	기의 본성이 운동하는 것으로 대응(심·최)
	蒙氣說	수용과 변용(최)
	기상 이론	기철학 체계 안으로 변용(최)
	공기	기의 형질이 있다는 데 영향(최). 과학·종교적 개념으로 혼용(손)
	물질의 원소(원자, 분자)	기의 하나로 수용(최·손)
	천주교 또는 개신교	화복설로 백성들을 유혹한다고 배척(이·최). 天人感應을 통한 유가적 방식으로 대응(심). 전통의 재해석으로 대응(신)

전통사상	기의 聚散과 不生不滅, 一氣長存	계승. 만물이 태극이라는 원기에서 파생되어 나오는 과정이 상세하게 재해석(심). 至氣(제)와 靈氣(시), 三才一氣·공기로 재해석(손). 기의 成住壞空으로 재해석(이·송)
	生氣說, 기의 活物論	계승. 생명과 정신 작용은 기의 전개 과정에서(심)
	기의 내재적 운동성	계승. 自然流行(이), 운동이 본성(심), 活動運化(최)
	음양과 오행의 기	계승. 陽氣가 더 근원적(심). 극복(최)
	인간의 마음은 神氣	발전적 재해석(최)
	神의 개념	기의 精英과 마음(이), 정신 또는 사물의 神靈(심), 기의 德과 能力으로 계승과 有形之神으로 재해석(최). 神明 또는 만물을 지탱하는 힘으로 계승·재해석(강)
	神氣	인간의 마음과 사물의 그것으로 재해석(최)
	形質 속의 氣	계승
	太極	기로 재해석(이·심). 推測之理로 재해석 극복(최)
	성리학의 理	生生之理, 개별적 사물의 理와 所以然之故 계승(심). 推測之理, 心理, 無形之理로 재해석 극복(최). 靈[天心·靈知]으로 재해석(송)
	理의 개념	條理로서 사물의 법칙 계승(이·최·제). 불변의 인간 본성으로 계승(이). 有形之理, 自然(流行之理)과 當然(推測之理)의 구분으로 재해석(최)
	無形의 리와 신	有形의 리와 신으로 재해석(최)
	仁義禮智	계승. 후천적으로 배양한 사회적 본성으로 재해석(최)
	氣一分殊	발전적으로 계승(최)
	理氣 관계	理氣不相離 논리 계승. 理氣를 융합(시), 性心 관계로 재해석(손). 靈氣 관계로 재해석(송)
	性情 개념	확대 재해석(심·최·손)
	성선설	계승(이·심). 性無善無不善論으로 극복(최). 정해진 것이 아니라 마음을 말미암는 것으로 극복(손)
	욕망(이익)	대체로 긍정. 본성으로서 긍정(심). 종교적 원칙으로 긍정(송)

전통사상	自然과 當然	자연적 사실[流行之理]과 인간적 가치[推測之理]로 분리(최)
	양명학의 심과 지행합일	심을 강조하는 데 영향(신). 계승(심)
	致良知	推測으로 재해석(최)
	心具衆理	극복(심·최)
	성리학의 窮理說	계승(이). 비판적이며 忠恕로 극복(심). 經驗과 推測 및 證驗 이론으로 비판·극복(최)
	格物致知와 豁然貫通	보편적 性의 탐구로 계승(이). 忠恕로 재해석 극복(심). 經驗과 推測·周通 등으로 재해석(최)
	順天理, 天人合一	재해석하여 계승. 運化承順으로 재해석, 기로써 萬物一體(최)
	도교의 道·氣·神 일체	발전적 계승(동·강·송)
	元氣와 몸속의 神	발전적 계승(동)
	儒佛仙의 삼교합일 전통	계승(동·강·송)
	上帝	발전적 계승(제·강)
	기로써 天人感應	계승(심·강)
	華夷論	유지(이·동). 극복
해당인물	(이): 이규경, (심): 심대윤, (최): 최한기, (제): 최제우, (시): 최시형, (손): 손병희, (강): 강일순, (송): 송규, (동): 동학, (이·최): 이규경·최한기, (신): 한국신종교 식으로 표기하고, 대체로 공통적인 사항은 인물을 생략함	

　　근대전환기 기의 철학은 모두 서양 문명의 도전에 대응하면서, 도덕주의에만 빠지지 않고 인간 욕망을 상징하는 이익을 대체로 긍정하였다는 점에서 공통점을 갖는다. 이런 기의 철학이 갖는 특징은 먼저 현실 문제에 민감하게 반응하고 철학적 이론에 반영하였으나, 어떤 이념의 도그마에 갇혀있지 않고 창의적 사상을 제출하였다는 점이다. 그것은 기의 철학에서 다루는 기 자체가 자연과 사회의 현실을 담보

하고 있기 때문으로 보인다.

　다음으로 기를 존재의 최고 범주로 여겨 자연과 인간 또는 인간과 신을 분리하여 이원론적 세계관에 빠지지 않았다. 특히 신종교의 경우 하늘이자 천주·상제로서 신이나 영이 세계를 초월하지 않고 그 안이나 인간의 심성에 내재화시켰다. 다만 기의 철학 내부의 대응 방식 차이에서 전통적 요소가 강할수록 종교적인 경향을 보이며, 외래 문물의 수용 성격이 강할수록 과학적인 학문의 경향이 두드러진다.

　또 자연에 대한 생명적·영적 측면을 인정하고 있는 점으로, 기를 말해도 죽은 질료가 아니라 생기·신기·지기·영기 등으로 말하고 있는 점이 그것이다. 일부 학자들이 비록 서양 과학의 영향으로 물리적 대상으로서 자연을 바라볼 때도 이런 개념을 끝내 포기하지는 않았는데, 이런 전통을 끝까지 고수하면서 발전적으로 계승한 점이다.

　끝으로 자연 또는 우주와 하나 되는 천인합일의 경지를 중시하였다. 그것은 인간 존재 자체가 기가 응취한 것이며 그 정신 또한 기이므로 인간은 자연을 승순해서 하나가 될 수밖에 없는 존재, 종교적으로 말하면 기로 이루어진 신을 모신 존재이므로 결국 인간은 신과도 하나인 존재이다. 더구나 만물까지도 신을 모신 존재이므로 만물이 평등하다는 생명 존중으로 나아간다. 이 또한 전통의 재해석을 통한 발전적 계승이다. 그 밖에 여러 특징이 있으나 이 정도로 요약하겠다.

　그런데 분명히 해야 할 것은 근대전환기 기의 철학이 곧장 21세기형 우리철학이 아니라는 점이다. 그것은 당시와 지금의 시간적 거리가 있어서 "우리말로 말해야 하며 우리의 현대적 삶과 관련된 문제를 다루어야 한다."는 우리철학이 되는 두 번째 기준에 맞지 않기 때문이다. 물론 사상에는 보편성이 없지는 않으나 당시와 지금의 시대적 배경과 문제의식이 다르기 때문에, 곧장 그것을 가져다 오늘의 현실에 적용하기에는 고려해야 할 점이 많아서, 창의적으로 재해석하지 않으면 안 되기 때문이다. 비록 그렇기는 해도 오늘날 다양한 문화와 사상이 교류되는 21세기형 우리철학을 정립하는 데 시사되는 바가 결코 적다고 할 수 없는데, 바로 이것이 본서 저술의 부차적인 목적이었다. 뒤에서 좀 더 논의하겠다.

2) 기의 철학과 현대 과학

근대전환기 기의 철학은 서학과 서양 근대 문명을 수용하거나 변용하는 길로 나아가기도 했고, 역으로 전통적 요소를 심화시켜 경학이나 종교적으로 대응하기도 하였다. 이 과정에서 각자가 걷는 노선에 따라 기 개념이 약간씩 다르기는 하지만, 대체로 기의 취산과 불생불멸, 근원적 일자一者, 운동의 내재성, 생기 또는 신령스럽다는 개념을 포기하지는 않았다. 특히 최한기의 경우 서양 과학을 수용하고 변용하면서 기 개념을 물질 개념에 접근시켰지만, 그 세계관에 끌려가지 않고 끝까지 고수한 점이기도 하다.

기의 철학과 서양 과학의 접근은 이른 시기 홍대용에게도 보이지만 앞서 살펴보았듯이 근대전환기 이규경과 최한기에게서도 볼 수 있고, 손병희를 거쳐 송규의 관점에서도 살펴볼 수 있었다. 특히 송규는 근대전환기를 거쳐 현대로 넘어오면서 기 개념을 보다 더 잘 설명해주는 논리로 현대 과학의 성과를 활용하기도 하였다.

사실 우주는 진화하고 있으며 별의 탄생과 소멸 등은 이제 과학에서는 상식에 속한다. 과학에서는 존재하는 모든 것은 어떤 형태를 지녔던 모두 상호 전환이 가능하므로 그 자체가 물질로 정의되고, 우리의 태양이든 은하계든 영원한 것은 없고, 잠시 그 상태로 머물러 있는 듯이 보일 뿐이다. 불교에서는 모든 게 변하고 영원한 실체가 없이 연기의 법칙에 따라 만물은 생성되고 머무르고 붕괴하고 다시 공으로 되돌아간다는 성주괴공으로 설명하는데, 기의 철학에서 말하는 취산의 과정과 다르지 않다. 일찍이 이규경도 하늘이 성주괴공한다고 지적한 바 있지만,[3] 바로 우주가 성주괴공하는 것은 모두 한 기운에 의해서 그렇게 된다는 점이 그것이다. 그 기운이란 에너지나 힘으로도 표현된다. 물질은 이제 고정된 형태로만 존재하는 것이 아니기 때문이다.

원불교 제2대 종사 송규는 이렇게 우주가 성주괴공하는 것의 한 기운의 소치라고 보았다. 그래서 그는 다음과 같이 말하였다.

> 산하대지에 가을이 오면 초목들이 낙엽이 되고 봄이 오면 다시 잎이 피는 것도 형상도 없고 잡을 수도 없는 한 기운의 조화요, 우리가 생로병사를 면할 수 없는 것도 무형한 한 힘이 들어서 그렇게 되는 것이며, 우주가 성주괴공 되는 것도 형상 없는 한 기운의 작용에 의하여 변화하나니, 형상 있는 것을 지배하는 것은 곧 형상 없는 힘이니라.[4]

이렇게 기에 대한 담론은 사상적으로 현대 서양 과학의 성과와 괴리

---

3) 天之成住壞空, 人之生養死沒, 其理一水火而已矣(『五洲衍文長箋散稿』, 「天人一理辨證說」).

4) 『鼎山宗師法語』, 「法語」, 〈原理〉 18장. 앞장에서 설명한 것처럼 이 말은 靈과 氣를 하나로 보는 그의 철학을 이해해야 온전히 이해할 수 있지만, 여기서는 종교적 세계관을 배제하고 과학적인 입장에서만 설명하기 위해 인용하였다.

되지 않으면서 전통으로부터 면면히 이어 온 한 사례로 볼 수 있다. 어찌 보면 현대 과학이 고대나 중세의 서양 과학을 극복하고 물질의 근원과 불멸성, 물질 운동의 내재성에 따라 우주의 생성과 소멸을 인정한다는 점에서 서학에 대한 기 철학의 판정승이다. 다만 전통의 기 개념과 서양 과학의 물질 개념이 완전히 일치하지는 않지만, 기의 철학은 그것을 기 개념 속에 넣어서 이해하거나 역으로 서양 과학의 물질 개념에 전통의 기 개념을 포섭시킬 수 있었다. 서양의 물질과 동아시아의 기는 서로의 교집합으로서 만날 수 있음이 확인된 셈이다.

그렇다고 모든 문제가 해결된 것은 결코 아니다. 잘 알다시피 기 철학의 세계관과 현대 과학의 그것은 비슷하면서도 다른 점이 분명히 있다. 물질의 불생불멸 그리고 취산 개념에 따른 성주괴공은 이미 현대 과학으로 충분히 입증되는 부분이므로 크게 문제 될 것은 없다.[5] 문제는 생기와 신기 또는 종교에서 기가 영성을 지녔다는 개념인데, 기를 물질로 등치 시켰을 때 물질이 원초적으로 갖는 생명성과 정신성[6]을 현대 과학에서 어떻게 증명할 것인가 하는 점이다.

현대 과학에서는 일반적으로 이러한 생명과 정신의 출현을 여러 종류의 원자의 결합 방식에 따라 분자가 만들어지고, 또 분자들의 결합에 따라 생명 물질이 만들어지며, 생명 물질의 결합에 따라 다양한 생명체가 만들어지고, 고등 생명체에서 비로소 정신이 등장한다고 본다.[7] 여기까지는 기 철학에서 말한 기의 응취와 논리적 방향이 유사

---

5) 양형진, 2016,「진화하는 세계에 나타나는 상입의 창발적인 연기 과정과 시공간적 연기구조」, 불교학보 77집, 동국대불교문화연구원, 307~314쪽 참조.
6) 근대전환기 한국의 신종교에서 말하는 靈性도 정신성의 범주에 넣고 논의될 수 있다.

하다. 단지 기의 철학에서 더 세밀하게 밝히거나 설명하지 못했을 따름이다.

그런데 과학에서는 생명이나 정신 현상이 애초부터 있었던 것이 아니라, 어쩌면 죽은 물질의 우연한 결합에 따라 탄생하였다고 설명한다. 다시 말해 생명과 정신은 소립자에서 원자나 분자로 이행하고, 그것들의 결합에 따라 생명 물질이 만들어지고, 또 거기서 세포와 조직과 기관과 계통과 생명체로 상승하면서 진행되어야만 비로소 발현하는 것이라 본다. 생명 또는 정신은 물질의 근원이라 할 수 있는 쿼크나 소립자나 원자나 분자가 갖는 운동을 초월하여 만들어진 새로운 운동 방식이다. 불교식으로 말하면 생명 현상과 정신 현상도 실체가 없는 것으로서 단지 인연의 소산일 뿐이다.[8] 이런 각도에서 보면 과학을 수용한 최한기보다 서양 과학과 일정한 거리가 있는 심대윤의 논리에서 기에서 정신의 발생 과정의 전개만 봤을 때 오히려 현대 과학에 접근한다. 달리 말하면 생명이나 정신 현상은 물질 또는 기의 진화과정에서 나온 결과일지도 모른다. 여기에는 상위의 전체가 하위 부분의 총합 이상이라는 관점이 들어있다.

이렇듯 기가 물질과 같은 속성을 지녔고 또 그것이 진화하고 있다는 현대 과학의 관점을 받아들여야만, 기의 운동법칙과 또 거기에 생명성이랄까 정신성이 있다는 전제를 어떤 방식이든 이해해 볼 수 있다. 어쩌면 전통의 기 개념 속에 들어있는 생명성이나 정신성 그리고 영성은 과학적으로 증명한 것이 아니라, 물질 진화의 정점에 있는 인

---

7) 양형진, 앞의 글, 315~316쪽 참조.
8) 같은 글 참조.

간이나 생물체의 그것을 보고 철학적으로 연역했거나 아니면 기의 내재적 운동성을 추상해 그렇게 규정했을 가능성이 크다.

만약 근원적 또는 환원적 입장에서 원초적인 기 자체에 생명성과 정신성과 영성을 함유하고 있다고 주장할 수 있다면, 역으로 현대 과학을 향하여 이런 문제 제기가 필요하다. 곧 생명체를 구성하고 있다는 물질을 모아 우리가 인공적으로 합성하여 우연히 생명을 만들었다고 가정했을 때, 그 생명은 물질이 존재하는 각 단계에 따른 가능성을 재현하는 것뿐이지, 그리스도교의 신이 인간을 창조할 때처럼 생명을 외부에서 부여하는 것은 결코 아니다. 가령 계란에서 병아리를 인공적으로 부화시킬 수 있다고 해서 인간이 계란에게 생명을 주입할 수 없는 이치와 같다. 만에 하나 생명을 창조할 수 있다고 해도 그것은 물질의 진화 과정을 재현하는 작업일 뿐이다. 물질은 계속 진화해 왔고 그 정점에 생명이나 정신이 출현했다고 본다면, 애초부터 죽은 물질이 아니라 그것들을 향해 진화 가능한 존재일 것이다.

그런 진화의 가능성 두고 현대적 입장에서 기를 생기나 활물로 규정하는 것은 정당하다. 가령 여기에 하나의 씨앗이 있다고 해서 곧바로 싹트고 자라서 열매를 맺는 것이 아니라, 그것을 위해 햇빛·물·온도·영양분 등 외부의 조건이 충족되었을 때 그 가능성은 실현된다. 씨앗 자체의 가능성이 없다면 열매도 없으므로, 씨앗은 열매가 될 가능성으로서 필요조건이다. 다만 '씨앗 – 열매'의 관계는 식물 진화의 결과로 완성될 목표가 이미 정해져 있지만, 물질 일반은 진화의 필연적 방향 또는 목표가 현재로서는 정해져 있지 않는 것처럼 보이는 것이 그 차이점이다. 따라서 물질은 특정한 조건에서 생명과 정신 현상으로도 진화할 가능성[9]으로서 필요조건을 그 내부에 갖고 있다고 봐야 한다. 그런 관점에서 기를 생기 또는 활물이라고 규정한다면, 과학적 세계관에 기의 철학이 개입할 여지는 충분하다. 여기서 운동과 진화라는 함수를 제거해 버리면 물질과 생기는 전혀 어울릴 수 없다. 어쩌면 정신 현상과 생명은 물질의 진화된 운동 방식의 하나라로 보아야 할 것 같고, 그런 점에서 물질의 진화란 사실상 그 운동 방식의 진화일 것이다.

이제 이런 시각에서 근대전환기 기의 철학이 생명성과 정신성과 영성을 끝까지 고수한 깊은 속내를 읽어 낼 수 있다. 서학이 물질에서 이런 생명성과 정신성과 영성을 아예 배제함으로써 생길 수 있는 이분법적 세계관을 차단하고, 또 세계를 초월해 있는 형이상의 정신적 실체가 만물을 창조하였다는 점에 대응해, 기에서 세계의 창조성을 찾아 물질세계와 정신이 분열되지 않는 하나의 세계로 통일시키려는 의도로 보인다. 그것은 전통에서 그토록 일관되게 유지해온 만물일체의 세계관이다.

아무튼 근대전환기 기의 철학이 정신과 영을 기에서 환원론적으로 보려는 경향이 없지 않으나, 기에 그런 가능성을 두고 말한다면 과학과 대화할 수 없는 것도 아니다. 곧 기의 철학이 물질의 결합 방식에 따라 다양한 사물과 그 특징으로서 생명과 정신이 출현했다는 지금의 과학을 따라야 하지만, 반면에 현대 과학 또한 진화하는 물질의 운동

---

9) 이런 가능성을 전제한다고 혹자는 형이상학이라 평가할지 모르겠다. 만약 이것을 마치 아리스토텔레스처럼 잠재태가 현실태로 전환할 수 있는 것으로 보거나, 또는 기를 유물론이나 과학에서 말하는 죽은 물질로 본다면 이런 평가는 정당하다. 다만 진화의 특성상 물질(기)이 진화할 가능성만 갖고 있지, 무엇으로 진화할지 결정되지 않았다면 형이상학이란 규정은 아직 섣부르다.

에서 생명과 정신의 발현 가능성을 인정하고 기의 철학 전제를 따라야 할지는 좀 더 두고 볼 일이다. 거칠게 말해 팽창하는 에너지로 가득 찬 원시 우주에서 지구와 같은 생명이 가득한 행성으로 진화하는데 있어서, 어떤 방식의 설명이 더 사실에 가깝거나 유효할지 판단할 문제이다.

이것이 어떻게 결론 나든 이 문제는 기의 철학이 가진 논리나 목표가 와해되지 않는다. 단지 기의 철학에서 생기나 신기 등을 거론한 것은 기가 활동하는 현실을 떠나서 기의 외부에서 생명과 정신이나 운동의 원인을 가져오지 않는다는 점을 강조한 것뿐이며, 기의 철학이 지향하는 생기가 넘치는 세계의 건설이라는 목표를 포기할 수 없기 때문이다. 설령 원초적 기에 생명성이 없다고 해도, 각종 기가 모여 결합하여 탄생한 생물은 여전히 생기를 가지고 있을 뿐만 아니라, 또 그것으로 충만해야 하기 때문이다. 기의 철학이 이 정도 양보해도 현대 과학과 관점을 공유하는 부분은 충분하다.

3) 기 철학의 한계와 희망

근대전환기 기의 철학은 과학과 종교라는 두 영역을 아우르고 있다. 시대의 문제를 염두에 두고 등장하여서 당시에는 큰 설득력을 가지고 있었다. 특히 동학의 경우는 당시 민중에게 큰 영향력을 발휘하여 그 운동이 민족사의 한 획을 장식하였고, 증산교와 원불교 또한 민중에게 각자의 역할을 했다. 또 과학을 수용한 기의 철학도 근대전환기 당시는 가장 선진적이고 시대를 내다보는 철학이었다.

이제 서양 과학이 일상화된 현대에는 근대전환기 기의 철학이 시선을 끌지 못하고 있다. 당시의 기 철학을 재현하는 것은 이제 과학적이지도 실용적이지도 않고, 또 현재 우리가 과학적 진리라고 믿는 것과 일정한 거리가 있어 사람들이 거들떠보지도 않을 것이다.

바로 여기서 21세기형 우리철학으로 재창조하지 않는 한 기 철학의 한계만 드러나고, 자칫 강단 학문이나 초소형 교단의 종교로서 만족해야 하는 현실에 직면할지 모른다. 살아남으려면 진리성과 아울러 대중성을 확보해야 한다. 오늘날 진리성은 과학과 괴리되면 확보하기 어렵고, 대중성은 실용성이 없으면 획득하기 어렵기 때문이다.

사실 현대 한국 사회에서 주류 종교는 여전히 크게 번창하고 있다. 우스갯소리로 남한 종교인들을 모두 합치면 전체 인구수보다 많다고 한다. 왜 종교인이 그렇게 많을까? 종교 지도자들이 종교의 진리성보다 실용성을 내세워 대중들의 욕망과 결탁한 측면이 크다. 시쳇말로 진리만 앞세우면 장사가 안된다. 자신을 비우고 이웃과 세계와 만물과 하나가 되기보다 현세에서 나의 욕망을 긍정해주고 내세에서도 그런 욕망을 보장해주는 장치[10]를 통해 사람들은 손쉽게 이끌린다.

또 과학도 진리성과 함께 일상생활의 실용성을 제공하기 때문에 여전히 인기가 있지만, 철학 더 나아가 인문학 전체는 그런 것이 부족해서 사회로부터 완벽하게 따돌림을 당하고 있다. 그럼 이제 기의 철학은 어디서 희망을 발견해야 할까? 철학이 합리적 논리를 따지는 한 그래도 진리성에 힘을 실어야 하지 않을까? 어쩌다 실용성이라도 확보한다면 금상첨화가 아니겠는가?

---

10) 교리, 신학, 성직자의 메시지, 종교 재산, 친교(교제), 행사, 종교 관련 각종 커뮤니티 활동 등이 여기에 해당한다. 본래는 종교적 진리를 위한 장치였다.

이제 우리가 기의 철학에서 희망을 발견하기 위해 현대 한국 사회의 여러 문제를 생각해보자. 곧 주변 외세의 영향, 경제적 양극화, 남북통일, 청년 실업, 생태계 파괴 방지와 보전, 핵발전소 폐기에 따른 대체에너지 개발, 성차별과 지역 격차, 장애인과 소수자 차별, 안전을 보장받지 못하는 비정규직 차별, 다문화, 노령화와 저출산, 종교 갈등, 증세와 복지, 외교와 안보, 미세먼지 등의 문제를 두고, 기의 철학이 무엇을 할 수 있겠냐는 고민에서 출발해야 한다. 이런 갈등과 문제의 근원이 무엇인지 기의 철학에서 그 핵심을 끄집어내야 하고, 진리성과 더불어 실용성을 내세워 해결 방안도 제시해야 한다. 이런 문제를 해결할 논리적 실마리라도 생산하지 못한다면 외면당하고 말 것이다.

또 하나 희망을 발견하기 위해 되짚어 보아야 할 일은 근대전환기 이후 서양 문물을 줄기차게 수입하였으나, 이제는 그것들로부터 지금 우리의 문제를 해결하는 방법을 찾기가 쉽지 않게 되었다는 점이다. 쉽게 말해 서구식 근대화가 한때 우리의 배고팠던 문제를 해결해준 점은 십분 고맙게 생각하더라도, 이제껏 그것이 우리 삶의 정답이 될 수 없었던 것은 그 사상이 생산된 토대와 문화가 우리의 그것과 달랐기 때문이다. 오늘날 전통을 그대로 적용하기 힘든 것처럼 서구사상으로 이런 문제를 해결하기도 힘들 것이다. 특히 우주와 세계의 본질을 죽은 질료인 물질과 그 물질의 맹목적 진화로만 보는 현대 과학의 물질관으로서는 숭고한 삶의 태도를 연역하기가 쉽지 않다.

이렇듯 기의 철학은 지금 우리 문제를 해결하기 위해 전통의 다른 철학과 함께 서구사상과 경쟁 또는 협력해야 하지만, 그것을 위해 가장 적합한 방식과 논리를 개발하는 것이 해당 철학의 강점이 될 것이다. 앞서 제시한 우리철학의 방법론이 도움 될 것이다.

이런 기 철학의 논리는 하늘에서 뚝 떨어지지 않으므로 전통에서 원형을 찾을 수밖에 없고, 21세기를 이끌어 가는 우리철학으로서 시대정신이 되어야 한다. 그 가운데 가령 생명 존중과 상생을 위한 소통의 문제, 착취의 대상이 아닌 생기로서 한 몸인 자연의 문제, 세계 안에 영성으로서 존재하는 기의 신 문제, 내 안에서 찾는 신성, 과학과 동떨어지지 않는 기의 진화 문제, 개인의 영혼이 자연이나 만물과 분리되지 않는다는 점 등을 시대에 맞게 연역해야 하지 않을까? 더 나아가 비록 실용성을 포기한 듯 보여도 이런 삶이야말로 가장 실용적이며 진리에 가깝다는 점을 입증해야 할 것이다. 이 점은 다음 절의 해당 영역에서 더 논의해 보겠다.

2 우리철학으로서 발전 가능성

1) 합리성과 현실성이 담보된 철학으로

철학이 무엇인지 학자마다 다양하게 정의하고 있는 상황을 받아들인다면, 이 책의 서두에서 밝힌 것처럼 철학은 해당 시대의 문제를 해결하기 위하여 탄생한 사유 체계라고 보아도 큰 문제는 없겠다. 기의 철학도 분명히 그런 과정에서 탄생한 사유 체계라고 말할 수 있다. 따라서 조선조 이황이나 이이의 철학이 곧장 21세기형 우리철학이 될 수 없는 것과 마찬가지로 근대전환기의 기 철학도 그러하다. 과거의 철학이 현대의 우리철학이 될 수 있으려면, 앞서 설명한 기준에 따라 지금 우리의 문제를 해결하는 데 도움이 되도록 재해석하여 적용하여야 한다.

이런 전통철학을 재해석하여 적용하려면 적어도 오늘날에도 보편적으로 통용될 수 있는 합리성과 그리고 실천을 담보할 수 있는 현실성이 있어야 한다. 사실 전자는 우리철학의 첫째 기준에 해당한다. 굳이 이 기준을 강조하는 이유는 합리성이 논리적 정합성뿐만 아니라 사실에 부합하는 과학성을 담보하고 있어야 하기 때문이다. 논리적 정합성을 충족하더라도 사실에 기초한 과학성이 모자라면 현대인들을 이해시키기 어렵기 때문이다. 비록 현대 과학이 완벽하지 않더라도 그러하다. 가령 이데아를 보편적 실체로 여겼던 과거 서구의 형이상학이나 태극이라는 리의 보편성을 주장했던 주희성리학의 난점은 그 이데아나 태극의 존재 여부를 과학적으로 검증할 수 없다는 점에서 현대의 우리 삶에 온전히 그대로 적용할 때는 설득력이 떨어질 수밖에 없다.

반면에 기의 철학은 전술한 바와 같이 기를 검증하는 방법으로 서양 과학을 채용함으로써 비로소 근대 과학과 손을 잡아 나름의 보편성을 확보하려 하였고, 또 신종교에서 신을 기의 그것으로 본다는 점은 신이 허구적 존재가 아니라, 기에서 그 근거를 확보하려는 특수성을 가지고 있으며, 또 그 신을 인간의 마음으로 수렴한다는 점에서 보편적이며 설득력이 그만큼 커진다.

그런데 오늘날 전통철학이 자본주의 체제에 안주하는 세인들의 관심에서 멀어지고, 겨우 철학사나 사상사에서만 다루는 까닭이 무엇일까? 그것으로 오늘 우리의 문제를 해결할 수 있는 물적 토대가 다르기 때문이다. 기 철학의 운명도 예외가 될 수 없을 터, 그렇지 않으려면 앞의 합리적인 과학성 못지않게 우리의 문제를 해결할 수 있는 현실성도 담보하고 있어야 한다. 현실성은 앞서 '우리의 삶과 관련된 문제를 다루어야 한다'는 우리철학을 위한 둘째 기준과 관계가 있고, 달리 말하면 철학의 확장성과 관계가 된다. 물론 합리성에도 확장성이 없지는 않으나, 합리적이라고 해서 반드시 현실적인 것은 아니므로 그것과 별개로 확장성을 고려해야 한다.

기 철학이 아직도 현실성을 담보할 수 있는 최대의 강점은 어떤 무형의 정신이나 원리보다 기의 생명력을 우리가 모두 담지하고 있어서, 그것을 가지고 실천력을 추동할 수 있다는 점에 있다. 게다가 현대 과학이 말해주는 바와 같이 만물이 서로 영향을 주고받는 일은 고전적 물질 운동만이 아니라 에너지와 파동과 같은 기적 요인도 작용한다. 달리 말하면 어떤 이념보다 기가 운화하는 현실의 삶에서 기 철학의 역동성을 발휘할 수 있다는 점에 있다. 기존의 이념이나 철학적 명제에 나름의 합리성이나 보편성이 없는 것은 아니지만, 그것들은 대개 특정한 시대의 물적 토대와 문화를 배경으로 삼고, 때로는 일부 계급을 위한 산물이었다. 그 시대에는 혹 통용될 수 있었고 또 현대에도 특정 집단의 이익을 위해 사용할 수도 있겠지만, 모든 생명 속에 도도하게 운동하는 생기는 어떤 이념으로 제한하거나 가두어 둘 수 없는 것은 자명하다.

그런 이유로 앞서 말한 우리 사회의 여러 문제에 기 철학의 논리를 새롭게 적용할 수 있어야 한다. 가령 자유민주주의라는 가치가 기 철학적 관점에서 정당화되려면, 인간을 포함한 만물이 생기라는 생명력으로 충만한 상태를 만들 수 있어야 한다. 그렇지 못하다면 그것은 자본가나 지배층의 이익을 합리화하거나 방어하는 하나의 이념으로 전락한다.

이렇다면 특권층만을 위한 사회적 불통이 기 철학의 목표에 대한 장애 요소이며, 그 장애를 극복하는 것이 기 철학의 실천적 과제이다. 근대전환기 기철학자들은 당시 그런 실천적 과제를 시의·시세·운화를 따르는 것이라 일컬었는데, 그것은 역사적으로 진보하는 또는 진보해야 하는 사회·정치·경제·문명·역사적 현실을 따라야 한다는 논리이며, 형식적으로는 유학의 전통에서 말하는 시중時中의 논리이기도 하다. 그런 점에서 현대판 운화의 승순 또는 시의는 개인이나 집단, 특히 사회적 강자들이 지나친 욕망을 줄여 사회적 제도와 규칙을 뭇 생명의 생기가 넘치게 상생할 수 있도록 개혁 곧 변통해야 한다는 데 초점을 맞추어야 한다. 정치가 그것을 담보해내지 못하면 정치판을 바꾸어야 하고, 그 정치판에 폐단이 생기면 갈아엎어야 한다. 그것을 가능케 하는 것도 다수 인민의 인기人氣 향배이다.

이런 인기가 순조롭게 소통하면 사회는 평화적으로 변화하며 기득권자와 보통 사람이 상생할 수 있다. 그러나 사회적 모순이 누적되어 불통이 가중되고 있는데도, 정치판이 민심을 제대로 반영하여 제도를 개혁하지 못했을 때는 인기가 필연적으로 폭발할 것이다. 동학혁명과 4·19혁명과 5·18민주화운동과 6·10항쟁, 그리고 최근의 '촛불혁명'이 바로 그 인기 폭발의 사례가 아닐지?[11] 모두 정치 지도자들이 인민의 가슴속에 흐르는 도도한 기를 무시했거나 그 흐름을 잘못 읽었

---

11) 대중의 판단이 언제나 옳다는 말은 아니다. 때로는 반동적이고 개혁을 거부하는 세력에 이용당하기도 하고 때로는 극단적인 종교적 신념을 따라 퇴행하기도 하지만, 전체 역사의 흐름을 보면 자유롭고 평등한 사회를 지향해 왔다는 점을 알 수 있다.

기 때문이다.

알고 보면 기가 얼마나 큰 현실성을 담보하고 있는가? 좋은 체제의 파국을 막거나 낡은 체제를 무너뜨리고 새로운 대안 체제를 만들려면, 이것을 이론화하고 실천력을 유도해 내어야 하는 것이 오늘날 기 철학의 임무가 아닐까? 운화의 승순이든 충서든 개인의 지나친 사욕을 억제하는 데도 필요하지만, 이것은 특히 정치가나 기득권 집단이 실천해야 할 논리로 보아야 한다. 나누고 소통하여 상생해야 기득권 자체도 오래 간다. 이것이 인기의 향배에 관한 기 철학의 실천적 논리이자 인류의 오래된 경험이다.

이참에 남북통일을 위한 철학적 근거도 제시해야 한다. 단순히 과거에 남북이 같은 민족이었다는 것만으로는 설득력이 떨어진다. 이산가족의 당사자도 거의 돌아가고 없으며, 남한 내의 젊은 층에는 예전보다 민족주의가 먹히지 않고, 주변 외세들도 내심 바라지 않기 때문이다. 통일은 정치적인 통합에 앞서 평화와 문화적 동질성과 경제적 공생 관계가 확보되어야 하고 주변 국가들을 설득시켜야 한다. 그래서 서로 소통하고 다양성을 존중하며 포용하여야 한다. 이런 것은 대체로 기의 철학이 줄곧 주장해 온 바이기도 하다.

그러나 무엇보다 통일의 실천력 확보를 위해서는 그 당위성을 어디에 호소해야 하는가? 민족이라는 이념인가 아니면 서로의 이익인가? 바로 여기서 이익을 좋아하고 손해를 싫어하는 점을 인간의 본성으로 제시한 심대윤의 철학을 제안해 본다. 곧 통일은 남북한 당사자에게만 이로운 것만이 아니라, 이웃 나라에도 이롭다는 논리가 그것이다. 이처럼 모두가 이로우므로 통일을 해야 한다는 현실적 논리를 개발할 필요가 있다.

이런 점에서 21세기형 기의 철학은 생기와 활기가 넘치는 사회의 건설을 위한 보다 세밀한 논리를 개발해야 할 것이다.

2) 우리 문명의 대안 모색을 위하여

근대전환기 서양 과학을 받아들인 기의 철학 일부가 전통의 우주관과 음양오행 등의 인식 틀을 버렸어도, 그 과학의 기계론적 자연관이나 신학적 목적론에 말려들지 않았고, 되레 전통의 기철학이 본래 주장하던 중요 논리와 방향성을 유지하였다. 생기와 신기 개념, 기의 취산과 불생불멸, 운동의 내재성, 정신과 물질의 미분리성과 자연의 원리에 순응해야 하는 실천적 논리, 무엇보다 세계나 우주 밖의 초월적 존재를 인정하지 않고 인간의 내면에서 신성을 찾는 인간의 존엄성과 평등의 확보 등이 그것이다. 적어도 생기·신기만 제외하고 현대 과학의 세계관과 별반 차이가 없는 보편성을 지니고 있다.

더 나아가 현대 과학의 세계관과 다른 기의 생명성 또는 영성의 실천적 의의는 세계 내의 생물만이 아니라 무생물마저도 그것을 담지하고 있으므로, 인간을 포함한 생명체만을 존중하는 차원을 훨씬 넘어선다. 흔히 생명이 없다고 여기는 돌이나 바위·물·흙 그리고 공기조차도 존중해야 하는 당위성을 연역해낼 수 있다. 만약 현대 과학처럼 물질이 진화하는 어느 단계에서 생명이 출현했다고 한다면, 그 이전의 물질 곧 공기나 바위나 물 또는 그것으로 이루어진 사물에 대해서 존중해야 할 어떠한 당위성도 발견하기 어렵다. 그저 마음껏 조작할 수 있는 죽은 질료에 불과하기 때문이다. 이런 태도는 분명 물질과 정신이 분리되어 있거나 이 둘이 서로 기원을 달리한다는 세계관에서 비롯하고 있다.

불행하게도 이런 기 철학의 맥락과 정반대로 근대전환기 이후로부터 우리의 현대 문명은 서양 문명의 복사판이 되고 말았다. 흔히 '동양의 루소'니 '동양의 파리' 등이 상징하듯 우리는 언제나 서양 중심의 변방에 불과했다. 서구식 근대화가 우리의 주린 배를 채워준 점을 십분 고맙게 생각하더라도, 그 고마움의 이면에 지급해야 하는 부정적 대가가 만만치 않다는 게 불편한 진실이다. 마치 군대 주둔의 대가로 우리에게 요구하는 미국의 방위비 증액에 대한 부담감처럼 닮은꼴이다. 현대 우리 사회의 부조리는 전통의 구습보다 서구화됨으로써 파생된 것이 결코 적다고 말할 수 없기 때문이다. 이런 상황에서 우리 문명은 아직도 정체성을 찾지 못한 채 표류하고 있다고 봐야 한다.

게다가 지금 우리는 누구나 제4차 산업혁명을 거론하며 장밋빛 미래를 점치지만, 그 불안감은 이런 게 아닐까 싶다. 이제 우리 인간은 인공 지능의 제작과 유전자 편집 기술 등으로 신으로 진화하는 예감마저 든다. 인간은 만물의 척도를 넘어서 창조주가 되어 가고 있는데, 지금 그것을 추동하는 힘은 바로 자본주의의 이윤 추구에서 비롯한다. 그 여파로 인간의 창조물이자 자본가의 대리자인 기계에 감시·조작당하는 영화 같은 현실이 될 가능성이 머지않았다는 불안감을 떨쳐버릴 수 없다. 아니 이미 그렇게 진행되고 있는지도 모른다.

이런 불안감은 서양 문명에서 창세 이후로 만물을 정복하고 개조하도록 허락된 주체로서 인간, 그런 인간 위주의 문명의 미래가 지금까지의 세계 역사를 보건대 결코 낙관적이지 않다는 교훈에서 나온다. 더구나 과학·기술 발달에 따른 부작용과 함께 인간성에 대한 성찰과 수양이 점점 결핍되고 있다는 점도 그것을 증폭시키고, 보다 근원적으로 인간의 영혼이란 육체의 안락과 쾌락만으로 영구히 만족시킬 수 없다는 점도 그런 불안감을 가중시킨다.

바로 여기서 우리는 현재의 문명을 되돌아보아 보고, 우리에게 맞게 전통의 단절을 극복하는 새로운 문명을 창조해야 한다. 그렇게 하려면 무엇보다 먼저 인간을 비롯하여 자연과 만물을 바라보는 태도의 변화를 회복하여야 한다. 그렇다고 근대 이전으로 되돌아갈 수도 없고 되돌아가서도 안 된다. 다만 그 대안으로서 근대전환기 기 철학의 세계관을 제시해 본다. 예컨대 인간은 신을 모신 그럼으로써 신 그 자체인 존엄한 존재이며, 만물 또한 착취의 대상이 아니라 근원적으로 생기나 영기로서 하나인 존재 등이 그것이다. 다시 말해 그 세계관은 겨우 이념이나 형이상학적 원리로부터 연역되는 하나가 아니라, 정신과 물질이 구분되지 않은 전일全一적인 존재로서 하나이자 평등하다는 사실에서 비롯한다. 결국 근원적 유有로서 하나이며, 정신이란 있는 유가 표현하는 하나의 단면일 뿐이다. 그래서 신이란 기의 신이거나 또는 기의 정화이자 덕일 뿐이며, 이념이나 관념은 그러한 신을 지닌 인간이 구축해 낸 추측지리일 따름이다. 사실 서구적 정신이나 신(God)이란 이런 추측지리를 기가 유행하는 현실에서 분리해 애초부터 독립된 존재로 여기는 데 문제가 있다. 우리의 전통은 기와 신이 분리되지 않았고, 몸을 떠나서 인간의 정신을 가정할 수 없었다. 모든 것이 하나로 통일되었던 존재이다.

이렇게 만물이 근원적으로 하나이므로 서로 밀접하게 하나의 몸처럼 관련되어 있다는 관점을 회복해야 한다. 더 나아가 인간은 만물을 기르고 이루어주는 일에 참여해야 한다. 흔히 이러한 관점을 유기체론이라 일컫지만, 철학에 따라 동일한 이름을 붙일 수 있어서 모든 철학을 아울러 한 마디로 규정하기는 어렵다.[12] 전통적으로 천인합일이라는 표현을 쓰기도 하지만, 이 또한 학파와 철학의 성격에 따라 사용하는 함의가 달라서 그것과 같다고 못 박기도 쉽지 않다. 뭐라고 규정하든 기의 철학이 지닌 이런 특징을 배제해서는 안 된다.

이런 태도와 특징은 근대전환기 기의 철학이 갑자기 창조해낸 것이 아니라, 전통을 계승하고 발전·극복하는 과정에서 나온 점이기도 하다. 다만 이것은 서양의 중세와 근대 과학을 일정하게 수용 또는 대응하면서 그것에 끌려가지 않고 지켜온 근대전환기 기 철학의 주체적 태도의 하나로 보아도 무방하겠다. 따라서 기 철학의 이런 특징은 우리만의 특수성이지만 우리 전통의 발전적 재해석을 통한 대안 가운데 하나이며, 인간 자신과 만물을 대하는 일종의 수양론을 포함한다.

이렇듯 기의 철학은 현대의 우리가 서양의 과학적 태도나 합리적 관점을 수용하고 따르더라도, 결코 포기할 수 없는 독특한 세계관을 확보하고 있다. 곧 근대전환기 기 철학이 서양 과학을 수용·변용·대응하면서 그 탐구 방법을 받아들여도, 그 과학이 근거한 기계론적 세계관이나 신학적 목적론을 받아들이지 않은 것처럼, 현대의 우리도 현대의 과학이 견지하고 있는 세계관을 비판적으로 보아야 하고 맹목적으로 따르지 말아야 한다는 점을 시사하고 있다. 물론 제4차 산업혁명을 바라보는 우리의 태도도 이런 방식이어야 할 것으로 보인다.

---

12) 더 자세한 것은 최한기 저, 『운화측험』, 앞의 책, 82~97쪽을 참조 바람.

참고문헌

1. 원전 및 근대전환기 매체

『大學』

『論語』

『孟子』

『中庸』

『書經』

『周易』

『荀子』

『老子』

『莊子』

『管子』

『漢書』

『太平經』

『黃庭外景玉經』

葛洪,『抱朴子』

張陵,『老子想爾注』

張載,『正蒙』

朱熹,『朱子語類』

_____,『大學章句』

_____,『論語集注』

王守仁,『傳習錄』

徐敬德,『花潭集』

李瀷,『星湖僿說』

權克仲,『參同契註解』

任聖周,『鹿門先生文集』

洪大容, 『湛軒書』

_____, 『醫山問答』

丁若鏞, 『與猶堂全書』

沈大允, 『沈大允全集』

李圭景, 『五洲衍文長箋散稿』

崔漢綺, 『陸海法』

_____, 『神氣通』

_____, 『推測錄』

_____, 『人政』

_____, 『氣學』

_____, 『運化測驗』

_____, 『地球典要』

_____, 『星氣運化』

安宗洙, 『農政新編』

俞吉濬, 1969, 『西遊見聞』, 景仁文化社.

申采浩, 1975, 『丹齋申采浩全集』, 改訂版, 丹齋申采浩記念事業會.

朴殷植, 1975, 『朴殷植全書』, 단국대학교 동양학연구소.

李寅梓, 1980, 『省窩集』, 아세아문화사.

천도교중앙총부편, 1992, 『천도교경전』.

圓佛敎正化社, 1977, 『圓佛敎全書』, 원불교출판사.

증산도 도전편찬위원회, 2004, 『道典』, 대원출판사.

대순진리회교무부, 2010. 『典經』 13판, 대순진리회출판부.

利瑪竇, 『天主實義』

_____, 『乾坤體義』

畢方濟, 『靈言蠡勺』

高一志, 『空際格致』

『新法算書』

『舊約全書』

『新約全書』
『漢城旬報』
『漢城周報』

2. 저서 및 번역서

김교빈·이정우·이현구·김시천, 2004,『기학의 모험1』, 들녘.

김선희, 2012,『마테오 리치와 주희, 그리고 정약용』, 심산.

금장태, 1989,『한국실학사상연구』, 집문당.

배종호, 1986,『한국유학사』, 연세대학교출판부.

안병무, 2005,『민중신학이야기』, 한국신학연구소.

유원기, 2009,『자연은 헛된 일을 하지 않는다』, 서광사.

이돈화, 1968,『신인철학』, 천도교중앙총부 편.

이종란, 2008,『운화와 윤리』, 문사철.

_____, 2017,『의산문답』, 한설연.

_____, 2017,『기란 무엇인가』, 새문사.

윤석산, 2006,『수운 최제우』, 도서출판 모시는사람들.

장영란, 2000,『아리스토텔레스의 인식론』, 서광사.

정성철, 1989,『실학파의 철학사상과 사회정치적 견해』, 한마당.

조명기 외 33인 저, 1993,『한국사상의 심층연구』, 우석.

현상윤, 1986,『조선유학사』, 현암사.

兪吉濬 著, 金泰俊 譯, 1982,『西遊見聞』, 博英社.

최한기 저, 이종란 역, 2014,『운화측험』, 한길사.

가루베 다다시·가타오카 류 엮음, 고희탁·박흥규·송완범 옮김, 2010,『교
　　　양으로 읽는 일본 사상사』, 논형.

리하르트 빌헬름 씀, 전영준 옮김, 1996,『주역 강의』, 소나무.

버트런드 러셀 지음, 송은경 옮김, 2012,『나는 왜 기독교인이 아닌가』, 사회
　　　평론.

시마다 겐지 저, 김석근·이은우 옮김, 1991, 『주자학과 양명학』, 까치.

아리스토텔레스 저, 유원기 역주, 2010, 『영혼에 관하여』, 궁리.

알폰소 바뇨니 저, 이종란 옮김, 2012, 『공제격치』, 한길사.

야스마루 요시오 저, 남춘모 역, 2010, 『방법으로서 사상사』, 대왕사.

이봉호 외 옮김, 2018, 『도교사전』, 파라아카데미.

_____, 2018, 『도교백과』, 파라아카데미.

張立文 주편, 김교빈 외 옮김, 1992, 『기의 철학(상)』, 예문지.

赤塚忠·金谷治 외 저, 조성을 옮김, 1987, 『중국사상사 개론』, 이론과실천.

조셉 니담 저, 이석호 외 역, 1988, 『중국의 과학과 문명 Ⅱ』, 을유문화사.

B. 러셀 저, 최민홍 역, 1988, 『서양철학사』 상, 집문당.

F. 방 스텐베르겐 지음, 이재룡 옮김, 2000, 『토마스 아퀴나스와 급진적 아리
　　스토텔레스주의』, 성바오로.

F. 코플스톤 지음, 박영도 옮김, 2011, 『중세철학사』, 서광사.

Jennifer Trusted 지음, 김영건 역, 1989, 『인식론』, 효일문화사.

3. 논문

고남식, 2016, 「姜甑山의 儒佛仙관과 神道사상 −趙鼎山의 「无極道」와 관
　　련하여−」, 『도교문화연구』 44, 한국도교문화학회.

권오영, 1990, 「동도서기론의 구조와 그 전개」, 『한국사 시민강좌』 7, 일조각.

김귀만, 2016, 「강증산 사상에 나타난 仙道觀 연구」, 『선도문화』 21, 국제뇌
　　교육종합대학원대학교 국학연구원.

김낙필, 2002, 「증산사상과 도교」, 『도교문화연구』 16, 한국도교문화학회.

김문용, 1993, 「신기선 평전」, 『시대와철학』 4권1호, 한국철학사상연구회.

김선희, 2015, 「19세기 지식장의 변동과 문명의식 ; 홍한주, 이규경, 최한기
　　를 중심으로」, 『한국사상사학』 49권, 한국사상사학회.

김성관, 2007, 「정산종사 心性靈氣論의 淵源(2)」, 『원불교사상과 종교문
　　화』 35집, 원광대학교 원불교사상연구원.

김성환, 2009, 「한국 선도의 맥락에서 보는 증산사상 −전북 서부지역의 선 맥(仙脈)을 중심으로−」, 『대순사상논총』 제20집, 대진대학교 대순 사상학술원.

김승동, 1998, 「한국 근대사상사의 맥락에서 본 정산종사의 회통사상」, 『원 불교사상』 22집, 원광대학교 원불교사상연구원.

김영철, 2017, 「의암 손병희 사상의 철학적 조명」, 『동학학보』 제43호, 동학 학회.

김용휘, 2003, 「崔濟愚의 侍天主에 나타난 天觀」, 『한국사상사학』, 한국사 상사학회.

_____, 2008, 「의암 손병희의 『無體法經』과 동학·천도교의 修煉」, 『동학 연구』 25, 한국동학학회.

_____, 2017, 「해월 최시형의 자연관과 생명사상」, 『철학논총』 제90집, 제4 권, 새한철학회.

김윤경, 2013, 「후기 민간도교의 전개와 변용 −동학 증산교를 중심으로−」, 『도교문화연구』 39, 한국도교문화학회.

김윤경·홍정근·이종란·김현우, 2018, 「전환기 한국 유교의 성찰과 전망 −우리철학 총서 집필내용을 중심으로−」, 『인문학연구』 56, 조선대 학교 인문학연구원.

김의성, 2015, 「사상의 형이상학적 특성에 관한 연구 −궁극적 실재를 중심 으로−」, 『철학논집』 42, 서강대학교 철학연구소.

김 탁, 2006, 「교단사에 보이는 도교적 영향」, 『도교문화연구』 24, 한국도 교문화학회.

노대환, 2014, 「이규경의 학문과 지성사적 위치」, 『진단학보』 121호, 진단 학회.

박맹수, 2014, 「동학계 종교운동의 역사적 전개와 사상의 시대적 변화 −동 학과 천도교를 중심으로−」, 『한국종교』 제37집, 원광대학교 종교문 제연구소.

소광섭, 1994, 「氣와 에너지의 관계 고찰」, 『원불교사상과 종교문화』 17·

18집, 원광대학교 원불교사상연구원.

신용하, 1980, 「東學 第二代 敎主 崔時亨의 『理氣大全』」, 『한국학보』 6-4, 일지사(한국학보).

신진식, 2018, 「증산계 신종교와 유교, 도교의 죽음관 비교」, 『한국철학논집』 58, 한국철학사연구회.

양형진, 2016, 「진화하는 세계에 나타나는 상입의 창발적인 연기 과정과 시공간적 연기 구조」, 『불교학보』 77, 동국대학교 불교문화연구원.

오문환, 2006, 「의암 손병희의 성심관−『무체법경』을 중심으로−」, 『동학학보』 제10권 1호, 동학학회.

윤사순, 1973, 「이규경 실학에 있어서 전통사상」, 『아세아연구』 16-2.

윤석경·이상용, 1998, 「과학철학의 변천」, 『사회과학논총』 9, 충남대학교 사회과학연구소.

이봉호, 2008, 「조선시대 참동계 주석서의 몇 가지 특징」, 『도교문화연구』 29, 한국도교문화학회8

_____, 2018, 「도교에서 기와 몸 −道氣論을 중심으로−」, 『동양철학연구』 제93집, 동양철학연구회.

이종란, 2016, 「최한기의 기독교 철학에 대한 비판적 수용」, 『인문학연구』 제52집, 조선대학교 인문학연구원.

_____, 2017, 「강증산 사상의 철학적 특징−민중의 입장이 반영된 이상세계 건립과 관련하여−」, 『인문학연구』, 조선대학교 인문학연구소.

_____, 2018, 「『전경典經』의 사상 분석으로 살펴본 '우리철학'의 방법론」, 『대순사상논총』 30호, 대진대학교 대순사상학술원.

_____, 2019, 「『주역』을 통해 구축한 동서철학 융합의 플랫폼」, 『주역의 연원과 한중 역학의 지평』, 한중철학회 펴냄, 경인문화사.

이중정, 1992, 「정산종사의 영·기·질론」, 『원불교사상과종교문화』 15, 원광대학교 원불교사상연구원.

이철승, 2009, 「任重의 시대정신 발현과 道遠의 우리철학의 정립 문제」, 『시대와 철학』 제20권 2호, 한국철학사상연구회.

_____, 2016, 「우리철학의 현황과 과제(1)-근대 전환기 '철학' 용어의 탄생
　　　과 외래철학의 수용 문제를 중심으로-」, 『인문학연구』 제52집, 조
　　　선대학교 인문학연구원.

_____, 2017, 「동학사상에 나타난 도덕의식」, 『인문학연구』, 조선대학교
　　　인문학연구소.

임채우, 2008, 「한국선도와 한국도교-두 개념의 보편성과 특수성」, 『도교
　　　문화연구』 29, 한국도교문화학회.

임형택, 2005, 「沈大允全集 解題」, 『沈大允全集』 1, 성균관대학교 대동문
　　　화연구원.

장병한, 2008, 「심대윤의 『복리전서』 일고」, 『양명학』 20, 한국양명학회.

_____, 2010, 「백운 심대윤의 기, 신론(神論)과 천(天), 인론(人論) 연구
　　　-19세기 동학사상과의 연관성 파악을 중심으로-」, 『한문학보』, 우
　　　리한문학회.

장진영, 2014, 「정산 송규의 영·기·질(靈氣質) 사상과 심신치유」, 『원불교
　　　사상과 종교문화』 60집, 원광대학교 원불교사상연구원.

전용훈, 2007, 「19세기 조선 지식인의 서양 과학 읽기-최한기의 기학과
　　　서양 과학-」, 『역사비평』 81, 역사문제연구소.

정규훈, 2002, 「한국민족종교에 미친 유교의 영향」, 『동양철학연구』 29권,
　　　동양철학연구회.

최일범, 2008, 「권극중 『참동계주해』의 환단(還丹) 원리에 관한 고찰」, 『동
　　　양철학』 28, 한국동양철학회.

최재호, 2016, 「『주역참동계주해(周易參同契註解)』에 인용된 도교서와
　　　그 유통 정황」, 『한국철학논집』 50, 한국철학사연구회.

최정준·오동화, 2008, 「심대윤 형기생성론의 역학적 구조」, 『율곡학 연구』
　　　36집, 율곡학회.

4. 학술 사이트

국립중앙동서관디지털화자료(http://www.nl.go.kr/nl/dataSearch/data_wm.jsp)

한국경학자료시스템(http://koco.skku.edu/index.jsp)

한국고전번역원한국고전종합DB

(http://db.itkc.or.kr/dir/item?itemId=GO#/dir/list?itemId=GO&gubun
=book)

한국역대인물종합정보시스템(http://people.aks.ac.kr/index.aks)

한국학진흥사업성과포털(http://waks.aks.ac.kr/)

천도교 경전(http://www.chondogyo.or.kr/niabbs4/bbs.php?bbstable=dongkyung)

원불교경전법문집(http://won.or.kr/bupmun)

대순진리회 전경(http://www.daesun.or.kr/kyoungjun/search.php)

증산도 도전(http://www.dojeon.org/dojeon/readkr.php?c=dojeon)

기독교 성경(https://www.bskorea.or.kr/bible/korbibReadpage.php)

| 지은이 소개 |

이종란李鍾蘭

서울교육대학교를 졸업하고 교사로 근무했다. 성균관대학교 대학원에서 한국철학을 전공하고, 최한기崔漢綺의 철학을 연구하여 박사학위(철학)를 받았다. 한국방송대학교, 한국체육대학교, 성균관대학교에 출강하였으며, 조선대학교 우리철학연구소에서 전임연구원을 지냈다. 현재는 집필 활동에만 전념하고 있다.

주요 저서로는 『기란 무엇인가』, 『의산문답』, 『최한기의 윤화와 윤리』, 『전래동화·민담의 철학적 이해』, 『전래동화 속의 철학1-5』, 『청소년을 위한 이야기 논어』, 『주역, 삶에 미학을 입히다』(공저), 『한국철학스케치』(공저) 등이 있고, 『쉽고 재미있는 동양고전 30』 외 다수의 철학동화가 있으며, 번역서로는 『윤화측험』, 『왕양명실기』, 『공제격치』, 『주희의 철학』(공역), 『왕부지 중용을 논하다』(공역) 등이 있고, 주요 논문으로는 「『주역』을 통해 구축한 동서철학 융합의 플랫폼」 외 다수가 있다.

한국학 총서 조선대학교 우리철학연구소 우리철학총서 02
근대전환기의 한국철학 〈氣〉

서양 문명의 도전과 기의 철학

초판 인쇄   2020년 11월 15일
초판 발행   2020년 11월 25일

지 은 이 | 이종란
펴 낸 이 | 하운근
펴 낸 곳 | 學古房

주   소 | 경기도 고양시 덕양구 통일로 140 삼송테크노밸리 A동 B224
전   화 | (02)353-9908 편집부(02)356-9903
팩   스 | (02)6959-8234
홈페이지 | www.hakgobang.co.kr
전자우편 | hakgobang@naver.com, hakgobang@chol.com
등록번호 | 제311-1994-000001호

ISBN 979-11-6586-114-8 94100
      978-89-6071-865-4(세트)

값: 20,000원